酒与大元王朝的社会生活

杯中日月

杨印民 著

山西出版传媒集团

山西人民出版社

图书在版编目(CIP)数据

杯中日月：酒与大元王朝的社会生活 / 杨印民著.
太原：山西人民出版社，2025.2. — ISBN 978-7-203
-13674-3

Ⅰ. F426.82；D691.9

中国国家版本馆CIP数据核字第202464W660号

杯中日月：酒与大元王朝的社会生活

著　　者：杨印民
责任编辑：侯雪怡　崔人杰
复　　审：魏美荣
终　　审：梁晋华
装帧设计：陈　婷

出 版 者：山西出版传媒集团·山西人民出版社
地　　址：太原市建设南路21号
邮　　编：030012
发行营销：0351—4922220　4955996　4956039　4922127（传真）
天猫官网：https://sxrmcbs.tmall.com　电话：0351—4922159
E — mail：sxskcb@163.com　发行部
　　　　　sxskcb@126.com　总编室
网　　址：www.sxskcb.com

经 销 者：山西出版传媒集团·山西人民出版社
承 印 厂：山西出版传媒集团·山西人民印刷有限责任公司

开　　本：890mm×1240mm　1/32
印　　张：12.125
字　　数：291千字
版　　次：2025年2月　第1版
印　　次：2025年2月　第1次印刷
书　　号：ISBN 978-7-203-13674-3
定　　价：98.00元

如有印装质量问题请与本社联系调换

目　录

引　子　请你干一杯元朝的酒 ……………………………001

第一章　四大酒类竞芬芳 …………………………………011
　　一　天马西来酿玉浆——马奶酒 ……………………013
　　二　万瓮蒲萄凝紫玉——葡萄酒 ……………………033
　　三　新黄米酒瓮头熟——粮食酒 ……………………048
　　四　小春多酿梅花酒——配制酒 ……………………069

第二章　元代社会的饮用酒风俗 …………………………079
　　一　宫廷贵族酒之"奢" ………………………………081
　　二　文人士大夫酒之"雅" ……………………………133
　　三　民间百姓酒之"朴" ………………………………171
　　四　寺观方外酒之"逸" ………………………………192

第三章　处处人烟有酒旗 …………………………………207
　　一　元代城乡酒肆风貌 ………………………………209

二　酒肆的开张和经营 ……………………………… 222

三　酒肆里的世相百态 ……………………………… 237

第四章　遍饮天下酒 …………………………………… 245

一　历代名酒知多少 ………………………………… 248

二　两都酒业 ………………………………………… 258

三　腹里诸路酒业 …………………………………… 279

四　江浙行省酒业 …………………………………… 287

第五章　禁弛之间的博弈 ……………………………… 301

一　靡谷之多，无逾醪醴曲蘗 ……………………… 303

二　酗酒风气的酷烈 ………………………………… 308

三　只今酒禁严如许 ………………………………… 315

四　酒禁开，闾阎笑 ………………………………… 322

第六章　利入丰厚的酒课财政 ………………………… 329

一　耶律楚材首定酒课 ……………………………… 331

二　世祖朝酒课的峰值 ……………………………… 338

三　元中后期酒课暨酒课对国计民生的作用 ………… 354

参考文献 ……………………………………………… 361

后记 …………………………………………………… 377

引 子

请你干一杯元朝的酒

杯中日月

图1　元青花龙纹高足杯
美国克利夫兰艺术博物馆藏

如果王朝也有形象和气质的话，那么唐朝就像是一位养尊处优的世家子弟，雍容华贵又豪迈大气；宋朝则像是一位妆容淡雅的妙龄女子，柔婉妩媚，不乏生活情趣和品位；而元朝，更像是"钢铁直男"或"抠脚大汉"，随性、勇猛，有着不修边幅的粗犷。

这种印象的形成，或许与元朝由少数民族入主中原，版图辽阔，民族众多，风俗习惯各异，统治阶层不能完全采用"汉法"，致使法令粗疏、政治简陋有关。

也正因如此，塑造了大元帝国有别于传统中原王朝的独特魅力。

这种独特魅力，就在于其中西交融、胡越一家的空前大一统格局，以及由此呈现出来的多元文化相生共存，又各绽姿彩的时代特色。

这是蒙元史最闪光，也是最吸引后人关注的亮点之一。

元朝的酒，无疑便是这种"多元文化"的构成因子之一。

北方草原的马奶酒，中亚、西域的葡萄酒，中原汉地的粮食酒，这些来自不同地域的酒，在中西交融、胡越一家的大一统格局下，为不同民族、阶层所饮用，其中所涵盖的饮用酒礼仪、方式、习俗等多元文化差异，尽在一杯杯酒中碰撞、交汇，继而散发出"五光十色的风采"。

讲到这里，不得不提到元初政坛的一位重要人物——郝经。忽必烈甫一即位，这位遭际时乖、命途多舛的潜邸旧臣即被任命为国信使，前往南宋和议，结果去易返难，羁留异国长达十六年之久。及至送归回阙，无奈已沉疴染身、夕阳黄昏，荣华富贵竟是无缘可享，实在令人叹息。他的个人遭遇其实与我的命题没有太多瓜葛，我所看重的，是他由蒙入元的时代背景，以及他一口气所写十九首《饮酒》诗中的一首：

> 遍饮天下酒，风味我自得。
>
> 南江与北岭，淄渑不能惑。
>
> 两海纳一樽，巨量吞四塞。
>
> 胸次含春元，颍洞和万国。
>
> 熟醉即无言，百世归一默。

历代写饮酒诗的人不计其数，水平比郝经这首高的也大有人在，但都不像这首诗那么恰当地吟出了我想要表达的内涵。我敢说，上迄夏商周，下迤元明清，泱泱中华几千年的历史，大概也只有蒙元时代的人才敢于如此自信满满地吟出"遍饮天下酒"的诗句。换了其他朝代，那都是大言不惭，要贻笑大方的。

郝经"巨量吞四塞""颍洞和万国"的气魄和自信，当然不是空穴来风。因为矗立在他背后的，便是蒙元帝国在军事、政治上气吞四海、囊括天下的"野心"，和横跨欧亚大陆并且正在不断延伸的地理版图。

胡姬二八貌如花，留宿不问东西家。醉来拍手趁人舞，口中合唱阿剌剌。（张昱《塞上谣》）

燕姬歌处啭莺喉，燕酒春来滑似油。自有五陵年少在，平明骑马过卢沟。（杨奂《出郭作》）

吴姬当垆新酒香，翠绡短袂红罗裳。二盆十千买一斗，三杯五杯来劝郎。（成廷珪《江南曲》）

当然，喝酒并非男人的专利，郝经喝过的酒，塞上醉酒的胡姬喝过，京师侑酒的燕姬喝过，江南卖酒的吴姬也喝过。这些貌美如花、能歌善舞的女子，更是把大元王朝的酒喝得风情万种，芳香四溢。

元王朝华夷一统，疆宇辽阔，国势威猛豪放，朔风劲吹。生活在蒙元时代的饮酒人无疑是幸福的，如果他有一定的权势地位，或者足够的财富金钱，就可以品尝到当时世界上绝大多数的美酒。而这样的酒，是可以向前人和后世炫耀的。

沿着大一统格局的思路引发，我还想到了元代那些年年扈从皇帝巡幸上都的随行官员。四月启程，八月回銮，将近半年的时间里，由蒙古人、色目人、汉人、南人构成的中央随从，在朔风胡马的漠南草原，在多元文化熔炉的上都，度过了扈从大元皇帝清暑的寂寥时光。虽说"避暑随銮即是家"，但是对不少汉人、南人官员来说，扈从上都的日子并不好过。"书生半醉思南土",其间因乡关万里,不得不远妻子、别父母而产生的绵绵不尽的莼鲈之思,以及由于地域环境的差异所带来的诸多生理、心理上的不适,唯有用酒来稀释和弥缝。"举杯一吸溧阳酒,消尽南来百感情",在溧阳美酒醉人的芳香中,乡愁、离愁顷刻间便烟消云散了。

"河西金盏新翻谱,汉语夷音唱满城""今日黄粱炊灶畔,戎夷胡越共为邻"。在中西交融、胡越一家的元代,酒无疑是一种重要的沟通工具,在不同民族、阶层乃至地域之间搭筑起一座座交流的桥梁。郑麟趾《高丽史》记一事云:元文宗朝权臣钦察人燕铁木儿,一次在私宅宴请入质元朝的高丽忠惠王王祯,"酒半,丞相起舞,王亦起舞,献酬剧饮"。

一位是游牧军功贵族,权倾朝野,一位是臣属大元的高丽王室,两位不同国籍和身份的上层人物在宴席间合拍搭调,翩然起舞,我们不排除有政治表演的需要,但酒在其中扮演了"媒妁"角色,亦是不可否认的。

"携手西归意莫量,野翁林叟共徜徉。新黄米酒瓮头熟,嫩白草鸡铛内香。"文人士大夫可以不贱耕樵,和乡野村夫同桌共饮;同样也可以混通世俗,与方外僧道诗酒唱和,"古寺催尝酒,诗人免解貂""爱寻方外友,时复到僧寮"。

虽然各民族、各阶层在饮酒礼仪的表现形式上也许互为参商,但其中所表达的敬老尊贤、廉让教化的思想观念却殊途同归,这又是"酒以成礼"的社会功用。以英宗至治元年(1321)右榜状元泰不华为代表的一批少数民族官员,在元朝各地积极推行代表传统中原礼仪文化的乡饮酒礼,就是最好的例证。

马奶酒，作为蒙元王朝的"国酒"，在宫廷祭祀、宴饮等活动中一直处于"唯我独尊"的地位，最能反映蒙元政权的民族特色。这种酒虽与粮食酒、葡萄酒等风味殊绝迥异，却同样赢得了其他民族的喜爱。"味似融甘露，香疑酿醴泉。新醅撞重白，绝品挹清玄。"元人咏马奶酒的诗作非常多，而这些诗歌的作者有不少是蒙古族之外的其他民族，这其中有契丹族大政治家耶律楚材，由科举入仕的汉人官僚许有壬，甚至还有一直都不太喜欢和蒙元政权合作的大理学家刘因。

在这里，横亘在民族、阶层以及不同地域之间那层根深蒂固的隔膜，就在一杯杯酒中，慢慢淡化、溶解。文化之间的差异、冲突，在某一特定层面得以妥协、调适、和解。伴随着族群间隔膜的消融与界限的淡化，民族间的融合也在悄然行进。元中叶以后，越来越多的江南士人言必称"我元"，津津乐道于"南北一家"，且对幅员疆域大一统充满自豪感。自五代以来近四百年间，因南北政权对峙造成的地域文化畛域逐渐被拆除，大批女真人、契丹人、唐兀人及定居内地的高丽人等率先较快融入汉人，扩充了汉人成分与总量。在"海内混一"鼓舞下，汉民族的恋土意识与蒙古、色目的游牧、行商等习俗潜移默化间相互影响，传统的"天下"概念与游牧帝国体制交汇而成的"华夷一体""一元独尊"等思想，越来越深入人心。那些入居中土的少数民族，特别是西域各族人，"仕于中朝，学于南夏，乐江湖而忘乡国者众矣"。

可以说，正是由于蒙古少数民族入主中原后"华夷一统"格局的奠定，带来中西、内外各种文化碰撞激荡，加之社会尚饮熏风的酷烈，与传统中原政权相比，元朝在饮酒文化上形成了风格迥异的特点，可谓独树一帜。

然而，仅仅是浓缩了多元文化的酒，只是冰山一角，还远远不是我们要讨论的元代酒的全部内容。作为一种日用消费品，酒，首先是以物质存在的形式，与人们的日常生活息息相关。但酒又绝非仅仅单纯地以物质形态存在，它总是被掺杂进太多的人文元素，涂抹上浓厚的意识形态色彩，从而又与社会政治、经济密切相连。

在以政治权力为核心的国家社会中，人们的酿酒、饮酒行为，往往超出饮食活动本身的物质享受意义，而附会以非物质形态的政治道德意义，打上鲜明的政治烙印。如仪狄造酒，大禹饮后发出"后世必有以酒亡其国者"的警告，从这种"亡国论"或"酒祸"的政治观点出发，把饮酒行为与国家治乱兴衰或仕途荣辱相联系；依靠禁酒令等行政手段对社会酒事行为严加控制，或通过弛禁赐饮笼络民心，形成专制王朝或张或弛的酒政管理措施；利用酒的"成礼"功能框架社会饮酒行为、强化等级秩序，等等。

总之，由于人们的社会酒事活动始终无法超然于国家政治生活独立存在，总是自觉或不自觉地受到政治形态的干预并服务于国家政治，从而使某些社会酒事行为呈现出极为鲜明的意识形态特征。

酒与社会经济的关系更为密切，酒业是古代社会经济的风向标，能够真实反映农业、手工业和商业的发展状况。农业直接为酿酒业提供用于酿造的粮食，酿酒业本身就是手工业的一项内容，而酒品的流通和销售又属于商业活动的范畴。酒业作为传统经济的支柱产业之一，为社会创造了巨额财富，酒课也因此成为国家财政收入的重要组成部分。

酒与社会政治、经济的关系在各个时代皆具有普遍性，而酒与社会文化的关系则因时代或政权的不同而呈现出风格迥异的特殊性。我们将元代的酒置诸这样广阔的视阈之下去考察，将会呈现出怎样的风情面貌呢？具体到元代的酒业、酒俗和酒政又是如何呢？这正是本书所要呈献给读者的。

> 雨过分畦种瓜，旱时引水浇麻。共几个田舍翁，说几句庄家话。瓦盆边浊酒生涯。醉里乾坤大，任他高柳清风睡煞。

这首清新明丽、古朴自然、散发着浓郁酒香的散曲小令，出自元翰林官员卢挚之手。在崇尚绿色原生态、厌倦科技与"狠活"的今天，读来尤能打动人们的返归自然之心。"醉里乾坤大，杯中日月长"。美酒从来如美人，酒香销魂处，醉倒的又何止是元人。

"醉乡宽阔，不饮待如何！"

这是来自元人的盛情邀请，却之不恭。现在，就请您干几杯元朝

图2　元青花酒坛
美国克利夫兰艺术博物馆藏

的酒：

一杯草原忽迷思（马奶酒）；

一杯西凉打剌苏（泛指西域葡萄酒）；

一杯南番阿剌吉（蒸馏白酒）；

一杯配制黄花酒……

那滋味，用一句元散曲的唱词就是："到大来快活也末哥！"[①]

第一章

四大酒类竞芬芳

杯中日月

元代酒的种类以制作原料的不同,主要可分为奶子酒(以马奶酒为代表)、果实酒(以葡萄酒为代表)、粮食酒以及各种配制酒,在制作技术上基本囊括了现代酒品种的四大分类,即果酒、黄酒、白酒和配制酒。

元王朝开辟了少数民族完全统一中国的先河,完成了合中土、塞外版图为一体的真正华夷大一统,"适千里者如在户庭,之万里者如出邻家",疆域之辽阔,大大超越了元以前的秦、汉、隋、唐等中原统一王朝。

与此相顺应,元代不同酒类品种,由于自然条件的限定,也呈现出鲜明的地域分布特色:北方草原尚马奶酒;西域及中亚主酿葡萄酒;而中原和南方广大地区仍以粮食酒为主。

然而,不同地域的人们在各类酒的饮用上,却并非畛域分明,特别是在文化熔炉的上都(今内蒙古正蓝旗东)和大都(今北京),尤其是宫廷之中,无论是国家祭祀还是宫廷大宴,马奶酒、葡萄酒、粮食酒和用以强身健体、祛病延年的各种配制酒轮番上阵,琳琅满目。这种以宫廷为主导的酒文化,又直接或间接地带动了全国尚饮风气的流行。

"今日黄粱炊灶畔,戎夷胡越共为邻。"在中西交融、华夷一家的空前大一统格局下,不同地域、不同民族、不同宗教信仰的人们杂居共处,风月同天,共同构建了元代多元文化相生共存,又各绽姿彩的鲜明时代特色。

一 天马西来酿玉浆——马奶酒

崛起于马背上的蒙古民族，披毡为衣，饮酪为食，熏染了浓烈的毡酪之风。无论是南宋使臣，还是西方旅行家，对蒙古人嗜饮马奶酒的风气都留下了深刻印象。

成吉思汗时代，宋人赵珙前往河北蒙古军前议事，在燕京（今北京）谒见攻金统帅木华黎，他将出使见闻整理成《蒙鞑备录》一书，

图1-1　正在饮马奶酒的成吉思汗　波斯文抄本《史集》插图　法国国家图书馆藏

书中写道："鞑人地饶水草，宜羊马。其为生涯，止是饮马乳以塞饥渴。凡一牝马之乳，可饱三人，出入止饮马乳，或宰羊为粮。"

随后，于窝阔台时期深入蒙古草原腹地的南宋使臣彭大雅、徐霆也在《黑鞑事略》一书中记述道："其饮，马乳与牛羊酪。"

赵珙、彭大雅等南宋使臣提及的"马乳"，就是马奶酒。徐霆还目睹了草原牧民挤马乳和制作马奶酒的过程，并予以品尝。

顺带说一下，"鞑人"是"鞑靼"的简称，是辽、金、南宋人等对蒙古人的称呼，起初并无贬义，但在元朝灭南宋、统一中国后，无论是色目人、汉人还是南人，多尊称蒙古人为"国人"或"国族"。偶有称"北人"者，只是极少数南宋遗民，如郑思肖、谢枋得等元朝"黑粉"，在自己的著作中左一个"鞑人"、右一个"鞑人"地叫个没完，极尽诋毁之能事，这就相当过分了。

郑思肖自称"大宋孤臣"，誓不臣元。恨屋及乌，自然也就看不惯蒙古人惯饮的马奶酒，他在《大义略叙》中几乎是捂着鼻子写道：鞑人"搅马乳为酒，味腥酸，饮亦醉"。

与南宋使臣礼貌性浅尝辄止的态度不同，十三世纪来华的许多外国旅行家们，都非常迷恋马奶酒，对马奶酒的风味津津乐道，称赞不已。

蒙哥汗时期来到草原汗廷的法国传教士鲁布鲁克，提到他第一次饮马奶酒的情形时说："那天晚上替我们带路的人给我们忽迷思喝，一尝到它，我害怕得汗流浃背，因为我从未喝过它。不过，我觉得它确实可口。"

很快，鲁布鲁克就喜欢上了这种饮料，他经过细致品味咂摸，得出结论说："喝时它像葡萄酒一样有辣味，喝完后在舌头上有杏乳的味道，使腹内舒畅，也使人有些醉，很利尿。"

世祖朝来华的意大利旅行家马可·波罗也很喜欢马奶酒的口味，留下了不少介绍文字："鞑靼人饮马乳，其色类白葡萄酒，而其味佳，其名曰忽迷思。……数作一月行，不携粮秣，只饮马乳，只食以弓猎得之兽肉。"

那么，马奶酒是怎么制作的呢？它又有哪些功用？

马奶酒的制作

马奶酒，在汉语中还有马湩、马酮、湩酒、挏酒等称呼，突厥语和匈奴语称 comos、chemis、koumiss（忽迷思），蒙古语称 äsük、üsük（额速克）。

新鲜马奶在天然乳酸菌和酵母菌共同作用下发酵，乳酸菌产生的乳酸，不仅具有抑制有害菌繁殖的作用，还能提升奶质甜酸醇厚的风味；酵母菌则能将乳糖转化为乙醇和二氧化碳，将某些蛋白质成分转化为酒香，形成含有少量酒精的物质，因其味道如酒，大量饮用亦能醉人，遂被称为马奶酒。

中国酿制马奶酒的起源，与北方游牧民族畜牧经济的发展和饮食生活的不断改善有着密切的关系。现有证据表明，早在春秋战国时期，占据北方广袤草原的东胡和匈奴两大游牧部族就已经熟练掌握制作马奶酒的技术了。

马奶酒本是草原民族的特色饮料，但很早就被其他民族所接受。西汉时期，马奶酒成为长安官坊酿造的酒品之一，《汉书·礼乐志》载："师学百四十二人，其七十二人给大官挏马酒。"就是说有72人在宫廷负责制作马奶酒。汉代以降的一些王朝也设有专门管理酿造马奶酒的机构。

蒙元时期，随着蒙古贵族四处征服及入主中原，马奶酒进一步为其他民族所认知。但是因为缺乏大规模饲养马匹的环境条件，所以在广大汉地并不流行。

酿制马奶酒是草原男人夏秋季节的主要日常工作之一，鲁布鲁克看到："男人照看马匹，挤马奶，搅拌忽迷思即马奶子，并且制作盛它的皮囊。"

盛放马奶酒的皮囊名为"浑脱"，又名"革囊"，用羊牛皮革等制成，大小不等。因其原料易得、方便携带，加上密封性好、耐磨、不易破碎等优点，成为草原人家盛放马奶酒的主要容器，出行、放牧、行军打仗时都要携带。元人贡师泰有诗为证："野阔天垂风露多，白翎飞处草如波。鬐奴醉起倾浑脱，马湩香甜奈乐何。"

浑脱在北方少数民族中的使用格外普遍，即使在宫廷里面，也常用浑脱来盛放马奶酒："相官马湩盛浑脱，骑士题封抱送来。传与内厨供上用，有时直到御前开。"

关于浑脱的制作，元末江南学者叶子奇有介绍："北人杀小牛，自脊上开一孔，逐旋取去内头骨肉，外皮皆完，揉软用以盛乳酪酒湩，谓之浑脱。"

用整头小牛的完整皮囊来制作，这显然是一种大型的浑脱，需要制作者拥有高超的屠宰技术才能保持皮囊的完好。事实上，蒙古人日常随身携带的浑脱都是用小块的皮革缝制而成的，元人有"革囊挏酒醺人醉""冷贮革囊和雪杵"等诗句，可见其在草原日常生活中是随处可见的。

关于蒙古人如何挤马奶和制作马奶酒，鲁布鲁克有过细致完整的介绍：

> 在地上拉一条长绳，拴在两根插进地里的桩上。这根绳上他们把要挤奶的母马的小马系上三个时辰。这时母马站在小马附近，让人平静地挤奶。如有一头不安静，那有人把小马牵到它跟前，让小马吸点奶；然后他把小马牵走，挤奶人取代它的位子。

> 当他们取得大量的奶时，奶只要新鲜，就像牛奶那样甜，他们把奶倒进大皮囊或袋里，开始用一根特制的棍子搅拌它，棍的下端粗若人头，并且是空心的。他们用劲拍打马奶，奶开始像新酿酒那样起泡沫，并且变酸发酵，然后他们继续搅拌到他们取得奶油。这时他们品尝它，当它微带辣味时，他们便喝它。

依照鲁布鲁克的描述，马奶酒的生产工序可做如下示例：挤奶→倒入容器→搅拌→拍打→变酸发酵→搅拌→取得奶油→品尝辣味→成品马奶酒。

需要说明的是，上述方法取得的马奶酒品质较低，颜色白浊，味酸带膻，只适合普通民众和地位低下者饮用，富豪和达官贵人是不会饮用的，更不要说皇室贵族了。当时，上层社会普遍饮用的是"哈剌忽迷思"，即黑马乳。这在鲁布鲁克的游记中亦有记载：

> 他们还生产哈剌忽迷思，也就是"黑色忽迷思"，供大贵人使用。……他们继续搅拌奶，直到所有浑浊的部分像药渣一样径直沉底，清纯部分留在面上，好像奶清或新酿白葡萄酒。渣滓很白，给奴隶吃，有利于睡眠。主子喝这种清的（饮料），它肯定极为可

口,很有益于健康。

"哈剌"(qara)一词在蒙古语中是黑色的意思。钦察人土土哈家族曾追随忽必烈征大理、南宋,"其种人以强勇见信,用掌刍牧之事,奉马湩以供玉食"。此后,掌尚方马畜的土土哈家族,"岁时挏马乳以进,色清而味美,号黑马乳",所以其部属称"哈剌赤"。哈剌赤是大汗的怯薛执事之一,除主供皇室黑马奶酒外,也从事屯田和征战。

决定马奶酒品质高下,有两个关键要素:

一是搅拌马乳的次数。搅拌次数越多,发酵越充分,口感也就越好,奶酒的品质自然就高。彭大雅、徐霆《黑鞑事略》云:"初到金帐,鞑主饮以马奶,色清而味甜,与寻常色白而浊、味酸而膻者大不同,名曰黑马奶。盖清则似黑。问之则云:'此实挏之七八日,挏多则愈清,清则气不膻。'只此一次得饮,他处更不曾见,玉食之奉如此。"

可见对上好黑马奶酒的评价标准就是色清味甜。元顺帝至正年间,扈从巡幸上都的中书官员许有壬《马酒》诗云:"味似融甘露,香疑酿醴泉。新醅撞重白,绝品挹清玄。"这样的马奶酒才堪称极品。

二是马畜品种的优劣。只有马匹精良才能生产好乳,供应皇室的黑马奶酒所用牝马自然非凡品可比,请看马可·波罗的一段讲述:

君等应知汗有一大马群,马皆牝马,其色纯白,无他杂色,为数逾万。汗与其族皆饮此类牝马之乳,他人不得饮之。惟有一部落,因前此立有战功,大汗奖之,许饮此马乳,与皇族同。此部落人名称曰火里牙惕(Horiad)。

此种牝马经行某地,贵人见之者,不论其地位如何高贵,须让

图1-2 〔元〕赵孟頫 牧马图 台北故宫博物院藏

图1-3 〔元〕赵孟頫 浴马图(局部) 故宫博物院藏

马行。否则绕道半日程以避之。盖无人敢近此马,见之宜行大礼。

马可·波罗在这里提到,只有大汗和其族人才能饮此白马之乳,其他人不得饮,这是完全准确的,可以和《元史》互证:"时朝廷旧典,白马湩,非宗戚贵胄不得饮也。"

关于火里牙惕部落,史界争议颇大。英国东方学家玉耳(Henry Yule)认为即蒙古斡亦剌惕部落,因该部落之长首降成吉思汗长子术赤,助平诸斡亦剌惕部有功,成吉思汗特将女儿扯扯干公主嫁与其子亦纳勒赤。

清末洪钧在《元史译文证补》中则提出:王罕与成吉思汗关系破裂时,王罕之子桑昆谋袭成吉思汗,有两个牧人巴歹、乞失里黑疾驰告变。后成吉思汗赏二人功,命子孙勿忘其恩。百年后,二人之后裔成为三部落,总名货勒,即此处之火里牙惕。不知孰是孰非。

不过,蒙古诸部中,地位最尊崇者,应首推弘吉剌部。因弘吉剌部有窝阔台汗喻旨:"生女世以为后,生男世尚公主。"因此之故,蒙

元后宫第一皇后多来自弘吉剌部。因此，火里牙惕部人不太可能超越弘吉剌部人而独享与皇族同饮此白马湩的特权。

事实上，许饮此白马之乳的非皇族成员并非唯有火里牙惕部，个别人也有机会享受到这一殊荣。

《元史·昔儿吉思传》载，昔儿吉思从小跟随成吉思汗征回回、西夏诸国，俱有战功。窝阔台在位时，又从拖雷西征，拖雷"嘉其勤劳，妻以侍女唆火台"。唆火台后来成了拖雷几个儿子们的乳母，被拖雷之妻唆鲁禾帖尼待以家人之礼，"得同饮白马湩"。

因马奶酒风味独特，味道醇美，不仅是蒙古族的至爱饮料，也赢得了其他民族的赞誉和喜爱。中书令耶律楚材（契丹族）醉余挥毫《寄贾抟霄乞马乳》，希望天天都有马奶酒喝："天马西来酿玉浆，革囊倾处酒微香。长沙莫吝西江水，文举休空北海觞。浅白痛思琼液冷，微甘酷爱蔗浆凉。茂陵要洒尘心渴，愿得朝朝赐我尝。"

理学家刘因（汉人）亦饮兴留诗《黑马酒》："仙酪谁夸有太玄，汉家挏马亦空传。香来乳面人如醉，力尽皮囊味始全。千尺银驼开晓宴，一杯琼露洒秋天。山中唤起陶弘景，轰饮高歌敕勒川。"

元散曲大家侯克中（汉人）也著墨吟讶《马乳》诗："马湩甘寒久得名，饮余香绕齿牙生。草青绝漠供春祭，灯暗穹庐破宿醒。冷贮革囊和雪杵，光凝银槛带酥倾。汉家屡有和亲好，恨不当时赐长卿。"

每年的阳历6至9月份是草原的夏秋季节，加起来只有三四个月的时间，这段时间也是牝马的主要产乳期，马奶酒的制作主要在此期间进行。传教士鲁布鲁克记述道："在夏天他们只酿制忽迷思。在屋舍内的门前，总找得着忽迷思。""在夏天，只要有忽迷思，即马奶子，他们就不在乎其他食物。"

比鲁布鲁克早几年来到蒙古汗廷的意大利传教士柏朗嘉宾也说："如果他们有的话，就大量饮用马奶；同样也喝绵羊奶、牛奶、山羊奶，甚至骆驼奶。他们没有果酒，也没有啤酒或蜜酒，除非是由其他地区向他们运送或者是向他们送礼。"

但是到了冬季，牝马不再产奶，普通民众是没有马奶酒喝的，"唯有富豪例外"。可能是富豪们通过圈养喂饲，为牝马提供良好的环境条件，故而仍能产奶。

富豪们在冬天还酿造一种饮料，"他们用米、粟、麦和蜜酿造上等饮料，它清澈如果酒，而果酒是从遥远的地方运到他们那里"。鲁布鲁克说的这个果酒应该就是葡萄酒，是从今天的新疆以及中亚地区的阿姆河和锡尔河流域运来的。

"塞边羝牧长儿孙，水草全枯乳酪存。"普通草原居民冬季的食物，主要是以夏秋季生产的牛奶制成的奶酪，这是与马奶酒完全不同的一种饮食。

鲁布鲁克曾看到草原牧民制作奶酪的方法：首先提炼牛奶中的奶油并煮干，收藏；将提炼奶油后的牛奶发酵变酸，再加热凝结，将凝乳晒干收藏于袋中。冬季无奶时加水搅拌溶化，便成为一种酸性饮料，用来代替牛奶。

元人鲁明善《农桑衣食撮要》还介绍了另一种制酪方法："奶子半勺，锅内炒过后，倾余奶熬数十沸，盛于罐中。候温，用旧酪少许于奶子内搅匀，以纸封罐口。冬月暖处、夏月凉处顿放，则成酪。"

两者的主要区别在于，一个是通过日晒的方法使奶酪变干后袋装保存，一个是煮沸候温后直接罐装密封贮存。其实殊途同归，都是为了防止奶酪霉变。

马奶酒的功用

大口吃肉，大碗喝酒，常被人用来形容北方人的粗犷豪爽。以牛羊肉为主食的蒙古人酷爱喝马奶酒，这与马奶酒的助消化功能是分不开的。耶律楚材的朋友贾抟霄给他送来马奶酒，他写诗感谢：

> 肉食从容饮酪浆，差酸滑腻更甘香。
> 革囊旋造逡巡酒，桦器频倾激滟觞。
> 顿解老饥能饱满，偏消烦渴变清凉。
> 长沙严令君知否，只许诗人合得尝。

马奶酒"差酸滑腻更甘香"，所以让耶律楚材能甘之如饴，欲罢不能。

马奶酒因含有丰富的营养和芳香性物质，酸甜可口，酒精含量低，既能解饥止渴，又有滋阴强体、祛寒散风等养生功能，所以深受蒙古人的喜爱，出门在外者往往用革囊携带，以供旅途之用。汉人官员许有壬就有"悬鞍有马酒，香泻革囊春"之句。大蒙古国时期，出征的蒙古大军一直将马奶酒和羊肉充作军粮，《黑鞑事略》载："其军粮羊与沨马。马之初乳，日则听其驹之食，夜则聚之以沨，贮以革器，颒洞数宿，味微酸，始可饮，谓之'马奶子'。"

关于马奶酒的止渴功能，《元史·后妃传》有这样一则故事：

> 世祖出田猎，道渴，至一帐房，见一女子缉驼茸，世祖从觅马湩。女子曰："马湩有之，但我父母诸兄皆不在，我女子难以与汝。"世祖欲去之。女子又曰："我独居此，汝自来自去，于理不宜。我父母即归，姑待之。"须臾果归。出马湩饮世祖。世祖既去，叹息曰："得此等女子为人家妇，岂不美耶！"后与诸臣谋择太子妃，世祖俱不允。有一老臣尝知向者之言，知其未许嫁，言于世祖。世祖大喜，纳为太子妃。

这名女子就是嫁与皇太子真金的伯蓝也怯赤，又名阔阔真，出自"美女部落"蒙古弘吉剌氏。阔阔真行事孝顺谨慎，忽必烈夸之为"贤德媳妇"。每日侍奉婆婆察必皇后不离左右，甚至厕所用纸，都要先用自己的脸擦拭柔软后，再给婆婆使用。

阔阔真与真金生有三子：长子显宗甘麻剌、次子顺宗答剌麻八剌、幼子成宗铁穆耳。成宗继位后，尊阔阔真为皇太后。大德四年（1300）去世，上谥号徽仁裕圣皇后。

马奶酒虽有解饥止渴、滋阴强体、祛寒散风等功效，但过饮、滥饮亦可致病。蒙元时代因过饮马奶酒而导致的各种疾病不断发生，宫廷太医罗天益所著《卫生宝鉴》中就记载了不少病案，如蒙古百户昔良海，因食酒肉饮湩乳，得霍乱吐泻，从朝至午，精神昏愦。忽必烈侍卫纽邻，久病疝气，又因饥饱劳役，过饮湩乳而复发，"面色青黄不泽，脐腹阵痛，搐撮不可忍，腰曲不能伸"。

忽必烈本人也曾因过饮马奶酒，"得足疾"，后屡次发作，遍请名医诊治，亦不复痊愈。用现代医学原理分析，忽必烈的"足疾"其实就是痛风病。痛风病对四十岁以上喜欢饮酒，爱吃肉食、海鲜的男人特别"垂青"，一般发病的人里肥胖者和脑力劳动者占多数。忽必烈正好符合上述特征。

宫廷马奶酒的消费

蒙古贵族对马奶酒的需求是相当大的，特别是蒙元宫廷，马奶酒的消费量更是惊人。如泰定帝元年（1324）八月，"市牝马万匹取湩酒"，为了酿制马奶酒，一次性购买万匹牝马。

宫廷马奶酒的消费，主要发生于宴饮和祭祀两大场合。

鲁布鲁克东来蒙古的途中，途经成吉思汗之孙、术赤长子拔都的营地，并谒见拔都，他记述说："在他营地四周一日程的地方，有三十个人，每天其中一人要把一百只母马的这种奶送给他，这即是说，每天有三千马奶，尚不算送给别人的其他白奶。"

鲁布鲁克到达蒙古汗廷后，还亲历了蒙哥汗在圣约翰节（6月24日）举行的盛宴，"我计算装运马奶有一百零五辆车和九十匹马，在使徒彼得和保罗节（6月29日）也一样"。

伊利汗国宰相拉施特编纂的《史集》，记述了蒙哥汗即位时，"宴

饮作乐整整举行了一星期。饮用库和厨房负责每天供应两千车酒和马
湩，三百头牛马，以及三千只羊"。志费尼《世界征服者史》对于此事
的记载则是，每日消耗"三千车的忽迷思和酒"。

"银瓮连朝赐贵嫔，羊酥马湩腻沾唇。"蒙古宫廷和贵族对马奶酒
的需求如此巨大，就需要有专门机构来对马畜饲养和马酒酿制进行管
理。元朝承担这一职能的部门就是太仆寺，秩从二品。太仆寺先隶宣
徽院，后属中书省，典掌御位下、大斡耳朵马匹。也即是专为皇帝和
宫廷养马。

那么，太仆寺有多少马？数量太多了，用《元史·马政》的话说，
就是"殆不可以数计"。

太仆寺的牧地共14处，"东越耽罗，北逾火里秃麻，西至甘肃，南
暨云南等地……自上都、大都以至玉你伯牙、折连怯呆儿，周回万里，
无非牧地"。

也即是说，这14处牧场分布的范围，东至朝鲜半岛，西至甘肃，
南至云南，北至西伯利亚，面积大到惊人。真是"普天之下，莫非王
土"的最好注脚。

马群中的马匹数量不等，或千百一群，或三五十一群。马左臀部
皆烙以官印，号大印子马。官印有兵古、贬古、阔卜川、月思古、斡
栾等名。负责放牧饲养的牧人称作哈赤、哈剌赤，有千户、百户，皆
世袭，"父子相承任事"。从夏到冬，"随地之宜，行逐水草"，农历十
月再各自回到本属地。

朝廷在每年的九、十月份会派遣太仆寺官员到各处牧地"驰驿阅
视"，比较多寡，新生的马驹要烙印取勘，登记，造蒙古、回回、汉字
文册以闻。如果有马病死，牧人要进行赔偿。

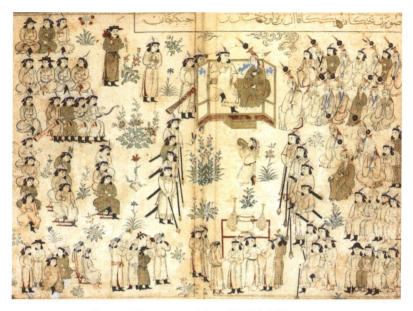

图1-4 蒙哥汗的宫廷生活 波斯文抄本《史集》插图 印度兰普尔拉扎图书馆藏

忽必烈营建上都开平和大都燕京后，便确立了两都巡幸制度。"每年四月，迤北草青，则驾幸上都以避暑，颁赐于其宗戚，马亦就水草。八月草将枯，则驾回大都。"此后，"列圣相承，遵为典常"，一直持续到元末。

事实上，元朝诸帝两都巡幸的行期并不十分固定，每年从大都出发的时间早者在农历二三月，迟者则至五六月；而从上都回銮的时间通常在农历八月至十月之间。因春秋恒时，岁岁如此，所以又称"岁时巡幸"。

皇帝巡幸时，也是太仆寺官员最忙碌的时候。《元史·马政》载：

车驾行幸上都，太仆卿以下皆从，先驱马出健德门外，取其肥可取乳者以行，汰其羸瘦不堪者还于群。自天子以及诸王百官，各以脱罗毡置撒帐，为取乳室。车驾还京师，太仆卿先期遣使征马五十酝都来京师。酝都者，承乳车之名也。既至，俾哈赤、哈剌赤之在朝为卿大夫者，亲秣饲之，日酿黑马乳以奉玉食，谓之细乳。每酝都，牝马四十。……自诸王百官而下，亦有马乳之供，酝都如前之数，而马减四之一，谓之粗乳。刍粟要旬取给于度支，寺官亦以旬诣闲厩阅肥瘠。

从上面记载可知，太仆寺的官员几乎倾巢出动，扈从皇帝每年一度的两都巡幸，不仅要挑选能够产乳的随行牝马、亲自秣饲、阅视肥瘠，还要备置取乳室、酝都（承乳车），日酿马酒，事无巨细，全权负责。杨允孚《滦京杂咏》："内宴重开马湩浇，严程有旨出丹霄。羽林

图1-5 〔元〕赵雍　沙苑牧马图（局部）　故宫博物院藏

卫士桓桓集，太仆龙车款款调。"就是这一场景的真实写照。

从上文亦可看出，自天子至诸王、百官而下，马奶酒的供给虽有细乳、粗乳之别，却是全部由朝廷提供，堪称一项"国家福利"。

除了宫廷日常生活中和宴会时的直接饮用之外，马奶酒在元代祭祀活动中更是花魁独占，风头出尽。张昱《辇下曲》：

清庙上尊元不罩，爵呈三献礼当终。

巫臣马湩望空洒，国语辞神妥法官。

元廷祭祀名目繁多，各项祭祀活动都需要多种酒类，但重要祭祀如太庙祭等，首选用酒则是"国酒"——马奶酒，"凡大祭祀，尤贵马湩"。这也是元朝祭祀礼仪中，在采用中原"汉制"的基础上，参用蒙古"国俗"之制的差别。通常在祭祀活动前，"敕太仆司（寺）挏马

官，奉尚饮者革囊盛送焉"。

太仆寺平时要准备好两件事：一是太庙祀事暨诸寺影堂用乳酪时，为之供应牝马。如英宗至治三年（1323）正月，就命太仆寺增给牝马百匹，供世祖、仁宗御容殿祭祀马湩。自世祖以下历朝陵寝，皆各有酝都，"取马乳以供祀事"，号"金陵挤马"。二是皇帝驾仗及宫人出入，太仆寺要提供尚乘马。《元史·祭祀志》载：

> 每岁，太庙四祭……蒙古博儿赤跪割牲，太仆卿以朱漆盂奉马乳酌奠，巫祝以国语告神讫，太祝奉祝币诣燎位，献官以下复版位载拜，礼毕。
>
> ……
>
> 每岁，九月内及十二月十六日以后，于烧饭院中，用马一，羊三，马湩，酒醴，红织金币及里绢各三匹，命蒙古达官一员，偕蒙古巫觋，掘地为坎以燎肉，仍以酒醴、马湩杂烧之。巫觋以国语呼累朝御名而祭焉。

每年皇帝巡幸车驾到达上都后和返回大都前，宫廷里都要在六月二十四日、七月七日或九日、八月二十八日举行固定的洒马奶祭天、祭祖仪式。蒙古诸宗王也要在每年的四月九日和九月九日两次"修时祀"，洒白马湩。

贵由汗二年（1247），真定总管府参佐张德辉北上觐见忽必烈，他记述道："至重九日，王（忽必烈）帅麾下会于大牙帐，洒白马湩，修时祀也。其什器皆用桦桦，不以金银为饰，尚质也。……四月九日，率麾下复会于大牙帐，洒白马湩，什器亦如之。每岁惟重九、四月九

图1-6　〔元〕佚名　饲马图　中国美术馆藏

凡致祭者再，其余节则否。"这里的白马湩就是前面提到的"非宗戚贵胄不得饮"的白色牝马所产的马奶酒。

《元史·祭祀志》言："元兴朔漠，代有拜天之礼。衣冠尚质，祭器尚纯，帝后亲之，宗戚助祭。其意幽深古远，报本反始，出于自然，而非强为之也。"

报本反始，这无疑是蒙元宫廷祭天、祭祖的初衷和目的，而祭祀首贵马湩的风习，突出反映了蒙元政权不忘祖宗根本的国俗旧礼，同时也是忽必烈实行蒙汉二元政策的有力佐证，即以草原旧俗为代表的蒙古制度，相当多地占据忽必烈政治文化政策的内核部分，汉法制度则往往居于外围或从属位置。

二 万瓮蒲萄凝紫玉——葡萄酒

元代见于记载的果实酒不少，如梨酒、椰子酒、枣酒、桑椹酒等，但产量都不大，受众不多，流通范围较小。果实酒中，唯以葡萄酒产量最大，受众最多，流通范围最广，堪称"果酒之王"，故而可以作为果实酒的代表。

在元朝宫廷酒类中，最常见的就是马奶酒和葡萄酒，二者各领风骚，马奶酒在国家祭祀中花魁独占，葡萄酒在朝廷赏赐中一枝独秀。

如果说，宫廷中马奶酒备受青睐反映的是蒙古黄金家族不忘国俗旧礼，始终保留鲜明的民族特色；那么，宫廷中对葡萄酒的时尚消费，则体现了元朝政权积极吸纳外来文明、兼收并蓄的特点。

葡萄酒的产地、酿法

葡萄在我国的栽培历史非常悠久，成书于西周到春秋时期的《诗经》就有："绵绵葛藟，在河之浒""六月食郁及薁……为此春酒，以介眉寿"等诗句，诗中的"葛藟"和"薁"虽然是野生的，但都是我国最早栽培的葡萄品种之一。

最初的葡萄酒一定是野生葡萄经天然发酵而成的。这种由浆果自然霉变后产生的阵阵酒香，吸引并启发先民们有意识地酿制此种美味，这是大自然对人类的恩赐，因此，酒又被称为"天之美禄"。

人工利用葡萄进行酿酒的时间不得而知。我国现存最早的药物学

图1-7 〔宋末元初〕钱选 写生图册·葡萄
松鼠 台北故宫博物院藏

专著《神农本草经》载："蒲陶（葡萄），味甘平，主治筋骨湿痹，益
气、倍力、强志，令人肥健，耐饥忍风寒。久食轻身，不老延年。可
作酒，生山谷。"

《神农本草经》约成书于战国时期，有些内容为秦汉人所增补，可
见至迟在秦汉时代，人们已经对葡萄的性能了如指掌，并且掌握了以
葡萄酿酒的技术。但一直到东汉后期，葡萄酒依然是珍贵难得之物。
扶风郡人孟佗曾以一斗葡萄酒巴结汉灵帝"十常侍"之一的宦官张让，
得拜凉州刺史，这就是"一斗换凉州"的典故由来。

到了三国时期，魏文帝曹丕曾诏群臣说："中国珍果甚多，且复
为说蒲萄……又酿以为酒，甘于曲蘖，善醉而易醒。"说明在宫廷之
中，葡萄酒已非罕见之物了。

北魏贾思勰《齐民要术》较为详细地介绍了北方栽培葡萄安全越冬的方法：

> 十月中，去根一步许掘作坑，收卷葡萄悉埋之。近枝茎薄安黍穰弥佳，无穰直安土亦得。不宜湿，湿则冰冻。二月中还出，舒而上架。性不耐寒，不埋即死。

这个古老的葡萄埋根越冬方法，被胡古愚《树艺篇》、司农司编《农桑辑要》等元代农书所引用，一直流传到今天，仍然在北方农田中使用。

元代宫廷医生忽思慧认为，葡萄酒有益气调中、耐饥强志的功效，且"酒有数等，有西番者，有哈刺火者，有平阳、太原者"。下面我们分别看一下这几个地区葡萄酒的生产情况。

西番旧时泛指陕、川、滇以西地区，尤其特指青藏高原一带，以及其地的各少数民族。但在此处的范围可能会延伸到今中亚一带，即锡尔河与阿姆河之间，蒙元时期称该地为河中，以盛产葡萄和葡萄酒闻名遐迩。曾跟随成吉思汗蒙古大军西征的耶律楚材，在河中地区生活了五六年，写有《西域河中十咏》，其中两首云：

> 寂寞河中府，连甍及万家。蒲萄亲酿酒，杷榄看开花。饱啖鸡舌肉，分餐马首瓜。人生惟口腹，何碍过流沙。
>
> 寂寞河中府，退荒僻一隅。葡萄垂马乳，杷榄灿牛酥。酿春无输课，耕田不纳租。西行万余里，谁谓乃良图。

河中府原是西辽都城，即寻思干城（今属乌兹别克斯坦共和国），当地居民普好饮酒，家家有葡萄园。"自酿蒲萄不纳官"，即酒皆自酿，不必赊买，亦无需输课。

河中葡萄酒多红葡萄酒，酒色浓酽，灿若云霞，所以耶律楚材有"葡萄酒熟红珠滴""酒泛蒲萄琥珀浓"之句。

河中也出产一种白葡萄酒，色如金波，颜展鹅黄，"金波泛蚁斟欢伯""葡萄新酒泛鹅黄"，十分贵重，多在招待贵宾时饮用。

河中葡萄酒的盛器也是相当考究的，多用玻璃器皿盛放，耶律楚材有诗"琉璃钟里葡萄酒，琥珀瓶中杷榄花"。葡萄酒盛放在玻璃器皿里，可以更好地保持葡萄酒的品质，不会腐败，同时葡萄酒自身的鲜艳色泽也更加醒目。

"嘉鱼贡自黑龙江，西域蒲萄酒更良。""西域常年酝上供，浓香厚味革囊封。"事实上，元代宫廷所需葡萄酒，更多供给自哈剌火州之地，即今新疆吐鲁番。1220年，随从长春真人丘处机赴西域谒见成吉思汗的李志常曾描写该地："其地大热，葡萄至多。"

关于元代哈剌火州居民种植葡萄的情况，有一件元代畏兀儿人亲笔所书的回鹘文（即畏兀儿文）买卖、典押葡萄园契约存世。其内容说，有一名叫奥斯迷失·托斡里勒的葡萄园主，为了获取一锭五萨狄尔的银子，将自己的葡萄园卖给了拔萨·托斡里勒。

从姓名上看，买卖双方或许出自同一家族，而且两家的葡萄园还紧挨着。奥斯迷失·托斡里勒的葡萄园，东边以拔萨·托斡里勒的葡萄园为界，西边以库塔群的小庙（边缘）的葡萄园为界。由此可见，当地的葡萄种植是相当普遍的。

宫廷医生忽思慧比较了各地所产的葡萄酒，最后总结说："其味都不及哈剌火者田地酒最佳。"拉施特《史集》也记载说："畏兀人之城哈剌—火州之境，该处有好酒。"

吐鲁番在唐代称高昌，当时就以种植葡萄和盛产葡萄酒享誉四方。宋人李昉奉敕编纂的类书《太平御览》记载："蒲萄酒，西域有之，前代或有贡献，人皆不识。及破高昌，收马乳蒲萄实，于苑中种之，并得其酒法，〔唐〕太宗自损益造酒，为凡有八色，芳辛酷烈，味兼醍盎。既颁赐群臣，京师始识其味。"

可见在初唐之前，由西域进贡的葡萄酒在中原内地并非常见之物，真正开始掌握西域葡萄酒的酿造技术，并逐步广泛接受葡萄酒的风味是从唐朝开始的。

而事实上，西域葡萄在中原内地的引种早在汉代张骞通西域后就开始了，《史记·大宛列传》："宛左右以蒲陶为酒，富人藏酒至万余石，久者数十岁不败。俗嗜酒，马嗜苜蓿。汉使取其实来，于是天子始种苜蓿、蒲陶肥饶地。"

元人熊梦祥所著《析津志》，是今天北京地区已知最早的地方志，里面较为详细地介绍了哈剌火州葡萄酒的制作方法：

酝之时，取葡萄带青者。其酝也，在三五间砖石甃砌干净地上，作甃瓷缺嵌入地中，欲其低凹以聚，其瓮可容数石者。然后取青葡萄，不以数计，堆积如山，铺开，用人以足揉践使之平，却以大木压之，覆以羊皮并毡毯之类，欲其重厚，别无曲药。压后出闭其门，十日半月后窥见原压低下，此其验也。方入室，众力拶下毡木，搬开而观，则酒已盈瓮矣。乃取清者入别瓮贮之，此谓头酒。复以足蹑平葡萄滓，仍如其法盖，复闭户而去。又数日，如前法取酒。窨之如此者有三次，故有头酒、二酒、三酒之类。直似其消尽，却以其滓逐旋澄之清为度。上等酒，一二杯可醉人数日。复有取此酒烧作哈剌吉，尤毒人。

从上面的材料可以看出，哈剌火州生产葡萄酒，主要是利用葡萄皮上带有的天然酵母菌，采用多次压榨等方法，自然发酵而成。不仅生产技术相当熟练，而且生产规模亦相当大，葡萄酒的品质也因提取酒汁的先后而分作头酒、二酒、三酒三种不同等级。

元人周权有《蒲萄酒》诗：“翠虬夭矫飞不去，颔下明珠脱寒露。累累千斛昼夜舂，列瓮满浸秋泉红。数宵酝月清光转，秋胦芳髓蒸霞暖。酒成快泻宫壶香，春风吹冻玻璃光。甘逾瑞露浓欺乳，曲生

图1-8　明彩绘本《食物本草》所绘　葡萄酒

风味难通谱。纵教典却鸂鶒裘，不将一斗博凉州。"描述的就是这种自然发酵而成的红葡萄酒，与曲酿的粮食酒不同，这种葡萄酒色香味俱佳，殊为难得。

"汉家西域一朝开，万斛珠玑作酒材。""几年西域蓄清醇，万里鸥夷贡紫宸。"成吉思汗征服广大中亚地区之后，便把此地分封给次子察合台和三子窝阔台作为"禹儿惕"，后逐渐形成察合台汗国和窝阔台汗国。成宗时期，窝阔台汗国被察合台汗国和元朝瓜分，察合台汗国一度控制了包括哈剌火州在内的天山南北两路地区。

20世纪上半期，德国中亚探险队在新疆吐鲁番获得了一组察合台汗国蒙古文乘驿文书，其中有些是与征收葡萄酒税和运送葡萄酒有关的。如一件1338年的文书写道：

> 也孙帖木儿气力里，帖木儿、撒惕勒迷失、理算官、饮食祗应官札付各驿站负责人：怯不花为首的葡萄酒税征收人员到火州去。他们行路时，应按照惯例，除伴送马夫兀剌赤外，给他们换乘马四匹，让他们能够持续前行。他们住宿时，要为他们提供膳食，直到他们离去。应给他们两只羊、两瓶酒、两巴德曼①粮食。随后，要让他们继续赶路。兹盖讫印章的文书是我们颁发的。虎年秋季最后一月的第二天，当我们驻在秃儿根时写毕了。

也孙帖木儿是察合台汗国的一位君主，1338—1339年（时为元顺帝至元四至五年）在位。这件文书的内容，是令各地驿站为去往哈剌

---

①巴德曼（badman）为计量单位，1巴德曼约合0.908千克。

火州的葡萄酒税征收人员提供驿马和饮食袛应。

察合台汗国与元朝中央政权亲疏不常，双方曾在哈剌火州之地进行过长期争夺，后来元朝中央政权基本控制了该地，西域葡萄酒对中原王朝的供应便很少中断过。

西域诸王经常向中原王朝进贡葡萄酒和西马，这在《元史》中有多处记载，尤以元文宗一朝最为详明，其中至顺元年（1330）三月就有三起进贡葡萄酒的记录：木八剌沙来贡葡萄酒；西番哈剌火州来贡葡萄酒；诸王哈儿蛮遣使来贡葡萄酒。

至元三十年（1293），某监察御史曾在陕州（今河南三门峡市）胡城驿站，看到过一支向朝廷进贡葡萄酒的西域马队，这支马队共起马111匹，其中有62匹专门用来驮载葡萄酒。

驿站中的马匹主要是用来传递军情政令的，由于在上贡葡萄酒的过程中起用了驿站中的铺马，这就严重影响到朝廷军情政令的传递，所以仁宗上台后一度规定不许动用铺马运送葡萄酒。至大四年（1311），经宣徽院奏准，"哈剌火拙根底葡萄酒，这几年交站般运有。为军情勾当的上头立下的站有，交运呵，不中。交骆驼每般运。又，火拙根底西番地面里做官的每、民户每献到蒲萄酒，交自己气力的。他每识者，休教铺马里来"。

这件文书的意思是，哈剌火拙（即哈剌火州）出产的葡萄酒，这几年由驿站运来大都，驿站是为军事需要设立的，不应用来运酒，应用骆驼搬运。当地官员、百姓献给朝廷的葡萄酒，要他们自己想办法运输，不能动用驿站的力量。并规定以后运送葡萄酒，一律由骆驼搬运至汉站，再接递运赴大都。

至元二十八年（1291）五月，元廷曾在宫中建"葡萄酒室"，用于储存各地进贡的葡萄酒。元末人杨瑀《山居新语》载："尚酝蒲萄酒，有至元、大德间所进者尚存。"可见元宫廷中不仅储酒数量非常巨大，而且葡萄酒酿造技术高超，可以久贮不坏，想来这些葡萄酒应该都是由西域进贡的，而且有部分酒可能使用了烧酒技术。

上面是西域葡萄酒的总体情况，我们再来看中原内地葡萄酒的生产情况。

图1-9 元磁州窑葡萄酒瓶
内蒙古博物院藏

中原内地的葡萄酒产地，主要为今山西地区，古人称此地为河东。起初，山西安邑（今山西运城东北）虽广种葡萄，但当地人一直不知道怎么用葡萄酿酒，直到金末的一次偶然发现。

当时，蒙古和金在此处争战，一户农家匆忙到山中避寇，来不及收好放在瓦盆上用竹器盛放的葡萄，结果自山中归家后，发现葡萄"枝蒂已干，而汁流盎中，薰然有酒气"。品尝一口，竟然是"良酒也"。就这样，"不传之秘，一朝而发之"，当地人都学会了酿造葡萄酒。

此事被金末文坛领袖元好问记录下来，他还为此作了一篇《蒲桃酒赋》。

无独有偶，宋末元初文人周密寓居杭州时，著《癸辛杂识》一书，书中记载过一种梨酒：

> 有所谓山梨者，味极佳，意颇惜之。漫用大瓮储数百枚，以缶盖而泥其口，意欲久藏，旋取食之，久则忘之。及半岁后，因至园中，忽闻酒气熏人，疑守舍者酿熟，因索之，则无有也。因启观所藏梨，则化而为水，清冷可爱，湛然甘美，真佳酝也，饮之辄醉。……始知梨可酿，前所未闻也。

元好问所记安邑葡萄酒与周密所记梨酒，两者的成酒原理是相同的，因为绝大多数水果的果皮上都自带天然酵母菌，在特定的环境下，这些天然酵母菌会自然发酵，形成像果酒一样的物质，古代的很多果酒都是这样不经意间发现后，人们再根据自然发酵的原理经人工干预而成的。

此后，安邑葡萄酒名气越来越大。大蒙古国占领山西后，安邑长春观道人宁志荣、马志全曾于1242年向蒙古汗廷"献到葡萄园七十亩，充御用果木"。安邑葡萄酒也一度成为贡品，直至元世祖中统二年（1261）六月，朝廷才诏令："敕平阳路安邑县蒲萄酒自今毋贡。"

安邑所在的平阳路（治今山西临汾）以及山西的太原路（治今山西太原）在元代都是葡萄酒的主要产地。马可·波罗描述太原府："其地种植不少最美之葡萄园，酿葡萄酒甚饶。"

此外，大同路的怀仁和马邑也产葡萄酒。这一带在辽金地理历史上属于"山后"地区，窝阔台灭金后，专门从旧金占领的河南地区调拨人口充"葡萄户"，在该地大规模种植葡萄。蒙哥汗时，忽必烈以皇太弟驻白登，怀仁县吏姚天福就曾进献葡萄酒。马邑的葡萄种植规模也很大，到了秋季，家家酿酒。翰林官员袁桷有诗："嵬嵬马邑州，火山蒸郁陶。……八月秋气肃，千家酿蒲萄。"

元代山西地区所产葡萄酒已经使用了较高的烧酒技术，烧酒即用蒸馏法酿制葡萄酒，将原汁葡萄酒进行蒸馏加工，从而获得高清度的蒸馏葡萄酒。

成宗元贞二年（1296）三月，"罢太原、平阳路酿进葡萄酒，其葡萄园民恃为业者，皆还之"。太原、平阳两路进贡葡萄酒的诏罢，应该与以哈刺火州为首的西域上贡葡萄酒能够满足宫廷使用有关，毕竟无论在名气上还是质量上，西域葡萄酒在市场竞争中的优势更明显一些。

"忆骑官马过滦阳，马乳累累压架香。酿就琼浆三百斛，胡姬当道唤人尝。"滦阳即元上都，因盛产葡萄，故而也酿葡萄酒。酒家为招揽生意，多用女子当垆。

元代江浙行省的扬州和甘肃行省的凉州一带，也产葡萄酒。诗人萨都剌有诗《蒲萄酒美鲥鱼味肥赋蒲萄歌》："扬州酒美天下无，小槽夜走蒲萄珠。金盘露滑碎白玉，银瓮水暖浮黄酥。"凉州葡萄酒久负盛名，元人有诗："凉州莫谩夸葡萄，中山枉诧松为醪。""甘州枸杞红玉重，凉州葡萄酱满瓮。"

蒙元时期，中原地区葡萄酒的来源除了上述西域进贡、汉地自产两种主渠道外，还有商贾贩运、海外贸易等其他途径。成宗大德间，松江、嘉定等处海运千户杨枢以政府名义进行海外贸易，在波斯湾的忽鲁模思（霍尔木兹海峡的霍尔木兹岛，今属伊朗）登陆，"用私钱市其土物白马、黑犬、琥珀、蒲萄酒、番盐之属以进"。马可·波罗描述杭州因本地不产葡萄，"亦无葡萄酒，由他国输入干葡萄及葡萄酒，但土人习饮米酒，不喜饮葡萄酒"。看来杭州的葡萄酒也主要通过海外贸易而来，但在酒类消费中仅占极小比例，无法与传统的粮食酒相颉颃。

葡萄酒的消费群体

蒙元时期葡萄酒的最大消费群体当属宫廷。太宗窝阔台汗时期，出使蒙古的英国人道森描述说，哈剌和林宫殿中有一棵大银树，上有四根管子流出四种酒，其中就有葡萄酒。

差不多同一时期，南宋使臣彭大雅等也到达过漠北汗廷，受到款待："又两次金帐中送葡萄酒，盛以玻璃瓶，一瓶可得十余小盏，其色如南方柿漆，味甚甜。闻多饮亦醉，但无缘得多耳。回回国贡来。"从南宋使臣在《黑鞑事略》中记载的情形来看，似可说明当时江淮以南罕见此物，自然以稀为贵。所谓"回回国"，应指中亚地区的花剌子模等伊斯兰国家，后为蒙古西征所灭，纳入蒙古帝国版图。

入元之后，宫廷对葡萄酒的需求有增无减，元朝重宴飨，葡萄酒自然成为大都和上都宫廷宴会中不可或缺的必备饮品。

> 沉沉棕殿云五色，法曲初奏歌薰风。
> 酮官庭前列千斛，万瓮蒲萄凝紫玉。（袁桷《装马曲》）

> 芍药名花围簇坐，蒲萄法酒拆封泥。
> 御前赐酺千官醉，恩觉中天雨露低。（柳贯《观失剌斡耳朵御宴回》）

至元十三年（1276）元军下临安，降南宋，亡宋君臣被迫奉命北上觐见元朝皇帝，忽必烈和察必皇后在上都、大都宫殿开宴招待南宋小朝廷谢太皇太后、全太后、恭帝赵㬎寡后幼主一行，其中就有葡萄酒："第四排筵在广寒，葡萄酒酽色如丹。并刀细割天鸡肉，宴罢归来月满鞍。"并且在以后的日常供应中，也有葡萄酒一项："每月支粮万石钩，日支羊肉六千斤。御厨请给蒲桃酒，别赐天鹅与野麇。""客中忽忽又重阳，满酌葡萄当菊觞。谢后已叨新圣旨，谢家田土免输粮。"

跟随南宋小朝廷北上的宫廷琴师汪元量，写有《湖山类稿》，用诗文记录下他北上一路所见。诗歌足以说明忽必烈对南宋降人的待遇还是相当优渥的，显示了大朝气度，同时也意在招徕远人，归顺大元。

"画阁香销暮雨晴，珠帘半卷远山明。葡萄初醒罗衣薄，枕上鸥弦拨不成。"元代宫廷葡萄酒的消费群体中除了皇室贵胄、公卿百官外，还包括许多宫廷丽人，她们中间既有后宫妃嫔，"诸王舞蹈千官贺，高捧葡萄寿两宫"。也有普通宫女，"笑酌葡萄酒满杯，紫檀小殿晚风来。宫娥手进齐纨扇，才报红栏芍药开"。

葡萄酒本非蒙古民族所产，蒙元统治者在向外征服的过程中对外来文明兼收并蓄，积极吸纳，充分说明了元代社会文化的多样性和兼容性。

"紫驼峰挂葡萄酒，白马鬃悬芍药花。绣帽宫人传旨出，黄门伴送内臣家。"除了宫廷宴会上直接饮用外，葡萄酒还常常作为帝王赏赉百官的重要赐物。郝经奉忽必烈之命出使南宋，"入辞，赐蒲桃酒"。廉希宪抚定江陵有功，忽必烈"赐西域善药、高昌蒲桃酒"。受赐者除了朝廷官员之外，还有很多宗教界人士。元代，西藏喇嘛在社会上享有很高地位，活跃在宫廷的帝师和国师更是呼风唤雨，尊荣独享。"华缨孔帽诸番队，前导伶官戏竹高。白伞葳蕤避驰道，帝师辇下进葡萄。"这葡萄酒不仅是献给皇上喝，他们自己也喝。世祖忽必烈常苦足疾，道士刘真人进六甲飞雄丹，"上吞之瘳"，大悦，赐葡萄酒饮之。

"文园多病渴，常想赐蒲萄。"受赐葡萄酒不仅是一种荣誉，更因葡萄酒味美诱人，使得众人垂涎不已。官员吴当《戏题》诗云："西域葡萄熟，浆醪不用酤。色深滦水菊，香重塞城酥。甘露浮银瓮，寒冰贮玉壶。相如犹病渴，传赐近来无？"

需要说明的是，御赐葡萄酒并非常有，但是一些官员，特别是出外或归国的使臣和外省官员，钻起管理疏忽的空子，往往诈称赐酒，私自携葡萄酒和其他酒出京。针对这种现象，仁宗皇庆二年（1313）二月，中书省奏议，对于那些自称是上位赐酒的出外、回归使臣和外省官员所携带葡萄酒，需要他们出示宣徽院和兵部签署的凭证，无凭证者，驿站官员要将葡萄酒扣留，并记下他们的姓名，以备责罚。这一奏议得到了仁宗的批准。

元代民间也有十分庞大的葡萄酒消费群体，文人聚会常以葡

图 1-10 〔元〕佚名（钤"钱选"印）宫女图（旧传桓野王图）　私人收藏

萄酒助兴，吟诗联句："新泼葡萄琥珀浓，酒逢知己量千钟。"葡萄酒也走进了官民百姓家庭，至元十年（1273）四月，中书户部承奉中书省的一件札付中说："体察得大都酒使司不依旧抽分葡萄酒货体例三十分取要一分，却于十分中取要一分，不要本色酒货，只要钞两。"可见市场上葡萄酒的买卖现象十分普遍，许有壬《竹枝十首（和继学韵）》诗亦可证："宛人自卖葡萄酒，夏客能烹枸杞茶。"葡萄酒课成为政府财政收入的重要组成部分。

新黄米酒瓮头熟——粮食酒

现在家庭或朋友聚会的酒席上有一种"三盅全会"的说法，就是啤酒、红酒、白酒混搭着喝。其实元人早就这么干了，他们的"三盅"是马奶酒、葡萄酒和米酒。

尽管来自蒙古草原的马奶酒和来自西域的葡萄酒在蒙元宫廷中尊崇无比，显赫一时，但在中原和南方的广大传统农耕区域，人们酿制和饮用的主要还是粮食酒。元人刘敏中《寄智先生孙大夫村居》诗云"新黄米酒瓮头熟，嫩白草鸡铛内香"，描绘的正是广大农耕区居民绿色原生态的饮食方式。"清醴之美，始于耒耜"，粮食酒作为农耕居民的主体饮料，其采用的传统酿造技术和由此孕育的酒文化，在华夏大地上传承千年，成为农耕文明的重要衍生物。

酿制粮食酒的黄酒技术

大蒙古国时期的漠北草原就有用粮食酿制的米酒，1254年来到漠北的法国传教士鲁布鲁克一行，就描述过他们在蒙古草原斡耳朵（意即宫帐、帐殿）里面受到蒙哥汗接见时的情形：

> 他（蒙哥）问我们要喝什么，酒或者特拉辛纳，即米酒（cervisia），或者哈剌忽迷思，即澄清的马奶，或者布勒，即蜂蜜酒。在冬天他们饮用这四种酒。我答道："我王陛下，我们不是那种好

酒之徒，你喜欢的我们也喜欢。"于是他给我们米酒喝，它像白酒一样清澈和芬香，我尝了一点以示对他的尊敬，但对我们不利的是，我们的译员站在管事的旁边，管事给他许多酒喝，以致他很快就醉了。

从鲁布鲁克的描述来看，蒙古汗廷已经有了现代白酒；同时，他说蒙哥汗赐予使团的米酒具有像白酒一样清澈和芳香的特点，并且多饮易醉，这充分说明了蒙古汗廷的米酒品质很高。

那么，漠北汗廷的粮食酒从何处得来呢？外地进贡？掠获而得？还是草原自酿？这三种渠道皆有可能。

成吉思汗统一蒙古各部之前，蒙古高原除了马奶酒之外，几乎见不到其他酒类，包括粮食酒。1204年，蒙古灭乃蛮前夕，汪古部长阿剌兀思剔吉忽里曾遣使"奉酒六尊"，向铁木真密告乃蛮部太阳汗的阴谋。《元史》载："时朔方未有酒，太祖饮三爵而止"，然后嫌弃地说了句："是物少则发性，多则乱性。"

史料虽未载明汪古部长赠铁木真之酒是否为粮食酒，但汪古部的活动范围主要在漠南阴山地区，为金朝守护长城，地理上十分靠近汉地农耕区域，所以可以断定是粮食酒。

此后，随着蒙古各部的统一和对外征服的展开，外地进贡和掠获而得的各种酒类早已司空见惯，这里单说草原的自酿能力。成吉思汗和他的继承者们在对外征服过程中，曾经掳掠了中亚、西域、金、南宋境内的大批工匠到蒙古汗廷所在地哈剌和林。据《鲁布鲁克东行纪》记载，哈剌和林的两个城区中有一个是"契丹人"（汉人）的城区，"他们全是工匠"，其中就有酒工。

据姚燧为自己伯父、中书左丞姚枢所撰神道碑记载："乙未（1235），诏二太子（指窝阔台二皇子阔端、三皇子阔出）南征，俾公（姚枢）从杨中书（杨惟中）即军中，求儒、道、释、医卜、酒工、乐人。"

有了酒工，自然就掌握了酿酒技术，可见草原汗廷也具备酿酒能力。此外，窝阔台汗时期，燕京国子学的生员除了要求"仍戒饮酒，不可有违"之外，也要求须对"酒醴曲蘖水银之造，饮食烹饪之制"周览旁通。国子学诸生中，难保不会出现精通酿酒技术的人才。

我国古代传统的粮食酒主要是黄酒。元代或更早，又出现了由黄酒蒸馏加工而成的烧酒。

中国的黄酒，系指以稻米或黍米等谷物为原料，以酒曲或酒药又加酒母为糖化酒化剂，经过制醪发酵、压榨分离、煮酒灭菌、入窖陈酿等工序加工而成的酒。又因所得成品酒大多数色泽黄亮，风味甘甜醇厚，故名黄酒。从原料上区分，则主要有南方稻米黄酒和北方黍米黄酒。黄酒的度数大多数在15%左右，总酸量在4.5 g/L以下。

黄酒是最古老的酒类之一，经过各代酒工在实践中不断探索积累，讫宋，黄酒生产技术已臻于成熟。宋人朱肱所著《北山酒经》为宋代制曲酿酒工艺理论的代表作，以书中所载黄酒生产的十三道工序和技术，与现代黄酒生产的工艺过程相比较，两者是极为相近的：

宋代酿酒工序：卧浆→淘米→煎浆→汤米→蒸醋糜→用曲→合酵→酴米→蒸甜糜→投醹→上槽→收酒→煮酒。

现代黄酒生产工序：原料→精白、过筛→浸渍→蒸煮→配料（用曲）→前发酵→后发酵→压滤→澄清→杀菌→贮存→调配→过滤→装瓶→杀菌→成品。

谷物

黄酒是以谷物为主要原料的酿制酒，故黄酒生产技术的提高与农业生产水平的发展息息相关。中唐以前，黍、粟等作物是主要粮食作物，故酿酒的原料也以黍、粟为主。中唐迄宋，随着传统经济重心南移的完成，稻米渐次成为最主要的粮食作物，酿酒的主要原料亦相应改为稻米，又尤以糯稻为重，秫其次，小麦和粳米主要用于制曲。至此，黍、粟作为酿酒原料成了明日黄花，鲜有问津。

"种秫酿美酒，拾薪煮豆糜。"秫是酿酒的重要原料，所以古人有秫酒（用秫酿成的酒）、秫蘖（制酒用的糯黍与曲）、秫田等称呼。画家倪瓒有诗"好营秫田多酿酒"，谢应芳也有"秫田更喜连年熟，酿得香醪味更醇"。那么，秫到底是什么作物呢？

古代秫的所指较为宽泛，《说文解字段注》云："秫，稷之粘者，《九谷考》曰：'稷，北方谓之高粱，或谓之红粱。'"王祯《农书》："稻有粳、秫之别，粳性疏而可炊饭，秫性粘而可酿酒。"李时珍《本草纲目》："秫，北人呼为黄糯，亦曰黄米，酿酒劣于糯也。"可见，秫

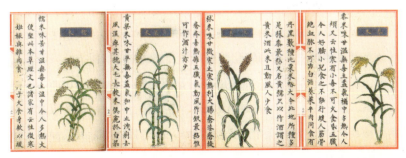

图1-11 《食物本草》所绘 黍米、秫米、黄粱米、糯米

既可能指高粱，也可能指黄米、糯稻，或者其他黏性谷物，需要读者根据具体场景分析判断。

稻也是酿酒的重要原料，特别是糯稻，元代尤以平江（今江苏苏州）的香莎糯米和辉州（今河南辉县）的苏门糯米最为知名，是宫廷酿酒首选。光禄寺下辖的大都醴源仓就专掌香莎、苏门等酒材糯米以供上酝及岁赐诸王百官。为此，元代还特别在平江设立海运香莎糯米千户所，秩正五品。文宗天历二年（1329），因卫辉路大旱，"罢苏门岁输米二千石"，可见苏门岁贡糯米数量亦不少。

虽然如此，两地所输内廷的酿米还是远远不能满足内廷酝造需求，还要从他处输运酿米至大都，至元十七年（1280）七月，朝廷"割建康民二万户种稻，岁输酿米三万石，官为运至京师"。

现代科技证明，糯米和粘米之所以能够成为酿造黄酒的最好原料，主要是由于以下几个优点：

首先，二者的分子结构较疏松，米质软，吸水性强，容易蒸熟和糊化，有利于发酵过程的进行。

其次，二者所含蛋白质和脂肪大多数可以在精制中随糠皮除去，留下的量正好可以衬托出黄酒的醇香风味。如果原料中含脂肪和蛋白质太多，经氧化后的异臭味将有害于黄酒的风格和风味。

再次，二者的淀粉质含量比其他稻米高，品质优，而且所含的大多数都是支链淀粉，淀粉糖化酶很难将分子链全部切断，结果便是黄酒中含糊精和低聚糖较多，酒的浓厚甘甜更为突出。

稻、秫之外，用于酿酒的作物还有黍、稗、麦、白黄米等，其中用稗酿成的酒，"酒势美酽，尤逾黍秫"。只是稗的产量太低，种之者寡，酿酒亦少。

水

俗语早有"水为酒之血"的说法，酿制黄酒对水质的要求非常严格，只有高品质的水，才有可能酿出美酒佳酝。换言之，美酒是需要好水来成全的。黄酒是低度酒，黄酒成品中水约占80%，故而水质好坏直接影响酒的品质和风味。古人很早就注意到了这一点，西汉刘安等人编著的《淮南子·时则训》就有"水泉必香"的记载，东汉高诱注曰："水泉香则酒善也。"

北魏贾思勰《齐民要术》中不仅有多种选择优质水的方法，而且有汲取、净化等运用于酿酒的操作法，十分全面。其在《造神曲并酒》专章中提到，"淘米及炊釜中水，为酒之具有所洗浣者，悉用河水佳也"。就是说，在酿酒时，不论是淘米的水、炊饭的水，还是洗涤酿酒用具的水，都以河水为最好。他在《神曲酒方》中又说："收水法，河水第一好。远河者，取极甘井水。小咸则不佳。"

到了元代，酿酒选水的经验更加丰富。贾铭《饮食须知》就对多种天然水的酿酒功效做了说明。他认为，梅雨水味甘性平，忌用造酒醋；露水味甘性凉，百花草上露皆可用于造酒。二十四节气水中，立春、清明二节贮水曰神水，宜制丸散药酒，久留不坏；谷雨水取长江者良，以之造酒，储久色绀味冽；小满、芒种、白露三节内水并有毒，造药、酿酒醋及一切食物皆易败坏，人饮之亦生脾胃疾；寒露、冬至、小寒、大寒四节及腊日水，宜浸造滋补丹丸、药酒，与雪水同功。

唐才子张又新嗜茶，曾作《水品》，以中泠（扬子江南零水）为第一，无锡惠山泉第二，虎丘井第三。不过适宜煮茶之水则未必适宜酿酒，元苏州人高德基《平江记事》就说："惠山泉煮羊变为黑色，作酒味苦；

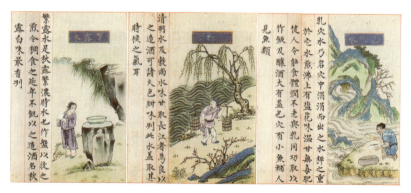

图1-12 《食物本草》所绘 适宜造酒的三种水：乳穴水、清明水、繁露水

虎丘泉则不然，以之酿酒，其味甚佳。"可见水质对于酿酒的重要性。

酒曲

《尚书》云："若作酒醴，尔惟曲蘖。"曲蘖原是两种物质，谷物生芽为蘖，曲是蒸熟的米饭霉变后的产物，曲和蘖是粮食发酵成酒必不可缺的原料。曲蘖又称酒母，是酿酒的精华所在，酒曲的种类决定了酒的香味，即"曲定酒香"。

酿制黄酒之前，要先制好酿酒所需的曲母，以及红曲或白曲以备发酵使用。常用制曲原料主要有两大类：一类是谷物产品，如大麦、小麦、麸皮、稻米、米糠等；一类是中草药材料，如桃仁、杏仁、桑叶、苍耳、川乌、淡竹叶、木香、白术、官桂、檀香、白芷、甘草等。自唐代以降，制曲的原料有两个显著变化：一是原料种类明显增多，由最初的几种原料发展为多种原料；二是纯用谷物产品的曲料愈加少见，豆类、花草、果仁、中药材被大量加入。

元大德年间成书的《居家必用事类全集》中，非常详细完整地介

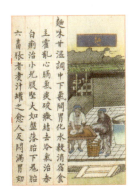

图1-13 《食物本草》所绘 酒曲

绍了江浙行省婺州路治所金华所产的东阳酒的曲方和酿法，可以作为元代黄酒的代表成就。

东阳酒使用红曲酿制。红曲是酒曲的一种，它以大米为原料，经接曲母培养而成，含有红曲霉和酵母菌等微生物，具有很强的糖化力和酒精发酵力，因其曲色鲜红，故名。使用红曲酿酒，酒液明显偏呈红色，艳若桃花，非常爽目。《居家必用事类全集》所载的东阳酒的造红曲法，无论是配料量，还是工艺流程方面的搭配，都是非常合理的，这说明当时用红曲造酒的经验已经非常成熟了。事实上，早在宋代，江南、闽中地区"公私酝酿皆红曲酒"，可见这项技术在酿酒行业流传已久。

东阳曲母和红曲造好后，就可以开始酿造东阳酒了，主要有四大程序：酘法→上糟→收酒→煮酒。

酘法

白糯米一石为率，隔中，将缸盛水浸米，水须高过米面五寸。次日将米踏洗去浓泔，将箩盛起放别缸上，再用清水淋洗净，却上甑中炊，以十分熟为度。先将前东阳曲五斤捣烂，筛过匀撒放团箕中，然后将饭倾出摊去气，就将红曲二斗于箩内搅洗，再用清水淋之，无浑方止。天色暖则饭放冷，天色冷放温。先用水七斗倾在缸内，次将饭及曲拌匀为度，留些曲撒在面上。至四五日沸定翻转，再过三日上榨压之。

图 1-14 《食物本草》所绘 东阳酒

上糟

造酒寒，须是过熟，即酒清数多，浑头白醅少。温凉时并热时，须是合熟便压，恐酒醅过熟。又糟内易热，多致酸变。大约造酒自下脚至熟，寒时二十四五日，温凉时半月，热时七八日，便可上糟。仍须均装停铺，手安压钑，正下砧簟，所贵压得均干，并无渗失。转酒入瓮，须垂手倾下，免见濯损酒味。寒时用草荐麦曲围盖，温凉时去了，以单布盖之。候三五日澄折，清酒入瓶。

收酒

上榨以器就滴，恐滴远损酒，或以小竹子引下亦可。压下酒须是汤洗瓶器，令净。控候二三日，次候折澄去尽脚，才有白丝则浑，直候澄折得清为度，则酒味倍佳。便用蜡纸封闭。务在满装，瓶不在大，以物阁起，恐地气发动酒脚，失酒味。仍不许频频移动，大抵酒澄得清，更满装，虽不煮，夏月亦可存留。

煮酒

凡煮酒每斗入蜡二钱，竹叶五片，官局天南星员半粒，化入酒中，如法封紧。置在甑中（秋冬用天南星丸，春夏用蜡并竹叶），然后发火。候甑草上酒香透，酒溢出倒流，便更揭起甑盖，取一瓶开看，酒滚即熟矣，便住火。良久方取下置于石灰中，不得频频移动。白酒须拨得清，然后煮。煮时瓶用桑叶冥之，庶使香气不绝。

古人最初酿出的成品酒是不过滤的，酒液混浊，饮酒时连酒带醅一起吃。酒醅就是新酒中大量的细小颗粒和碎屑浮沉，古诗中常常称作"浮蚁""浮蛆"。方回有诗"忆昔浮蛆醉玉醅，天寒一日饮千杯"，说的就是这种未过滤的酒，其风味肯定与过滤后的酒大不相同，"一日饮千杯"虽然是夸张之说，但因为这样的酒酒精度数低，确实能让人酒量倍增。

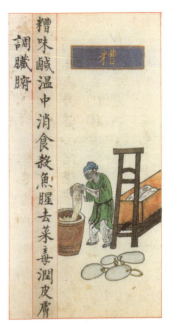

图1-15　《食物本草》所绘　酒糟

后来发明纱质的滤袋和竹编的酒笭过滤酒醅，才使酒和醅分离。元杂剧《陈季卿误上竹叶舟》里就有酒笭："自酿下黄花酒，亲提着这斑竹笭，拼的个醉酕醄斗转参横，受用些闲快活，天长也那地久。"

如果身边没有酒笭或滤袋的话，有人会就地取材，用纱巾、纱帽漉酒："碓舂糠粃光如雪，汲泉淅米令清洁。炊糜糁曲同糅和，元气氤氲未分裂。瓮中小沸微有声，鱼沫吐尽秋江清。脱巾且漉仍且饮，陶然自觉春风生。"

元人蒲道源这首《新曲米酒歌》，描述了用新收稻谷酿米酒的整个过程，以及用头巾漉酒的场景，令人如临其境。

用纱巾或酒笭滤酒，只适合家庭小规模酿酒，对于酒坊来说显然不可取。唐宋时，酒坊中出现了专门的压榨设备以取清酒，这就是榨酒的由来，唐人韩鄂《四时纂要》和宋人朱肱《北山酒经》中都有关于榨酒的记载。

煮酒是黄酒酿造过程中又一道重要工序，也是最后一道工序。压榨后的酒之所以要用火烧加热，是因为用曲发酵而酿的酒，糖分含量较高，在微生物的作用下，发酵过程难以控制，会产生多种化学变化，导致酒味恶劣。给酒液加热，除了控制酒液发酵之外，更重要的还在于以此达到灭菌消毒、防止酒液快速酸败的作用，所以古代酿酒多用"煮"法，称之为煮酒或煎酒，即把酿成的酒液煮沸，是为高温杀菌。朱肱《北山酒经》对此就有专门论述。

然而这种高温加热会造成酒液较大程度的变异，故而古人又尝试过低温加热的方法，即用微火长时间慢烧，同样可以起到控制发酵和灭菌消毒的效果，而且对酒液的颜色和香味都不会产生太大的影响。19世纪60年代，法国人路易·巴斯德在研究葡萄酒酸败时发现，把酒加热到63℃左右便能杀死导致酒酸变质的大多数微生物，而且不影响酒质，于是发明了将酒缓慢加热到60℃左右、并且保持一段时间的低温加热灭菌法，这就是现代酿酒界通用的巴氏灭菌法。事实上，我国唐宋时期就已经掌握了此种方法，比欧洲人早了一千年。

古代由于科技不够发达，人们的迷信程度较高，酿酒也要讲究黄道吉日。《居家必用事类全集》中就记录了元人总结的每月造曲、酱、酒、醋吉凶日期：

> 正月，丁卯、甲辰、丙辰、丁未、己未、乙酉、丁酉，吉。
> 二月，己巳、丁巳，吉。

三月，丙子、己巳、庚子、乙巳、丁巳，不犯月厌，大吉。

四月，乙丑、丁丑、丁卯、辛卯、乙卯，不犯虚耗月厌，大吉。

五月，丙寅、甲申、庚申，大吉。

六月，壬申、戊寅、己酉、丁酉、己卯，不犯虚耗月厌，大吉。旧有丙午系万通受死，不用。

七月，庚午、庚戌、戊子、戊戌，吉。庚辰、壬辰，犯月厌，不用。

八月，丁亥、癸巳、己亥、己巳，吉。癸未、己未，系受死，不用。

九月，辛巳、戊子、丙申、戊申、辛亥、庚申，不犯月厌凶杀。

十月，己卯、丁卯、甲戌、癸未、甲午、庚子、己未，吉。

十一月，乙丑、戊寅、乙未、壬寅、戊申、甲寅、甲申，吉。旧有丙戌、戊戌，犯天耗，乙巳与戊戌并犯十恶，不用。

十二月，庚子、丁卯、壬申、壬寅、乙卯、甲申、戊申、戊寅、庚申、己卯，吉。

这种类似迷信的说法，是在酿酒技术和设备都不够发达的时代背景下的产物，早已为现代酒业生产者所摒弃。但仔细推敲上文却能发现一个有趣现象，就是二至八月，每月的酿酒吉日明显少于九月至来年正月。从气候角度来说，每年的农历二至八月为春夏秋季，温度、雨水等天气状况变化较大，在科技水平不高的情况下，对于温度条件的控制要求十分严格的酿酒业来说，确实不如温度、雨水等天气状况相对稳定的秋冬季节。由宋入元的周密更认为，酿酒尤以冬至以前最佳，胜于腊中，原因是"盖气未动故也"。

再从作为酿酒原料的谷物来说，秋冬季新收获的谷物新鲜程度也要好于春夏季节，相对新鲜的谷物更有利于酿酒。所以上文刨除迷信的思想之外，也具有一定现代科学道理。

对于酿出的酸薄酒，《居家必用事类全集》中也记载了相应的补救措施，能够使之成为好酒。方法是用生绢袋一个，将中药官桂、白茯苓（去皮）、陈皮、白芷、缩砂、良姜各一两，甘草五钱、白檀五钱、沉香少许，盛放在内。然后用甜水五大升煮十沸，将绢袋药取出。再用蜜六两，熬去蜡滓，入前药汁内滚二三沸。再用好油四两，熬令香熟入前药汁内，再滚二三沸，用瓷器盛之，量酒多少入药尝之。贾铭《饮食须知》对付酒酸的办法则是"以赤小豆一升炒焦入罐内可变好"，颇为简便易行，但具体效果则未必上佳。

烧酒技术的域外传入

烧酒，即现代的白酒。

与前代相比，元代粮食酒（也包括葡萄酒）酿造技术的一个重要的发展，就是由域外传入的烧酒技术已经"汗漫天下"了。

"烧酒"一词在元代开始专指蒸馏酒，或称之为火酒、酒露和烧刀，晚清时期始称"白干"。元代的蒸馏酒最初以外来语的形式流行，称曰阿剌吉，源自阿拉伯语"araq"，又译作阿里乞、哈剌吉、哈剌基、轧赖机、答剌吉等。

元末四明（今浙江宁波）人黄玠有咏阿剌吉酒诗，将烧酒阿剌吉的色泽清冽和辛辣醉人描绘得淋漓尽致：

阿剌吉，酒之英。清如井泉花，白于寒露浆。一酌咙胡生刺芒，再酌肝肾犹沃汤，三酌颠倒相扶将，身如瓠壶水中央，天地日月为奔忙，经宿不解大苍黄。阿剌吉，何可当！

烧酒阿剌吉是用普通酒"蒸熬取露"而成，故而被认为是酒之精华。元宫廷医生忽思慧《饮膳正要》指出："阿剌吉酒，味甘辣，大热，有大毒，主消冷坚积，去寒气。"养生家贾铭《饮食须知》亦言烧酒："味甘辛，性大热，有毒，多饮败胃伤胆、溃髓弱筋、伤神损寿，有火证者忌之。"可见对烧酒的品性已经有了深刻认识。

烧酒技术通过两条路径传入中国。

《居家必用事类全集》在论述烧酒工艺时，起名为"南番烧酒法"，并注明"番名'阿里乞'"。可见，元人把蒸馏酒称作烧酒，不仅是名称上受到外来语的影响，还可表明其技术是由"南番"传入的。南番烧酒法的做法如下：

不拘酸甜淡薄一切味不正之酒，装八分一甏，上斜放一空甏，二口相对。先于空甏边穴一窍，安以竹管作嘴。下再安一空甏，其口盛住上竹嘴子。向二甏口边，以白磁碗楪片遮掩令密，或瓦片亦可。以纸筋捣石灰厚封四指，入新大缸内坐定，以纸灰实满。灰内埋烧熟硬木炭火二三斤许，下于甏边，令甏内酒沸。其汗腾上空甏中，就空甏中竹管内却溜下所盛空甏内。其色甚白，与清水无异。酸者味辛，甜淡者味甘，可得三分之一好酒。此法腊、煮等酒皆可烧。

图 1-16 《食物本草》所绘 暹罗酒

这就是典型的使用蒸馏技术将已酿好的普通米酒转变成烧酒的做法。

那么"南番"是哪里？

从广义上讲，南番是指包括广东、广西以及中南半岛在内的广大地区，但这里的南番很可能是指"暹罗"（今泰国）。

元人李杲编辑的《食物本草·烧酒》记载："又有暹罗酒，以烧酒复烧二次，入珍宝异香。其坛每个以檀香十数斤烧烟，熏令如漆，然后入酒，蜡封埋土中二三年，绝去烧气，取出用之。曾有人携至舶，能饮三四杯即醉，价值数倍也。"

暹罗烧酒不仅工艺上要复烧两次，还要加入珍宝香料，再用檀香烧烟熏坛，蜡封后深埋地下二三年才可取用，故而价格高昂自在情理之中。

清人屈大均在《广东新语》一书中据李杲《食物本草》说："烧酒之法自元始。有暹罗人，以烧酒复烧入异香，至三二年，人饮数盏即醉，谓之阿剌吉酒。元盖得法于番夷云。"

暹罗至明代仍以善酿闻名，明人罗日褧《咸宾录》载："四夷中酒以暹罗为第一。"马欢《瀛涯胜览》也记载暹罗国："酒有米酒、椰子酒，二者俱是烧酒，其价甚贱。"这可能是因为此时烧酒技术更为成熟，且减掉了加入珍宝异香等工序，故而价格便宜。

屈大均推断元代"得法于番夷"的阿剌吉酒，就是"南番烧酒"，它表明了元代的烧酒技术存在由东南亚海路传入中国的路径。

但是，元代烧酒技术传入中国还有另外一条路径。

元人许有壬《咏酒露次解恕斋韵》云："世以水火鼎炼酒取露，气烈而清，秋空沆瀣不过也，虽败酒亦可为。其法出西域，由尚方达贵家，今汗漫天下矣。译曰'阿尔奇'云。"

许氏官至中书左丞，自仁宗至顺帝，"历事七朝，垂五十年"。根据许氏所言，中国烧酒技术的传入是通过丝绸之路由西域陆路传入皇室宫廷，再由皇室宫廷传入达官显贵之家，最后流入民间而"汗漫天下"的。但他没有说明烧酒由西域传入中国的时间。

明人李时珍也持此路径说。他在《本草纲目》中记述了葡萄烧酒的技术和起始："烧者，取葡萄数十斤，同大曲酿酢取入甑蒸之，以器承其滴露，红色可爱。古者西域造之，唐时破高昌始得其法。"他还认为用烧酒法制成的葡萄酒"有大毒"。

高昌在今天的新疆吐鲁番，该地很早就以种植葡萄和盛产葡萄酒享誉四方。北宋类书《太平御览·果木部九·蒲萄》："蒲萄酒，西域有之，前代或有贡献，人皆不识。及破高昌，收马乳蒲萄实于苑中种之，并得其酒法，〔唐〕太宗自损益造酒，为凡有八色，芳辛酷烈，味兼醍盎。既颁赐群臣，京师始识其味。"

依据上述文献，葡萄烧酒技术自唐代即由西域传入中国。

法国传教士鲁布鲁克1254年来到漠北汗廷，当他喝到蒙哥汗赏赐的米酒时，说"它像白酒一样清澈和芬香"。这里的白酒显然是现代意义上的白酒，也就是烧酒。这说明当时他在欧洲，或者从君士坦丁堡出发经金帐汗国抵达哈剌和林，这一由西向东陆路旅行中，已经品尝过烧酒。这也从侧面佐证了烧酒是由西方或西域传入中国的说法。

综上，烧酒技术传入中国应该是通过两条路径：一条是东南亚海路，另一条为西域陆路。

但是，关于烧酒在中国的起源问题，学术界一直纷争不休，论难遽定，大体有东汉说、南北朝说、唐代说、宋代说、西夏说、金代说以及元代说等等。其中，规模最大的论战在以李华瑞先生为代表的"宋代说"和以黄时鉴先生为代表的"元代说"两派学者之间展开。

笔者以为，中国本土的烧酒技术在元代以前或许零星存在，但域外的烧酒技术，不论是中亚、欧洲还是东南亚，在元代以前早已成熟。其较大规模传入中国的时间当在元代，并且以"阿刺吉"这一域外名字被人们普遍接受。当然，这与元代空前活跃的陆上和海上对外交通贸易有着必然联系。

元代的烧酒技术，无论在宫廷还是民间，都已经得到相当程度的普及，传世文字和考古发现都证实了这一点。

元代的葡萄烧酒和粮食烧酒

首先看元代葡萄酒的烧酒技术。

元代山西地区是葡萄酒的重要产地，而且一度进贡给朝廷。马可·波罗描述太原府："其地种植不少最美之葡萄园，酿葡萄酒甚饶。"元末叶子奇《草木子》记载了冀宁等路（原平阳路，治临汾）葡萄酒已使用烧酒技术：

> 法酒，用器烧酒之精液取之，名曰"哈刺基"。酒极酽烈，其清如水，盖酒露也。每岁于冀宁等路造葡萄酒，八月至太行山中，辨其真伪。真者不冰，倾之则流注。伪者杂水即冰凌而腹坚矣。

其久藏者，中有一块，虽极寒，其余皆冰而此不冰，盖葡萄酒之精液也，饮之则令人透液而死。二三年宿葡萄酒，饮之有大毒，亦令人死。此皆元朝之法酒，古无有也。

这段材料中，叶子奇在把葡萄烧酒神秘夸张化的同时，一口咬定葡萄烧酒始自元代，而且随后又言之凿凿地重复了一遍："葡萄酒答剌吉酒自元朝始。"

元人熊梦祥《析津志》也记载了哈剌火州葡萄酒的烧酒技术："复有取此酒烧作哈剌吉，尤毒人。"即是因经过蒸馏后，酒精度数高，容易醉人。

除了葡萄酒外，元代其他果实类酒也采用了烧酒技术，如枣酒，"京南真定为之，仍用些少曲糵，烧作哈剌吉，微烟气甚甘，能饱人"。可见果实类酒烧酒技术的成熟。

再看酿制粮食酒的烧酒技术。

李杲《食物本草》记载：烧酒，"其酒始自元时创制，用浓酒和糟入甑，蒸令气上，用器承取滴露。凡酸坏之酒，皆可蒸烧。近时惟以糯米，或粳米，或黍米，或秫，或大麦蒸熟，和曲酿瓮中七日，以甑蒸取。其清如水，味极浓烈，盖酒露也。"可以看出烧酒最初主要是为了处理酸败酒开始研发的，后来就是正常的米酒也采用蒸馏技术。

元后期，通过使用蒸馏器具，已经有个人自制烧酒的行为出现，但制作规模应该不大。参加过顾瑛玉山草堂雅集的卞思义，写过一首《汗酒》诗："水火谁传既济方，满铛香汗滴琼浆。开樽错认蔷薇露，溜齿微沾菡萏香。水泄尾闾知节候，津生华盖识温凉。千钟鲁酒空劳劝，一酌端能作醉乡。"从诗中的内容看，卞思义吟咏的汗酒一定为用蒸馏器自制的烧酒。

无独有偶，至正四年（1344）冬，推官冯仕可赠著名书画家朱德润以轧赖机酒（即阿剌吉酒），朱氏为此作《轧赖机酒赋》，详细描述了元代蒸馏酒器的构造和制作蒸馏酒的全过程：

> 生与侪辈洗爵奠斝，提壶挈觞。汲瓮底之新笤，沸醅余之宿尝。法酒人之佳制，造重酿之良方，名曰轧赖机。而色如酊，贮以札索麻，而气微香。卑洞庭之黄柑，陋列肆之瓜姜，笑灰滓之采石，薄泥封之东阳。观其酿器扃钥之机，酒候温凉之殊。甑一器而两圈，铛外环而中洼，中实以酒，仍械合之无余。少焉，火炽既盛，鼎沸为汤。包混沌于郁蒸，鼓元气于中央。薰陶渐渍，凝结为炀。瀚渤若云蒸而雨滴，霏微如雾融而露瀼。中涵既竭于连煨，顶溜咸濡于四旁。乃泻之以金盘，盛之以瑶樽，开醴筵而命友，醉山颓之玉人。

朱德润在文序中还感慨道："噫！当今之盛礼，莫盛于轧赖机。"可见当时文人士大夫皆以馈赠烧酒阿剌吉为时尚，烧酒在当时应该还是比较贵重，而非唾手可得之物。同时，这种家庭自备的蒸馏酒器并非寻常可见，只有少数富贵人家才有。

事实上，古人对蒸馏器的使用至晚在元初就已经开始了。1975年12月，河北省青龙县土门子公社西山嘴村南出土了一件铜蒸馏器，俗称"烧酒锅"，经专家研究断定，这是一件金代或金末元初的遗物。

这套蒸馏器通高41.5厘米，由上下两个分体套合组成，下分体是一大半圆球形甑锅，上分体是一圆桶形冷却器，上下分体的接合部有

双唇汇酒槽及酒流和
排水流。有关部门对
这套"烧酒锅"进行
两次蒸馏实验，表明
上下分体的套合、各
个部件的配置都符合
一定使用要求，是实
际有效的。

图1-17　河北青龙出土铜"烧酒锅"

学者黄时鉴在《中国烧酒的起始与中国蒸馏器》一文中认为，这
件具有"曲颈甑"、聚液槽和出液管的青铜蒸馏器的形制与朱氏描述的
"轧赖机酒"制器有很多相似之处，并且不排除与西方传入科技有关。

但是，使用上述蒸馏器皿制作的烧酒，只能暂时解决个人或小群
体的"口腹之欲"，显然不能满足广大民间市场的普遍需求。幸好，元
代已经存在了较大的烧酒作坊，可以规模性生产烧酒以供应市场，实
现真正意义上的"汗漫天下"。

2002年6月，位于江西省南昌市进贤县李渡镇（元时隶江西行省龙
兴路）的江西李渡酒业有限公司在改建老厂无形堂生产车间时，发现
地下埋有古代酿酒遗存，面积约15000平方米。后经江西省文物考古研
究所考古研究发掘，李渡（无形堂）烧酒作坊遗址酿酒的历史源于元
代，历经明清，连续不断，发展至今。不仅是目前我国仅见的年代最
古老的一处白酒作坊遗址，而且是我国发现的第一家小曲工艺白酒作
坊遗址。它为我国白酒酿造工艺的起源和发展至迟在元代或更早，提
供了珍贵的实物资料和有力证据。

元代粮食酒和葡萄酒的酿制，不仅使用了传统的黄酒技术和自然

图1-18　李渡元代烧酒作坊遗址

发酵法，还应用了域外传入的烧酒阿剌吉技术。以江西李渡（无形堂）烧酒作坊为代表，民间酒坊生产烧酒进入市场流通，实现了烧酒真正意义上"汗漫天下"的局面。烧酒在元代酒品行列中的清新亮相，标志着中国传统酿酒技术进入了一个质变飞跃的崭新阶段。

四　小春多酿梅花酒——配制酒

酒为"百药之长"，具有养生保健功能，这是众所周知的。元朝宫廷医生忽思慧在《饮膳正要》中就指出："酒味苦甘辣，大热有毒，主行药势、杀百邪、通血脉、厚肠胃、润皮肤、消忧愁。"

元朝宫中，皇帝常常把名酒、名药赏赐给大臣养生，以示龙恩浩荡。中书左丞许衡年老多病，忽必烈特许他五日一省朝，并赐尚方名药、美酒，让他好好"调养"。仁宗御极之初，察罕拜中书参知政事，仁宗赐以枸杞酒，祝福他"以益卿寿"。可笑的是，仁宗自己才活了35岁。

枸杞酒是一种配制酒，通常用甘州（今甘肃张掖）枸杞依法配制而成，对人体具有"补虚弱、长肌肉、益精气、去冷风、壮阳道"等功效。

人们发明配制酒，是为了进一步增强酒的养生保健功能。那么，什么是配制酒呢？

配制酒就是选用发酵原酒、蒸馏酒或优质酒精作为基酒，加入植物的花、茎、叶、根、果实、果汁，动物的骨、角、蛋、躯体，以及其他呈色、呈香、呈味的物质，采用浸泡、曲酿、煎煮、炮炙、勾兑、蒸馏等不同工艺调配而成的一种新酒。

配制酒的历史非常悠久，战国诗人屈原《楚辞·九歌》中就有"蕙肴蒸兮兰藉，奠桂酒兮椒浆"。东汉王逸《楚辞章句》释意为："桂酒，切桂置酒中也；椒浆，以椒置浆中也。"

椒浆，就是椒酒。浆是酒的另一种称呼，即俗呼的酒浆。古人常

图1-19 《食物本草》所绘 枸杞酒

常以桂树和椒树的枝干或花朵入酒,取其香气浓郁,可见桂酒和椒浆就是两种配制酒。

元代配制酒十分常见,世祖朝来华,在中国居住了17年的意大利旅行家马可·波罗就讲述了当时中国北方地区饮用的一种配制酒:"契丹地方之人大多数饮一种如下述之酒,彼等酿造米酒,置不少好香料于其中,其味之佳,非其他诸酒所可及。其不仅味佳,而且色清爽目,其味极浓,较他酒为易醉。"

元代的配制酒,种类繁多,用途各异,主要以花露酒和药酒、保健酒为多,在酒类王国中独放异彩。

花露酒

花露酒着重风味,使花香、药香和酒香协调和谐,许多带香气的花都可以做成花露酒,如菊花、荼蘼、木香、梅花等。《居家必用事类全集》载有菊花酒的制法：

> 以九月菊花盛开时，拣黄菊嗅之香、尝之甘者，摘下晒干，
> 每清酒一斗用菊花头二两，生绢袋盛之悬于酒面上，约离一指高，
> 密封瓶口，经宿去花袋，其味有菊花香，又甘美。

作者又说，诸如木香、蜡梅花等一切有香之花，皆可依此法制酒。因为酒性与茶性相同，"能逐诸香而自变"。即是酒吸收花香后会产生化学变化。

北宋朱肱《北山酒经》所记洛阳地区的酴醾酒也是这种酿法："七分开酴醾（即荼蘼），摘取头子，去青萼，用沸汤绰过，纽干。浸法酒一升，经宿，漉去花头，匀入九升酒内。"

严格来说，上述方法制成的菊花酒、酴醾酒，仅仅是让成品黄酒吸收了菊花、荼蘼的香气，算不得酿制而成。《北山酒经》还介绍了菊花酒的另一种酿法："九月取菊花，曝干揉碎，入米馈中蒸令熟。"比例大约是一斗米对一斤菊花。

因菊花酒主要使用香味浓郁的黄菊酿制，所以又称黄花酒。黄花酒一直是历代诗人吟咏的重要题材，元人就有不少咏黄花酒的诗，如陆文圭"霞杯浅注黄花酒"、胡天游"擎杯莫负黄花酒"、成廷珪"几人白发黄花酒"等等。

明李时珍《本草纲目》言，菊花酒可治头风、明耳目、去痿痹、消百病，具有很好的养生保健效果。

不同季节有不同的花开，因为各种鲜花美艳易得，以花朵酿酒既可疗疾保健，又事涉风雅，所以元代一些有闲阶层竞相效尤，乐此不

图1-20 《食物本草》所绘　菊花酒

疲，酿制花露酒的风气十分盛行，"小春多酿梅花酒，我来与君酌大斗""花时多酿酴醾酒，芳馆重修芍药栏""床头酿得松花酒，思与故人倾瓦缶"。

理学家刘因有一首咏蔷薇酒的诗："颜色酴醾茉莉香，琉璃到手会须尝。一杯沧海泡成幻，万古花庵醉有乡。凉冷并收天水碧，轻醇犹带女真黄。锦囊尽贮春风在，别是仙家不老方。"即道出了蔷薇酒作为花露酒的色香味之美，又指出其作为配制酒所独具的养生功能。

袁桷的朋友赠送给他琼花露酒，他欣喜赋诗："琼花瑞露十分清，客里相看眼倍明。自是江南春色好，错教骑马到京城。"从"琼花瑞露十分清"一句，似乎可以推测这瓶"琼花瑞露"应该是烧酒，因为元代的露酒已经有蒸馏酒了，这在前引许有壬《咏酒露次解恕斋韵》诗序中就已经明确了，更何况一般的黄酒是不可能被形容为"十分清"的。这也说明元代的烧酒技术不仅应用在葡萄酒和粮食酒的酿制上，也应用到了配制酒的酿制上。

药酒、保健酒

药酒和滋补保健酒最重要的功能就是养生和祛病，这是元代配制酒的大宗，品名众多，难以胜记。譬如，虎骨酒就是有名的药酒，以酥炙虎骨捣碎酿酒，可治骨节疼痛、风症冷痹痛等症。

为了增加药性和气味，元人还有用马兰、芫花、乌头、巴豆等有大毒药材酿酒的，过饮后对人的身体危害非常大。元代名医罗天益对此提出批评说："古人惟麦㯂之曲酿黍而已，为辛热有毒，犹严戒如此。况今之酝造，加以马兰、芫花、乌头、巴豆大毒等药，以增气味，尤辛热之余烈也，岂不伤冲和、损精神、涸荣卫、竭天癸、夭人寿者也。"

正因如此，至大四年（1311）五月，仁宗特别下令："禁毋以毒药酿酒。"《元典章·刑部》记录有这件"元白话"诏令文书：

> 至大四年八月，江西行省准中书省咨，刑部呈太医院关：至大四年五月初六日，本院官奏："在先薛禅皇帝、完者笃皇帝时分，曲药里多用者毒的药物，为伤人的上头，遍行文字禁断来。如今造酒踏曲的都交严行禁断，更要罪过呵。怎生？奏呵。奉圣旨：'你说得是有，便与省部家文书来，依在先体例，好生的禁断了者。么道，圣旨了也，钦此。'今将合禁药物开坐前去，请遍行钦依禁断施行，准此。具呈照详，都省咨请，钦依施行。"

　　文书里面提到的薛禅皇帝和完者笃皇帝,分别是元世祖忽必烈和其孙元成宗铁穆耳的蒙古语尊号,他们在位的时候,就针对民间盛行的用毒药酿酒一事禁断过,但屡禁不止。仁宗是在武宗去世后继位的,上台不久,再次禁断。

　　当时被朝廷明令禁止用于酿酒的药物共12种,计有砒霜、巴豆、乌头、附子、大戟、芫花、梨芦、甘遂、侧子、天雄、乌喙、莨菪子。除砒霜外,其余全部为中草药材。

　　药酒着重药物的疗效作用,口感与风味处于次要地位。而滋补保健酒重点在于滋补和健身,一般也要考虑口感和风味。其酿制方法,有些是将各种药材直接泡在成品酒中,有些则是和酿酒一样,把各种药材加工后,和米加酒曲一起酿制。

　　《居家必用事类全集》中记载了几种滋补保健酒及酿法,如长春法酒、天门冬酒、蜜酝透瓶香、神仙酒、枸杞五加皮三骰酒、羊羔酒等,现将后三种介绍于下。

　　神仙酒,"专医瘫痪、四肢拳挛、风湿感挃",重者宜服之。其制法是,将五加皮(二两并心锉去土)、紫金皮(并骨锉去土)、当归须(六钱洗净锉)三样,用牙咬碎、撕开,然后用酒一瓶浸三宿,夏天一宿即可。

　　饮用的时候,将上述浸好的酒一瓶,从中取酒一盏,再掺入一盏正常的酒中,每天喝两盏,暖服。两瓶酒喝尽时,"自有神效"。

　　枸杞五加皮三骰酒,需准备的药材有牛膝、五加根茎、丹参、枸杞根、忍冬、松节、枳壳枝叶。

（上述七件）各切一大斗，以水三大石于大釜中煮。取六大斗，去滓，澄清水，准凡水数浸曲，即用米五大斗炊饭，熟讫，取生地黄细切一斗，捣如泥和下。第二酘用米五斗炊饭，取牛蒡根细切二斗捣如泥，和饭下消讫。第三酘用米二斗炊饭，取大秋麻子一斗熬，捣令极细，和饭下之，候稍冷热，一依常法。候酒味好，即去糟饮之。

此酒男女老少皆可服用，不仅能"去风劳气冷"，还能令人肥健，"走及奔马"。

羊羔酒，忽思慧《饮膳正要》说它"大补益人"。所需原料有精羊肉、鹅梨、川芎、糯米、糜子等。酿法如下：

用精羊肉五斤，用炊单裹了放糜底蒸熟，干批作片子。用好糯酒浸一宿，研烂，以鹅梨七只，去皮核，与肉再同研细，纱滤过，再用浸肉酒研滤三四次，用川芎一两为末，入汁内搅匀，泼在糯米脚糜肉下脚，用曲依常法。

元代制作药酒和滋补保健酒的原料和品种非常庞杂，今按主要者记录于后：

黄精和地黄是两味中药材，可以分别酿酒，又可合酿。虞集有诗："东家酿得黄精酒，说道凌晨许见招。"李时珍《本草纲目》记载黄精酒，可以壮筋骨、益精髓、变白发、治百病。酿法是："用黄精、苍术各四斤，枸杞根、柏叶各五斤，天门冬三斤煮汁一石，同曲十斤、糯米一石，如常酿酒饮。"

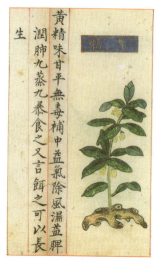

图 1-21 《食物本草》所绘黄精

地黄酒是以地黄绞汁酿酒，治虚弱、壮筋骨、通血脉、治腹内痛。怀孟路（后改怀庆路，治今河南沁阳）盛产地黄，许衡弟子河内人马充实谙熟地黄酒酿法，用山中石泉水酿制，进献给忽必烈。以黄精和地黄合酿的酒，称为地仙酒。理学家刘因还曾写诗歌咏。

松树也是酿造配制酒的绝好原料，其根、节、花、叶皆可入酒，大概是人们取其坚毅挺拔，岁久不凋的良好寓意，希望可以像松树一样健康长寿。

元人金涓有诗："夜茶烹玉液，春酒酿松花。"松花酒酿法如下：取糯米淘百遍，按米一斗、神曲五两的比例酿成酒。然后在春月将五六寸至一尺多长的松花细锉一升蒸熟，盛在绢袋中，用前酒一升浸泡，五日即可服用。久服可成"神仙"。

松节酒是在农历五月初五端阳节那天采松节锉碎，煮水酿酒，可治"冷风虚骨弱，脚不能履地"。松根酒是在松树下撅坑，放置一瓮，取松根津液酿酒，"治风、壮筋骨"。

忽思慧《饮膳正要》还记有以下几种配制酒：

茯苓酒。用茯苓粉同曲米酿酒，治虚劳、壮筋骨、延年益寿。张昱有诗"客来与酌茯苓酒，月出共看科斗书。"

腽肭脐酒。腽肭脐就是海狗肾，将其酒浸擂烂，同曲、米如常酿酒，可治肾虚弱，壮腰膝，"大补益人"。

小黄米酒。性热，不宜多饮，昏人五脏，烦热多睡。

速儿麻酒。又名拨糟，味微甘辣，主益气止渴，多饮令人膨胀生痰。

由上可知，由于黄酒工艺的成熟，使得元代配制酒的工艺也日臻成熟，品质多样。这说明配制酒必须在发酵原酒、蒸馏酒发展到一定阶段后，即当它们具备一定的产量和质量时，才有可能得到迅速发展。

配制酒的主要作用是滋补、保健、祛病、养生。由于配制技术的相对复杂和酿制的费事、费时，配制酒的饮用人群更多集中于宫廷和有闲阶层，普通民间百姓则相对稀少。无论在酒业市场上，还是消费人群上，配制酒所占的份额都是极其有限的，自然不可和粮食酒、葡萄酒以及马奶酒同日而语。

图 1-22　《食物本草》所绘　腽肭脐

杯中日月

第二章　元代社会的饮用酒风俗

"忆昔浮蛆醉玉醅，天寒一日饮千杯。"元人尚饮，薰风酷烈。诗人黄庚"一饮一千石，一醉三千秋"；色目官员萨都剌感叹"人生百年寄耳，且开怀，一饮尽千钟"；张昱更有"便把汉江都作酒，饮时犹恐负春光"。壮语豪言，直令众酒徒气短。

不仅酒量大，酒瘾也大，"得酒可谋千日醉，挂冠犹恨十年迟"。官可以不做，酒不能不饮。"安得酒船三万斛，与君轰醉太湖秋"，气魄之大，非元代不多有。

元人一年四季时令佳节皆有酒饮。"新年且醉屠苏酒"，元日饮屠苏，可辟瘟气，古来习俗；"端阳蒲酒新开腊"，端午要饮菖蒲酒；重阳登高也要饮，"菊花杯泛茱萸酒"；春秋二社饮社酒；十月一日又有暖炉会，还要围炉沃酒。

元代饮酒的社会群体亦十分庞大，宫廷贵族饮，文人士大夫饮，平民百姓饮，方外僧道也饮。"今日不知来日事，人生可放酒杯干""人生已如此，有酒且须醉""韶光如此不一醉，百岁好怀能几回""从今万八千场醉，莫酹刘伶荷锸坟"，元人及时行乐的人生况味一展无余。

由于元代社会民族关系和阶级关系的复杂性，不同社会阶层和不同文化圈层饮用酒风俗也不尽相同，宫廷贵族酒"奢"，文人士大夫酒"雅"，民间酒"朴"，寺观酒"逸"，由此呈现出元代社会文化的多样性和兼容性。

一　宫廷贵族酒之"奢"

"黄金酒海赢千石，龙杓梯声给大筵。殿上千官都取醉，君臣胥乐太平年。"元人尚饮薰风之炽烈，首推宫廷。蒙元帝汗以及黄金家族的天潢贵胄多嗜酒成癖；宫廷饮宴名目繁多，用酒无算；饮酒礼仪隆重繁缛，尊卑有别；饮酒器皿更是精致贵重，匠心独运；宫廷之中名酒荟萃，活色生香，蔚为大观。

尚饮成癖的黄金家族

蒙古黄金家族普遍尚饮成癖，在成吉思汗诸子孙中，沉溺于酒者比比皆是，嗜酒若狂成为这个家族的特色标识。成吉思汗的汗位继承者们，凭借手中的权力和至高无上的地位，更是有恃无恐，率身作则，纵酒行为超出了前后任何时代的帝王君主，可称空前绝后。太宗、定宗、宪宗、世祖、成宗、武宗、仁宗、英宗、文宗、顺帝，这些蒙元帝汗皆是酒迹斑斑，如此"圣圣相传"的大规模家族性纵酒，蒙元实为中国历史上第一王朝。

图 2-1　元太宗窝阔台　台北故宫博物院藏

蒙元帝汗多嗜酒成瘾，其中当首推太宗窝阔台。《元史·太宗本纪》载："帝素嗜酒，日与大臣醋饮。"中书令耶律楚材屡谏不听，不得已，手持锈迹斑斑的酒槽铁口在御座前廷诤面折："曲蘗能腐物，铁尚如此，况五脏乎？"窝阔台赞其忠心，赏以金帛，敕近臣每日进酒止三钟。清人史梦兰所作《元宫词》中有："欲从弓匠问良弓，国匠谁能翊九重。捧到金槽休劝酒，至尊方戒进三钟。"说的就是这件事。

事实上，"日进三钟"的诫言根本没有坚持多久，窝阔台就重蹈覆辙，并变本加厉地纵酒了。拉施特《史集》说："合罕很喜欢喝酒，经常喝得酩酊大醉，并且在这方面无所节制。〔这〕使得他身体日益虚弱；无论近臣们和好心肠的人们如何阻拦他，〔都〕未能成功。相反地，他喝得〔更〕多了。"

这位蒙元帝国的第二位奠基人，最终纵酒亡身。1241 年十一月深夜，窝阔台在野马川（今蒙古国翁金河上游）行殿中观看歌舞，亲近妖姬，宠臣奥都剌合蛮进酒，"帝欢饮，极夜乃罢"。第二天清早，崩于行殿，寿 56 岁。

"生来体质虚弱"的定宗贵由汗颇得乃父窝阔台遗风，"由于纵情酒色成习，致使他的疾病加重，但他不能戒绝这一恶习"，享年不永也就成了顺理成章的宿命。定宗在位不足两年，寿43岁。

1259年，"刚明雄毅"的宪宗蒙哥汗围攻合州（今重庆合川），于军中得了赤痢，"世界的君主用酒来对付霍乱，并坚持饮酒"，这导致他的健康状况更加恶化，最后不治而终，寿52岁。不过，关于蒙哥汗的死因，还有一种说法是，他在督军攻打钓鱼城时，中了宋军炮火负伤，不久死于重庆郊外。到底真实死因为何，至今仍是谜案。也有可能是既受了伤，也染了病。

元朝的开国皇帝忽必烈亦好饮，曾因过饮马奶酒，"得足疾"，即痛风病，行走困难。屡次发作，遍请名医诊治，亦不复痊愈。他还喜欢大杯喝酒，一次在上都行殿大宴群臣，饮席上竟然下令："有不能釂大卮者，免其冠服。"着实让一群酒量小的与宴大臣胆战不已。早在三国时期，吴主孙皓也喜欢这么干，每次飨宴大臣，不管能不能喝，最

图2-2　贵由汗和他的后妃　《史集》插图　印度兰普尔拉扎图书馆藏

图2-3　元世祖忽必烈　台北故宫博物院藏

图2-4　元成宗铁穆耳　台北故宫博物院藏

低标准是七升，喝不完，就令侍臣强灌，"皆浇灌取尽"。

忽必烈之孙成宗铁穆耳登基之前"是一个酒鬼"，不管忽必烈怎样规劝和责备，依然故我，甚至用棍子打过他三次，并派侍卫监视，他仍然偷偷跑到澡堂去喝。《史集》中说成宗即位后，"自动戒了酒，喝得稀少了"。但事实并非完全如此。大德年间，太子宾客王利用针对时政利弊，疏上十七事，其中就有"清心听政，寡欲养身，酒宜节饮，财宜节用"。成宗晚年"连岁寝疾"，举凡国家政事，"内则决于宫壶，外则委于宰臣"，焉知不是早年纵酒所致？

武宗海山是位军人皇帝，曾在漠北捍边十年，战功卓著。登上汗位后，仿佛为了弥补之前捍边的辛劳，竟变得格外沉迷于酒色。他尤其喜爱汉人女子，波斯文献《瓦萨甫史》说他"沉湎于凝视契丹（汉人）女子的绝色姿容"。在后宫中，他最宠幸一位洪姓的汉人妃子，七夕节专门为这位洪妃设"斗巧宴"。

据陶宗仪《元氏掖庭记》载：至大二年（1309）的中秋

图2-5　〔元〕王振鹏 太液龙舟
台北故宫博物院藏

之夜，武宗与诸嫔妃在大都的太液池泛舟，并开宴张乐，"荐蜻翅之脯，进秋风之鲙，酌玄霜之酒，啖华月之糕"。又令宫女跳八展舞，歌《贺新凉》一曲。兴致极高的武宗开心地对众妃嫔说："昔西王母宴穆天子于瑶池，人以为古今莫有此乐也。朕今与卿等际此月圆，共此佳会，液池之乐，不减瑶池也。惜无上元夫人在坐，不得闻步玄之声耳。"这时，"素号能歌"的骆妃就站了出来，为武宗舞《月照临》，并歌唱道："五华兮如织，照临兮一色。丽正兮中域，同乐兮万国。"歌毕，武宗大悦，赐骆妃八宝盘、玳瑁盏，诸嫔妃纷纷起贺。

不过此事的时间记载或有舛误，因为据《元史·武宗本纪》，当年九月初七，武宗巡幸车驾才从上都返回大都，中秋的时候还在路途中。

武宗因酒色过度，身体虚弱不堪。一日，御五花殿，平章政事阿沙不花入见，睹帝容颜日益憔悴，忍不住犯颜直谏：

八珍之味不知御，万金之身不知爱，此古人所戒也。陛下不思祖宗付托之重，天下仰望之切，而惟曲蘖是沉，姬嫔是好，是犹两斧伐孤树，未有不颠仆者也。且陛下之天下，祖宗之天下也；陛下之位，祖宗之位也，陛下纵不自爱，如宗社何？

话说得有点重，不过武宗非但没有生气，反而对阿沙不花进行了一番夸奖，夸他敢于说出别人不敢说的真话，今后尽管直言，随即命进酒。阿沙不花差点气乐了，顿首谢道："臣方欲陛下节饮，而反劝之，是臣之言不信于陛下也，臣不敢奉诏。"

由于纵酒好色，"惟曲蘖是沉，姬嫔是好"的武宗，身体很快被掏空，在位不足四年就驾崩了，寿仅31岁。

武宗去世后，同母弟爱育黎拔力八达继位，是为仁宗。仁宗先被武宗封为皇太子，并约定"兄终弟及，叔侄相继"的汗位传承顺序，这就是"武仁授受"。仁宗做皇太子时，"饮酒常过度"，当然，这也可能是他韬光养晦的一种计策。监察御史马祖常用儒家的那套说教进谏说："天子承天地祖宗之重，当极调摄，至于酒醴，

图2-6　元武宗海山与三位皇后　台北故宫博物院藏

近侍进御，当思一献百拜之
义。"

　　仁宗儒释兼通，在位十
年，"政简吏清，家给人
足"，是个难得的好皇帝，
元人对他评价极高，甚至说
他"视虞舜而不愧"。《元
史》亦云他天性慈孝，聪明
恭俭。平日燕居，服御质
素，淡然无欲。"不事游畋，
不喜征伐，不崇货利。"每
日太官进膳，一定要分赐给
"贵近"。时间一长，怯薛近

图2-7　元仁宗爱育黎拔力八达
台北故宫博物院藏

侍就有些得意忘形。一次仁宗宴文德殿，气氛欢愉，一名近侍乘仁宗
微醉，竟请赐仁宗日常穿用的尚方衣带，以为荣耀。当时在场的大都
留守柏铁木尔看不下去了，于是奏言道："圣主一日万几，宴乐宜有
节。今亵御之臣不能谏止，复乘间侥幸锡予，不忠甚矣！乞追还已赐
之物，以待有功。"仁宗听后，改容谢之。

　　英宗硕德八剌是仁宗之子。仁宗在位时，背弃"武仁授受"协定，
将本应嗣位的武宗之子和世瓎（明宗）封为周王，令出居云南，而将
己子硕德八剌封为皇太子，是为英宗。英宗18岁登基，是位少年天子。
因为继位顺遂，加上年轻气盛，导致脾气很大，"大臣动遭谴责"。他
性格刚明，每临朝，"威严若神，廷臣懔懔畏惧"。

　　英宗酒瘾很大，常常"使酒纵威福，无敢谏者"。一日御大都紫檀

殿欢饮，命宫廷乐伎史骡儿"弦而歌之"。史骡儿善琵琶，深得英宗爱幸，遂以《殿前欢》曲应制，中有"酒神仙"之句，英宗听罢，恼羞成怒，竟喝令左右杀之。后来自我醒悟，懊悔说："骡以酒讽我也！"

英宗素知中书右丞相拜住滴酒不沾，在一次侍宴时却强迫拜住连饮数杯，结果拜住回家后，遭到母亲大人的训斥："这是天子在试验你的酒量，所以强迫你饮。你应当日益戒惧，不要沉酣于酒中。"

英宗颇有抱负，想有一番作为，曾因地震作出"减膳、彻乐、避正殿"的明君之举。他与拜住这对少年君相励精图治，出现了"天下晏然，国富民足"的局面。但是因锐意新政，引起御史大夫铁失等人不满，被弑于上都附近南坡行幄，年仅21岁。仁英父子两朝的儒治，也就戛然而止。

英宗之后上台的泰定帝，是唯一没有本人"尚饮"直接记录的成年皇帝。不过，《元史·泰定帝本纪》中却记载了几次与朝廷用酒相关的活动，如泰定元年（1324）二月，高昌王亦都护帖木儿补化遣使进贡蒲萄酒；同年八月，市牝马万匹取湩酒；二年四月，"和市牝马有驹者万匹"，当然目的也是为取马奶酒。说明当时宫廷对马奶酒的需求量是很大的。

泰定帝二年（1325），当时还是"怀王"的文宗图帖睦尔被谗，出居建康（今江苏南京）。到达建康潜邸后，"日酣饮以自韬晦"，用酗酒作为韬晦之计，免使自己遭受更多的迫害。扈从侍臣王士弘怕文宗喝坏身体，就进谏说："酒能败德，不节且致疾。昔人有不得志而逃于醉乡者，乃遗世之士，圣人所不取也。"文宗深纳其言，"自是为之节饮"。

文宗多艺好文，诗书画兼能。他依靠钦察将领燕铁木儿发动"天历之变"，成功从泰定帝之子阿剌吉八的手中夺得汗位，从此元朝的汗位又回归到武宗一脉，直至元亡。天历二年（1329）八月，文宗在旺兀察都的酒宴上，"阴弑"兄长明宗和世㻋，发生夺嫡之变，明宗"贪杯"被毒而死当然是个例外。一生充满悲情色彩的明宗在位仅6个月，寿30岁，可叹的是上都和大都的龙椅都还没有坐过。毒死兄长的文宗在位也仅四年多，29岁就病死

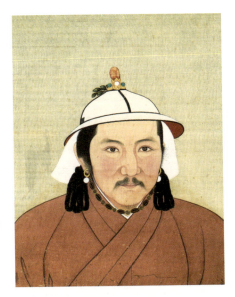

图2-8　元文宗图帖睦尔　台北故宫博物院藏

了。继位的宁宗是明宗次子，7岁就夭折了，在位不足两月。

　　元朝末帝顺帝妥懽贴睦尔是明宗长子，太史曾预言他"不可立，立则天下乱"，但最终还是在13岁那年登上了汗位。顺帝早期"不嗜酒，善画，又善观天象"，留意政治，颇有雄心成为一代明主。但后来，"终无卓越之志，自溺于倚纳，大喜乐事，耽嗜酒色，尽变前所为"。陶宗仪《元氏掖庭记》亦载："帝在位久，怠于政事，荒于游宴。"最终失国北奔。

　　元人张昱有《宫中词》：

　　　　饮到更深无厌时，并肩侍女与扶持。

　　　　醉来不问腰肢小，照影灯前舞柘枝。

蒙元诸帝由于纵情酒色，大多短寿，享祚不长，特别是世祖驾崩之后到顺帝御极之前，在短短不到四十年的时间里，竟然更换了八位皇帝，除英宗、明宗和宁宗三位属非正常死亡外，其余五帝皆为自然死亡。如此频繁如走马灯一样的帝位更迭，导致了元代政局的动荡不稳。可以说，有元一代国祚不永，政治多失，民心背离，与皇帝嗜酒重色，怠于政事，当不无干系。

所谓上有所好，下必甚之。受宫廷尚饮薰风所袭，黄金家族其他成员也多为好酒之徒。

成吉思汗长子术赤早卒，1235 年，术赤之子拔都以长孙身份率黄金家族各房长子、长孙人等西征钦察人和斡罗思人，这就是著名的"长子西征"。1239 年，准备凯旋前举行了一场庆功宴。其间，拔都因为比其他宗王年长，先喝了一两盏酒，竟然引起了贵由和察合台之孙不里等人的不满，二人离开宴会拂袖而去。上马时，不里愤愤不平地放出狠话："拔都与我们同样高低，为什么先饮酒，他只配与有胡须的老婆子比高低，我要用脚后跟踹他，用脚板踏他。"贵由也帮腔附和："我们把那些带弓箭的老婆子（暗指拔都）的胸脯打烂！"一场本来应该高高兴兴的喜宴就这样不欢而散。

拔都作为长房长孙，在黄金家族中的地位是很高的。特别是在他的叔父辈们都去世后，他成为黄金家族中具有极大话语权的人物，贵由汗死后，蒙哥就是被他推上汗位的。

拔都还是没有忍下这口气，他后来到叔叔窝阔台汗那里告了一状，不里和贵由都受到了不同的惩罚，三人至此积怨甚深。这件事间接反

图2-9　察合台和他的后妃　《史集》插图　印度兰普尔拉扎图书馆藏

映出蒙古黄金家族内部各系诸王之间矛盾的日益深化。

　　还是这个不里，他发现自己分到的牧地不好，有一天喝醉酒时对手下人说："难道我跟拔都不都是成吉思汗一族？为什么我不应该像拔都那样到也的里河（今伏尔加河）畔放牧呢？"后来这些话被人传给了拔都，拔都正愁找不到惩治不里的把柄，这下他自己撞到枪口上，拔都便命人绑了不里。不里企图辩解说那是醉后失言，因为一般醉酒犯罪的人都会得到宽恕，但拔都大声呵斥道："你胆敢醉酒提我的名字！"便命令把不里斩首了。

　　不里的祖父，即成吉思汗次子察合台也嗜酒，"与其诸兄弟同……兼好色"。察合台之子也速当上察合台汗国君主后，经常宴乐，"他不知节制，以酗酒为习，从早喝到晚"。

　　成吉思汗三子窝阔台诸子多秉承乃父家风，除了已经提及的贵由纵饮外，第五子合失，"因为他爱喝酒，并经常喝醉"，所以早在窝阔

图2-10　元太祖成吉思汗　台北故宫博物院藏

台生前，他就因过度饮酒的恶习早亡了。合失有一子海都，不甘心汗位旁落拖雷系，在忽必烈和成宗时持续叛乱，成为元朝统治的心腹之患。

成吉思汗幼子拖雷随同窝阔台出征大金国凯旋，踌躇满志，"他变得从早到晚耽溺于杯中物，于是他害了病，两三天尚未过去他就一命呜呼"。拖雷之死，对窝阔台是个沉重打击，窝阔台为此悲痛万分，只好借酒浇愁，"而且每当他在朝夕贪杯中，酒入愁肠酩酊大醉时，合罕（窝阔台）会哭泣并且会说：'我不断用酒，原因是遭到起因于惨痛离别的悲伤打击，因此我愿沉醉，庶几我可以暂时在我心里忘却那悲伤的激动。'"

当然，这是伊朗史家志费尼《世界征服者史》的说法。据此一说，窝阔台的嗜酒如命与拖雷之死直接相关。但是，《元朝秘史》和《元史》都记载拖雷是因窝阔台染疾，祷于天地以身代之，又喝巫觋诅咒的符水而亡的。

与黄金家族成员群体性纵饮形成鲜明对照的是，作为大蒙古国的开拓者和奠基人，成吉思汗却是个中异数，他不是不饮，而是饮得非常少，从不沉湎其中。这位天纵圣明的一代天骄，对酒有着十分清醒和理性的认识，不仅自身对酒非常节制，而且十分讨厌和蔑视那些纵酒者，这就颇值得玩味了。

蒙古灭乃蛮前夕，乃蛮太阳汗遣使来约汪古部长阿剌兀思剔吉忽里"以同据朔方"，阿剌兀思剔吉忽里不从，"乃执其使，奉酒六尊，具以其谋来告太祖"。成吉思汗只饮了三爵就停下了，说："是物少则发性，多则乱性。"明显抵挡住了美酒的诱惑。

关于饮酒，《史集》还记录下了成吉思汗足资后世垂训的言论：

　　酒醉的人，就成了瞎子，他什么也看不见，他也成了聋子，喊他的时候，他听不到，他还成了哑巴，有人同他说话时，他不能回答。他喝醉了时，就像快要死的人一样，他想挺直地坐下也做不到，他像个麻木发呆头脑受损伤的人。喝酒既无好处、也不增进智慧和勇敢，不会产生善行美德：〔在酒醉时人们只会〕干坏事、杀人、吵架。〔酒〕使人丧失知识、技能，成为他前进道路上的障碍和事业的障碍。他丧失了明确的途径，将食物和桌布投入火中，〔掷进〕水里。国君嗜酒者不能主持大事、颁布必里克和重要的习惯法；异密嗜酒者不能掌管十人队、百人队或千人队；卫士嗜酒者将遭受严惩。

　　合剌出即平民嗜酒者将完全丧失马匹、畜群和他所有的一切财产，变为乞丐；官员嗜酒者，命运将不断折磨他，使他忧虑不安。酒不管你是什么人，无论善恶好坏的人它都让你麻醉。酒使手麻醉，结果使手丧失了抓东西的能力和〔动作的〕灵巧；酒使脚麻醉，脚就不能行动和步行；酒麻醉了心，使心不能健全地思考。它毁坏了所有的感官和思维器官。

图2-11　正在训话的成吉思汗　《史集》插图　注：画中的两名博儿赤（主饮膳的怯薛）正在倾倒马奶酒

法国国家图书馆藏

　　如果无法制止饮酒，一个人每月可饱饮三次。只要〔他〕超过三次，他就会犯下〔上述〕过错。如果他只喝两次，那就较好，如果只喝一次，那就更为可嘉，如果他根本不喝酒，那就再好不过了。但是到哪里去找这种〔根本〕不喝酒的人呢，如果能找到这种人，那他应当受到器重！

　　成吉思汗在他的金言宝训中，咒骂了那些喝醉酒的人就像瞎子、聋子、哑巴、死人和呆子。他认为喝酒只会麻醉人的身体和心灵，醉酒的人只会干坏事、杀人和吵架，不会增进智慧和勇敢，不会产生善行美德，他规定国君、将领、卫士及平民百姓纵酒者，都要受到严厉处罚。

　　然而，面对黄金家族诸子弟和广大臣民普遍纵饮的现实，成吉思汗自知无力改变这一现状，只能发出无可奈何的一声叹息：但是到哪里去找这种不喝酒的人呢？

　　成吉思汗作为黄金家族的领袖、蒙古帝国的奠基人，他的很多金言宝训和法令即"必里克"和"大札撒"，其后代子孙在各种重大庆典活动中都要首先宣读垂训，"至元典礼当朝会，宗戚前将祖训开。圣子神孙千万世，俾知大业此中来"。目的很明确，就是为了让黄金家族子弟不要忘了根本。

　　具有讽刺意味的是，这些被奉为至宝、灵丹妙药的"必里克"和"大札撒"中，唯独关于节制饮酒的金言宝训没有得到后继者们的严格遵守，成吉思汗亲自选定的汗位继承人——第三子窝阔台更是嗜酒如命，纵酒亡身。窝阔台本人一度意识到自己有违父训，惭愧地反省说："奉父汗之命坐在大位上，朕承担着统治众百姓的重任，但朕却沉湎于酒，这是朕的过错，是朕的第一件过错。"

一人节酒而家族性纵酒，金言宝训置若罔闻，这确实是个耐人深思的问题。解开这个"剪不断、理还乱"的死结，洞明个中逻辑奥秘，或许对史界有所裨益。

成吉思汗节酒观的形成应该与其"深沉有大略"的自身性格和早期艰苦曲折、筚路蓝缕的人生经历有关。父亲也速该死于塔塔儿人的酒宴，肯定在年幼的铁木真心里留下了难以磨灭的疤痕，从而深知酗酒误事甚至亡身的危害性。他先统一蒙古高原大小百余部落，继而"灭国四十，逐平西夏"。没有时刻保持清醒的头脑和坚定的意志力是不可能成功的，而酗酒正是足以摧毁和瓦解这一切的大敌。

成吉思汗抵挡住了美酒的诱惑，也就等于多出了一件击败对手、决胜千里的重要法宝。

拥有了成吉思汗开拓出来稳如磐石的帝国基础，他的后继者们的成长环境和人生经历则要舒适顺畅多了。当卧榻之侧再也听不到他人的鼾声，可以安然入眠的时候，当巨大的财富尽可用来享受炫耀而不担心外人觊觎的时候，纵酒，就成为黄金家族成员们享受富贵和特权的一种常态。

蒙古黄金家族集体性纵酒的原因，有生存环境和自身生理条件的因素，也有思想道德观念的影响。

长期栖息生存于蒙古高原的蒙古民族，为了抵御草原高冷苦寒的气候条件，不得不借助饮酒以获取热量。饮酒可以使血管扩张，身体发热，这是一个非常简单的生理常识。而群体性的饮酒歌舞，正好可以打发草原单调孤寂的生活，增进彼此情感的交流和团队的凝聚力。另一方面，由于草原上马奶酒方便易得，也在一定程度上助长了饮酒风气的盛行。马奶酒作为蒙古民族的日常饮食的重要组成部分，既是饮料又是粮食，具有充饥和解渴的双重功效，虽然马奶酒酒精含量很低，但长期饮用，亦会使人体对酒精产生一定的依赖性，更易于接受其他酒类，这就使得蒙古民族从小就培养了擅于饮酒的习惯。

图2-12　伊利汗国合赞汗登基典礼场景（局部）　波斯细密画册 *Diez Albums*　　　　　　　　　柏林国立图书馆藏

　　黄金家族成员尚饮薰风的酷烈，与蒙古民族自身对酒的崇尚是分不开的。他们把饮酒看成是勇敢、豪迈和高尚的行为，酗酒是一种时尚风气，醉酒不是恶德，与人的品行好坏无关。

　　十三世纪较早到达蒙古人居住区的志费尼记述："他们有些人把抢劫、暴行、淫猥和酒色看成豪勇和高尚的行为。"意大利传教士柏朗嘉宾也说："在他们之中，酗酒则很时兴和受崇，当他们其中之一人暴饮酗酒之后，当场就呕吐，但并不因此而弃杯止饮。"《多桑蒙古史》言："世人责其人类多狡诈、贪婪、污秽，而沉湎于酒，盖其视酒醉非恶德也。"

　　黄金家族把享受富贵和纵情酒色等同起来，"以为人身之善处富贵者，须放荡于酒色之中也"。蒙古忽里台选举大汗的重要条件，除了被选举人需具有历经沧桑、战功卓绝的资历外，还有一点就是"要在酒宴中享有盛名"。纵酒好色成了蒙古贵族维护权力和尊严的一种手段和工具。

　　成吉思汗曾问他手下的将领们一个问题，对男子汉来说，什么是最大的快乐？在得到五花八门的回答后，成吉思汗都给否定了：

　　　　你们说的不好！镇压叛乱者、战胜敌人，将他们连根铲除，夺取他们所有的一切。使他们的已婚妇女号哭流泪，骑乘他们的后背平滑的骏马，将他们的美貌的后妃的腹部当作睡衣和垫子，注视着她们的玫瑰色的面颊并亲吻着，吮她们的乳头色的甜蜜的嘴唇，这才是男子汉〔最大〕的乐趣！

　　成吉思汗的后世子孙们在"纵情酒色"方面亦不遑多让，太宗窝阔台"总是在不断酗酒和亲近妖娆美姬中打开欢乐的地毯和踏上纵欲的道路"。定宗贵由"大部分日子里昼夜纵情酒色"。成宗铁穆耳持"皇太子宝"奉诏抚军漠北，为统帅伯颜举酒饯行时问："公去，将何以教我？"伯颜举所酌酒答曰："可慎者，惟此与女色耳。"更不要说"惟曲蘖是耽，姬嫔是好"的武宗海山，和"大喜乐事，耽嗜酒色"的顺帝妥懽贴睦尔了。

名目繁多的宫廷饮宴

翰林官员王恽有言："国朝大事，曰征伐、曰蒐狩、曰宴飨，三者而已。虽矢庙谟、定国论，亦在于樽俎餍饫之际。"

宫廷宴飨在蒙元帝国的政治生活中，与军事征伐、春猎秋狝处于同等重要的地位。特别是把朝廷重事与宫廷饮宴密切结合，于推杯换盏、觥筹交错之间，国家大事谋划已定，不能不说是蒙古贵族议事的特色。

关于这一点，域外史料常常不惜笔墨地予以津津乐道，如在推举窝阔台、蒙哥继承汗位的忽里台期间，《世界征服者史》相关的描述是："一连四十天，他们每天都换上不同颜色的新装，边痛饮，边商讨国事。""王子们现在从四方到来。……他们举行大会，在宴饮数日后，共同商讨把汗位交给一个对此适当的、经历过事业中的祸福和安危、尝过人生的苦甜，并曾率师远征近讨、在酒宴中享有盛名、在战争中获得胜利的人选。"

有关元代宫廷饮宴的宏大场面，马可·波罗有一段仿佛身临其境的描述：

图2-13　准备一场宴会　波斯细密画册 *Diez Albums*　柏林国立图书馆藏

　　皇帝的席是比别人的高好些。他坐在北边，面朝南向。靠近他的左边坐的，是他第一个妻子。在他右边略低的地方，坐着他的儿子、孙子，以及所有属于皇族的亲属。他们的头和大可汗的脚同一样高。皇太子坐在比别人稍微高一点的地方。其次，别的达官显宦坐在更较低的桌上。在他的左边较低的地方，坐着所有他的儿子、孙子以及亲属的媳妇。再次就是达官显宦和武将们的妻妾，坐在更较低的地方。每个人都知道他的座位。因为那是大可汗指定的。但是你们不要以为所有的人全坐在桌上。有许多武将和达官显宦，都坐在大厅地毯上吃，并没有桌子。宴席如此布置，使大可汗可以看见每一个人。他们人数是很多。在大厅外面，还有四万多人在那里吃。因为有许多人带着贵重的礼物聚集进来，例如外国来的人，带着许多奇怪的东西，还有从前曾经做过官，现在还想得到新差事的人，在大可汗临朝和公宴的时候，他们全都来到了。

在大厅中央大可汗宴会的地方，有一个美丽的方柜，这东西很大，装饰得极丰富。每边三步宽，上面很精巧地雕刻着好看的黄金色的兽像。柜中间是空的，里面立着一个纯金的大坛子，容量如同一个大桶，盛满着酒。这坛子周围的角上放着小的酒瓮，容量如同一小桶。在这些小瓮里面，盛着最好的饮料。一个盛着马奶，另一个盛着骆驼奶。其他亦皆盛着相类的东西。在柜的上面放着大可汗的酒杯。就在这杯里他接受臣下奉献的饮料。依照情形，酒或贵重的饮料，吸入大金坛中，可以供给八人或十人的饮量。每桌上放着一个酒瓮，可供两位宾客。每一位宾客有一个带柄的金酒杯。拿这个杯他可以从那金坛中取酒喝。那些妇女，也同男子一样，每二人有大金坛子一个和两个杯子。

……

当大可汗要喝酒时，厅中无数不同的乐器全都奏起来了。一个侍人呈献他酒杯后，立刻向后退三步再跪下。在大可汗每次举杯时，所有的达官显宦和到场的别人全皆跪下，表示他们恭敬，以后大可汗才喝。每次大可汗饮时，他们都照你们所听到的那样子做。

“黄金酒海嬴千石，龙杓梯声给大筵。殿上千官都取醉，君臣胥乐太平年。”元朝制度，“国有朝会庆典，宗王大臣来朝，岁时行幸，皆有燕飨之礼”。因此，举凡新帝登基、册立皇后、储君，以及新岁正旦、皇帝寿诞、祭祀、春蒐、秋狝、诸王朝会等重大活动，都要在宫中大摆筵席，招待宗室、贵戚、大臣、近侍人等。

如此频繁的宫廷饮宴活动，却各有名目，诸如诈马宴、马妳子宴、孛儿扎宴、防没宴、斗巧宴、爽心宴、开颜宴、爱娇宴、暖妆宴、泼寒宴、金莲宴、紫菊宴……不胜枚举。元人熊梦祥说得好：“盖宫中内外宫府饮宴，必有名目，不妄为张燕也。”

诈马宴

“祖宗诈马宴滦都，挏酒哼哼载憨车。向晚大安高阁上，红竿雉帚扫珍珠。”元代宫廷饮宴，以穷极奢靡、藻饰太平的诈马宴最为著名，集宴饮、议政、歌舞、游戏和竞技于一体，是元代最为隆重的宫廷盛宴，同时也是一场宫廷狂欢。“故凡预宴者必同冠服，异鞍马，穷极华丽，振耀仪采，而后就列，世因称曰爹马宴，又曰济逊宴。”元末叶子奇也言：“北方有诈马筵席，最其筵之盛也。诸王公贵戚子弟，竞以衣马华侈相高。”

“诈马”就是装饰漂亮华丽的马。那么，用什么来装饰这些马匹呢？首先是精致富丽的鞍辔、铃铛等物。“华鞍镂玉连钱骢，彩翚簇辔朱英重。钩膺障颀鞶镜丛，星铃彩校声珑珑。”其次是五彩斑斓的雉鸡尾毛，杨允孚《滦京杂咏》诗云：“千官万骑到山椒，个个金鞍雉尾高。下马一齐催入宴，玉阑干外换宫袍。"诗后自注："每年六月三日诈马筵席，所以喻其盛事也。千官以雉尾饰马入宴。"

以金鞍、雉尾装饰的马匹还要与济逊（也作质孙、只孙）宴服相辉映，才是诈马宴的一大特色，也是一大亮点。所谓"诈马筵开醉绿醽，只孙盛服满宫廷"。质孙服是元代宫廷中最具特色的服饰，《元史·舆服志》载："质孙，汉言一色服也，内庭大宴则服之。冬夏之服不同，然无定制。凡勋戚大臣近侍，赐则服之。下至于乐工卫士，皆有其服。精粗之制，上下之别，虽不同，总谓之质孙云。"

皇帝冬季穿的质孙服分十一等，夏季分十五等，每种衣服都要搭配相应的冠饰；百官冬季的质孙服分九等，夏季分十四等。这些质孙服很多都是以织金工艺非常高超的纳石失为主要面料，华贵异常。马可·波罗认为，朝廷颁赐质孙服的目的是"盖欲其朝会之灿烂庄严"。"高官艳服皆王公，良辰盛会如云从。明珠络翠光茏葱，文缯缕金纡晴虹。"

诈马宴举行的时间是在草原最美丽的夏历六月，为期三天，但是三天的时间并不固定，是经过精心挑选的良辰吉日。如至正九年（1349）举办的诈马宴是六月二十八日开始的，而至正十二年（1352）是六月十四日。

六月的金莲川草原百花争艳，水草鲜美，气候宜人，为这种大规模的饮宴活动提供了理想的环境场所。"宝马珠衣乐事深，只宜晴景不宜阴。西僧解禁连朝雨，清晓传宣趣赐金。"为了防止下雨干扰盛会，藏传佛教的西番僧人要"设止雨坛于殿隅"，以法力止雨保证宴会的顺利进行。

诈马宴会通常在西内举行，西内也叫西宫，在上都西城外山谷中的草原之上。西内有失剌（一作昔剌）斡耳朵，即黄色的营帐，是举行诈马宴宴会的地方，深广可容数千人。"平沙班诈马，别殿燕棕毛。"棕毛殿和失剌斡耳朵为同一事物，其形制为帐幕，帐殿上部分或全部覆以棕毛，故以此命名，但同时依据蒙古传统，在蒙古语中仍称为失剌斡耳朵。

后至元六年（1340），扈从顺帝清暑上都并亲睹诈马宴盛况的翰林官员周伯琦作《诈马行》，在诗序中对此做了详细描述：

> 国家之制，乘舆北幸上京，岁以六月吉日，命宿卫大臣及近侍服所赐济逊，珠翠金宝，衣冠腰带，盛饰名马，清晨自城外各持彩仗，列队驰入禁中。于是上盛服御殿临观，乃大张宴为乐。唯宗王、戚里、宿卫大臣前列行酒，余各以所职叙坐合饮。诸坊奏大乐、陈百戏，如是者凡三日而罢。其佩服，日一易。太官用羊二千，嗳马三百匹，它费称是，名之曰济逊宴。济逊，华言一色衣也，俗呼曰诈马筵。

周伯琦在诗中写道："大宴三日酣群悰，万羊脔炙万瓮醲。九州水陆千官供，曼延角抵呈巧雄。紫衣妙舞腰细蜂，钧天合奏春融融。狮狞虎啸跳豹熊，山呼鳌抃万姓同。"全诗铺张渲染诈马宴盛大的场景、盛饰的马匹、穿着质孙宴服的官员等人，以及宴会期间角抵、射箭等竞技活动和百戏杂陈、奏乐宴饮等热闹场面，我们借此可以清晰了解到上都宫廷诈马宴的具体过程和内容。而长达三天的宴会以及为数众多的与宴人员，无疑需要消耗大量的酒、肉、粮食以及其他物资，"万羊肉如陵，万瓮酒如泽"，即是真实写照。可以说，频繁奢华的宫廷饮宴，给政府的财政支出造成了巨大负担。

贡师泰《上都诈马大燕》其五云："清凉上国胜瑶池，四海梯航燕一时。岂谓朝廷夸盛大，要同民物乐雍熙。"元廷每年举行如此规模盛大的诈马宴，一方面是为了夸耀国家富庶强盛，另一方面通过君臣同乐、颁赐宗亲，使皇室成员和诸王、外戚、近侍、大臣进一步笼络感情，元廷的统治地位更加巩固。王祎《上京大宴诗序》更是直接指明元廷举行诈马宴的目的："所以昭等威，均福庆，合君臣之欢，通上下之情者也。"

马妳子宴

长生天（蒙古语 Möngke Tengri）是蒙古民族最崇高也是最广泛的信仰。"元兴朔漠，代有拜天之礼。"据《元史》载，较早代表国家层面正式举行祭天仪式的蒙古大汗是宪宗蒙哥，蒙哥即位第二年（1252）秋八月，着冕服、用登歌乐祀昊天上帝于日月山。

元朝皇帝清暑上都期间，在抵达上都后和返回大都前，宫廷照例要在夏历六月二十四日和八月二十八日各举行一次洒马妳子的祭天仪式；在夏历七月七日或九日，还要举行洒马妳子的祭祖仪式。每次祭天和祭祖仪式之后，都要大开筵席，这三场饮宴，俗呼为马妳子宴。

对于留守上都的上都留守司官员们而言，六月和八月的两次马妳子宴则兼具给皇帝一行接风及饯行之意。由于洒马妳子仪式的主要目的是祭祀天地和祖宗，是相当庄严隆重的，故而马妳子宴的狂欢程度自然无法与诈马宴同日而语。据《元史·祭祀志》：

> 每岁，驾幸上都，以六月二十四日祭祀，谓之洒马妳子。用

马一，羯羊八，彩段练绢各九匹，以白羊毛缠若穗者九，貂鼠皮三，命蒙古巫觋及蒙古、汉人秀才达官四员领其事，再拜告天，又呼太祖成吉思御名而祝之，曰："托天皇帝福荫，年年祭赛者。"

这是抵达上都后的洒马妳子仪式。仪式之后，即有宴会。翰林待制柳贯言："车驾驻跸，即赐近臣洒马妳子御筵。"地点是在可容数千人的失剌斡耳朵。他还为马妳子宴作诗《观失剌斡耳朵御宴回》："毳幕承空挂绣楣，彩绳亘地掣文霓。辰旂忽动祠光下，甲帐徐开殿影齐。芍药名花围簇坐，蒲萄法酒拆封泥。御前赐醴千官醉，恩觉中天雨露低。"从"御前赐醴千官醉"一句，可见宴会规模不小。萨都剌也有诗："祭天马酒洒平野，沙际风来草亦香。白马如云向西北，紫驼银瓮赐诸王。"这个算是洒马妳子仪式后的宗室家宴。

同样，在返抵大都前，通常在八月，宫中还要举行一次相同的祭天仪式，始奏起程。对此，《马可波罗行纪》有一段记述：

> 每年八月二十八日，大汗离此地时，尽取此类牝马之乳，洒之地上。缘其星者及偶像教徒曾有言曰，每年八月二十八日，宜洒乳于地，俾地上空中之神灵得享，而保佑大汗及其妻女财产，以及国内臣民，与夫牲畜、马匹、谷麦等物。洒乳以后，大汗始行。

马可·波罗这里记载的八月二十八日或为夏历，而非西历。据元人熊梦祥《析津志·岁纪》载："是月（夏历八月）也，元宰奏太史、师婆，俱以某日吉，大会于某处，各以牝马来，以车乘马潼。"《析津志·风俗》又记："八月，滦京太史涓日吉，于中秋前后洒马妳子。此节宫廷胜赏，有国制。"

杨允孚《滦京杂咏》："内宴重开马湩浇，严程有旨出丹霄。羽林卫士桓桓集，太仆龙车款款调。"诗后自注："马湩，马妳子也，每年八月开马妳子宴，始奏起程。"

元帝清暑上都期间，每年的七月七日或九日，宫里还有一次洒马妳子的望陵祭祖仪式，举行的地点通常在西内离宫，皇帝、皇后皆素服亲临现场致祭。《元史·祭祀志》云："其祖宗祭享之礼，割牲、奠马湩，以蒙古巫祝致辞，盖国俗也。"《马可波罗行纪》载：

> 诸汗常于阴历（当为夏历，后同）四月赴上都，阴历九月回大都。每年阴历七月七日祭祖，由珊蛮一人面向北，大声呼成吉思及诸故汗名，洒马乳于地以祭。

这个记载是真实可信的。后至元六年（1340年），扈从上京的翰林院官员周伯琦曾作诗云："大驾留西内，兹辰祀典扬。龙衣遵质朴，马酒荐馨香。望祭园林邈，追崇庙祐光。艰难思创业，万叶祚无疆。"周氏在诗后自注云："国朝岁以七月七日或九日，天子与后素服，望祭北方陵园，奠马酒，执事者皆世臣子弟，是日，择日南行。"

元朝诸帝驾崩后皆葬起辇谷。据拉施特《史集》记载，起辇谷在"不儿罕·合勒敦"的大山，由兀良合惕部的一个千户守护。这里森林茂密，被称为"伟大的禁地"。其地或在今蒙古国肯特省境内，位于上都西北方向，故皇帝和皇后要向北望祭。从天子与皇后素服祭拜，执事者皆世臣子弟的情形来看，洒马奶酒祭祖仪式是相当庄严肃穆的，足见黄金家族对这一祭祀礼仪的重视。

至正十二年（1352），周伯琦在《扈从集·后序》中又一次写道："七月九日望祭园陵，竣事，属车辕皆南向，彝典也。"可见七月的祭祖仪式与六月和八月的祭天仪式有一个明显区别，就是在这一日择定回銮大都的日期，并且所有回銮车辆的车辕皆调整向南。

回銮日期的选择通常由师婆和太史院官员进行，所选必定是吉日。据熊梦祥《析津志·岁纪》："上京于是日（七月初七）命师婆涓吉日，敕太史院涓日洒马妳，洒后，车辕轨指南，以俟后月。"

"皇舆吉日如西内，马酒新羞白玉浆。遥酹诸陵申典礼，旋闻近侍宴明光。"洒马妳子祭祖的仪式之后，当然也要开宴，周伯琦诗中这次开宴的地点是在上都西内明光殿。

皇帝与后妃、诸王的内家宴及臣僚的恩荣宴

"上苑棕毛百尺楼，天风摇拽锦绒钩。内家宴罢无人到，面面珠帘夜不收。"元代皇帝和后妃、诸王、外戚、近臣之间的小规模饮宴亦是相当频繁，且名色亦异。宫中碧桃盛开，举杯相赏，名曰爱娇宴；红梅初发，携尊对酌，名曰浇红宴；海棠花开有暖妆宴，瑞香花开有泼寒宴，牡丹花开又有惜香宴；落花也饮，名为恋春宴；催花又设，名为夺秀宴。"其或缯楼幔阁，清暑回阳，佩兰采莲，则随其所事而名之也。"故清人史梦兰《元宫词》中收有："数百昭仪尽控鸾，巾袍轮日侍雕栏。花开禁苑频催宴，才罢浇红又泼寒。"

中官作队道宫车，小样红靴踏软沙。

昨夜内家清暑宴，御罗凉帽插珠花。（萨都剌《上京杂咏》其四）

图 2-14　〔元〕佚名　月夜赏梅图
辽宁省博物馆藏

香车七宝固姑袍，旋摘修翎付女曹。

别院笙歌承宴早，御园花簇小金桃。（杨允孚《滦京杂咏》）

谷雨天时尚薄寒，梨花开谢杏花残。

内园张盖三宫宴，细乐喧阗赏牡丹。（朱有燉《元宫词》）

这三首诗都是描写宫中家宴情形的，皇帝与后妃之间的饮宴最为频繁，《元氏掖庭记》曾记载了如下几件帝妃之间发生在上都和大都的饮宴轶事，分别名"斗巧宴""爽心宴"和"开颜宴"。

九引堂台,七夕乞巧之所。至夕,宫女登台,以五彩丝穿九尾针,先完者为得巧,迟完者谓之为输巧,各出资以赠得巧者焉。

至大中,洪妃宠于后宫。七夕,诸嫔妃不得登台,台上结彩为楼,妃独与宫官数人升焉,剪彩散台下,令宫嫔拾之,以色艳淡为胜负。次日,设宴大会,谓之"斗巧宴",负巧者罚一席。

每遇上巳日,令诸嫔妃祓于内园迎祥亭、漾碧池,池用纹石为质,以宝石镂成,奇花繁叶,杂砌其间。上张紫云九龙华盖,四面幛帏,帏皆蜀锦为之。跨池三匝,桥上结锦为亭,中匾"进鸾",左匾"凝霞",右匾"承霄",三匾雁行相望。又设一横桥接乎三亭之上,以通往来。祓毕,则宴饮于中,谓之"爽心宴"。

程一宁未得幸时,尝于春夜登翠鸾楼,倚阑弄玉龙之笛,吹一词云:"兰径香销玉辇踪,梨花不忍负春风。绿窗深锁无人见,自碾朱砂养守宫。"帝(顺帝)忽于日下闻之……遂乘金根车至其所……携手至柏香堂,命宝光天禄厨设"开颜宴"。进兔丝之膳、翠涛之酒,云仙乐部坊奏鸿韶乐,列朱戚之舞,鸣睢之曲。……自是宠爱日隆。

"白白毡房撒万星,名王酺宴惜娉婷。"帝妃饮宴之外,皇帝在巡幸上都期间也常常和各地远道而来的宗室诸王举行宴饮,柯九思《宫词》诗注云:"凡诸侯王及外番来朝,必锡宴以见之。"这种情况下,后妃、皇子都在与宴之列,享受帝王之家的亲情欢乐。

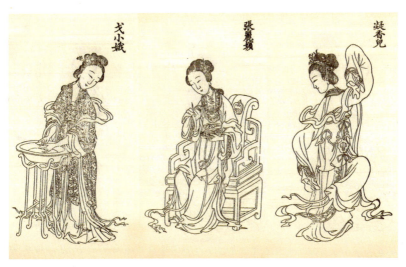

图2-15　《明刻历代百美图》所绘　元顺帝后宫"七贵"之淑妃戈小娥、丽嫔张阿玄、凝香儿

静瓜约闹殿西东，颁宴宗王礼数隆。

酋长巡觞宣上旨，尽教满饮大金钟。（张昱《辇下曲》）

万里名王尽入朝，法宫置酒奏箫韶。

千官一色真珠袄，宝带攒装稳称腰。（柯九思《宫词十五首·其五》）

得宠亲王马上回，朱门绣闼一时开。

淋漓未了金钗宴，中使传宣御酒来。（杨允孚《滦京杂咏》）

行殿参差翡翠光，朱衣华帽宴亲王。

绣帘齐卷薰风起，十六天魔舞袖长。（萨都剌《上京即事》）

从诗中看，皇帝招待宗王的宴会相当隆重，并且有歌舞佐宴。元时，仪凤司总辖天下乐工，每有大宴，教坊美女必花冠锦绣，以备供奉。秋日赏红叶，皇帝和诸王、皇子一样，都要将红叶簪于帽上，也要开宴，名为红叶宴。熊梦祥《析津志·风俗》载：

> 车驾自四月内幸上都，太史奏某日立秋，乃摘红叶，涓日张燕，侍臣进红叶。秋日，三宫、太子、诸王共庆此会，上亦簪秋叶于帽，张乐大燕，名压节序。

除了观赏红叶外，"若紫菊开及金莲开，皆设燕"。中秋佳节，皇上和宫中诸太宰"皆簪紫菊、金莲于帽"。此时因天气转凉，"百辟、执事、驾前乐工、伎女，思归尤为浩切矣"，人人皆思南返大都。

"枢密院家家赐宴，金符三品事奔趋。教坊白马驮身后，光禄红箫送酒车。"除了上述宫廷朝会宴飨和后宫之宴外，为抚慰臣下，收揽人心，皇帝还经常对近臣赐酒、赐宴，甚至赐家宴以示眷遇殊厚、宠数优渥。《元典章》中说："为治之道，必先信其赏罚；赏之道，尤宜重其典礼。圣天子宗戚、元勋、股肱大臣、勤劳王事者，特加御赐币帛、酒醴等物，以旌其功，理所然也。"

这样赏赐的酒、宴可以是随时随地的，多寡厚薄由帝王随意而出，全无定制。功臣、勋旧、学士、院官、贵嫔，以及外国的使臣和君主都在赏赐之列，其涉及面之广，前后人数之众，世所罕及。

萨都剌《赐恩荣宴》云："内侍传宣下玉京，四方多士预恩荣。宫花压帽金牌重，舞妓当筵翠袖轻。银瓮春分官寺酒，玉杯香赐御厨羹。

图2-16 〔元〕佚名 山殿赏春图
上海博物馆藏

小臣涓滴皆君赐，惟有丹心答圣明。"这是受赐官员心态的生动写照，食君之禄而忠君之事，通过赏赐与受赐、忠君与尽忠的连环锁链，结成了牢不可破的君臣关系网络。

忽必烈招待南宋小朝廷的十次宴会

在元代所有宫廷宴会中，至元十三年（1276），忽必烈君臣后妃在上都、大都招待南宋小朝廷谢、全二太后和小皇帝赵㬎一行的饮宴，也许是最令时人和后世唏嘘感叹的。

"南人堕泪北人笑"，那完全是一场旷日持久、你死我活的残酷竞争后，最大的胜利者对最大的失败者一次强硬、残忍的施舍与怜悯。一方是一统天下、志得意满的世界君主，一方是江山社稷尽失，国破家亡、寄人篱下的阶下囚。表面上的客气、温情、隆重、排场，掩盖不住得意者的骄矜霸道、颐指气使和失意者的强颜欢笑、战战兢兢。

随同南宋帝后一同北上的南宋宫廷琴师汪元量，在大都、上都等地目睹了南宋君臣的悲凉遭遇，泣作《湖州歌》九十八首，用近乎写实的笔触记录了元廷十场招待宴会的情景：

> 皇帝初开第一筵，天颜问劳思绵绵。大元皇后同茶饭，宴罢归来月满天。
>
> 第二筵开入九重，君王把酒劝三宫。驼峰割罢行酥酪，又进椒盘嫩韭葱。
>
> 第三筵开在蓬莱，丞相行杯不放杯。割马烧羊熬解粥，三宫宴罢谢恩回。
>
> 第四排筵在广寒，葡萄酒酽色如丹。并刀细割天鸡肉，宴罢归来月满鞍。
>
> 第五华筵正大宫，辘轳引酒吸长虹。金盘堆起胡羊肉，乐指三千响碧空。
>
> 第六筵开在禁庭，蒸麋烧鹿荐杯行。三宫满饮天颜喜，月下笙歌入旧城。
>
> 第七筵排极整齐，三宫游处软舆提。杏浆新沃烧熊肉，更进鹌鹑野雉鸡。
>
> 第八筵开在北亭，三宫丰燕已恩荣。诸行百戏都呈艺，乐局伶官叫点名。
>
> 第九筵开尽帝妃，三宫端坐受金卮。须臾殿上都酣醉，拍手高歌舞雁儿。
>
> 第十琼筵敞禁庭，两厢丞相把壶瓶。君王自劝三宫酒，更送

天香近玉屏。

每一场宴会的场面都隆重盛大，奢华排场，极尽宾主之礼，既有醍醐（精制奶酪）、沆（獐肉）、野驼蹄、鹿唇、驼乳糜、天鹅炙、紫玉浆（西域葡萄酒）和玄玉浆（马奶酒）等"蒙古八珍"，美酒佳肴，又有诸行百戏、教坊名乐，欢歌燕舞。

元朝君臣们为优待降人而备下的这些颇具蒙古民族特色的宫廷大宴，对于见惯西湖三千风月、日日歌舞不休的南宋帝后来说，也许绝不仅仅是味同嚼蜡这么简单的事情，那份万劫不复的悲凉、无奈和悔恨，应该是和亡于赵宋先祖的南唐后主李煜同弹一调的："春花秋月何时了？往事知多少。小楼昨夜又东风，故国不堪回首月明中。"

"蒙古人的庆典，为舞蹈、宴饮以志欢庆。"蒙元统治者希望通过频繁宴飨的方式，达到"以睦宗戚，以亲大臣，以裸宾客"的目的。一方面可以满足其穷奢极欲、及时行乐的物质和精神文化享受，另一方面又可满足巩固蒙古大汗和黄金家族统治地位的政治需求。"大明前殿筵初秩，勋贵先陈祖训严"，通过宴会上宣读成吉思汗的"大札撒"，告诫宗王亲贵要维护大汗至尊至上的宗主地位。同时，借助宗亲聚会和慷慨封赏，增强黄金家族内部的凝聚力，使君臣同心同德，永保祖宗基业。

元朝中后期，政府财政收支严重失衡，终因收不抵支而导致经济趋于崩溃边缘，其中一个重要因素就是长期以来宫廷频繁宴饮所致的浮食冗费。面对上下宴饮无度、奢靡相尚的现实，一些有识之士纷纷向朝廷上书或向当政者提出建议，予以关注。早在世祖朝，监察御史王恽就曾上书说："为今之计，正当量入为出，以过有举作为戒，除飨宗庙、供乘舆、给边备、赏战功、救荒岁外，如冗兵、妄求、浮食、冗费及不在常例者，宜捡括一切省减，以丰其财。"顺帝朝监察御史苏天爵更是犯颜直谏：

> 近年以来，朝廷无事，待遇勋臣固为优厚，然而宴享太频，财用不能无费。夫珠玑国之重宝，马政国之大事，今宴享必以杀马为馔，珠玑为花，诚恐习俗成风，奢侈日甚，费财扰民，有损国治。矧当灾异荐臻，尤宜警惧，以答天意。今后内外百司，凡有必合筵宴，一切浮费奢靡之物，并宜裁节禁治，是亦恐惧修省之一事也。

句句针砭时弊，言辞之激越恳切可谓痛心疾首。但统治者依然故我，无所收敛，一至积重难返。

隆重繁缛的饮酒礼仪

蒙哥汗时期来到草原的欧洲传教士鲁布鲁克，记述了蒙古贵族家庭聚会宴饮时的仪式和家庭生活模式：

> 当他们聚会畅饮的时候，他们首先把酒洒向主人头上的那个像，然后依次洒其他的像。接着一名仆人拿着杯子和酒走出屋外，三次向南方撒酒，每次都下跪，那是向火献祭；再就是东方，那是祭空气；又向西祭水；向北方则是向死者献祭。主人举杯在手欲饮，他先倾撒些在地上，如果他是乘马饮酒，那他饮前先撒点

在马颈或马鬃上。随后，仆人撒酒完天下的四方，回到屋里，那里已有两名仆从准备好两个酒杯和盘子，送给主人和坐在他卧榻旁的妻子饮用。如他有几个妻子，那么当晚要跟他同寝的那个妻子在白天坐在他身边，而其他的妻子当天都要到她的房间去饮酒，那天就在那里饮宴，同天送去的礼物则收存在那个女人的库里。门口放着一张凳子，上面摆着盛在皮革里的奶或其他饮料及酒杯。

聚会宴饮前，要首先祭酒祖先和天地四方。夫妻可以平起平坐共席饮酒，没有男尊女卑观念。丈夫轮流在各夫人的帐幕中食宿，并以轮值妻子的帐幕为核心，进行日常活动。

成吉思汗时代，出使蒙古的南宋使臣赵珙就曾听闻或目睹过这种具有草原风格的生活方式。在成吉思汗的帐殿里，"男女杂坐，更相酬劝不禁"。成吉思汗接见南宋使臣后，"即命之以酒，同彼妻赖蛮（乃蛮）公主及诸侍姬称夫人者八人皆共坐，凡诸饮宴无不同席"。成吉思汗"四杰"之一的木华黎国王家里也是这样，每征伐归来，"诸夫人连日各为主礼，具酒馔饮燕，在下者亦然"。

鲁布鲁克还讲述了蒙哥汗妃子饮酒时祈福的情形："接着送上饮料，米酒和红酒，像拉

图2-17 宫廷生活场景（局部） 波斯细密画册 *Diez Albums* 柏林国立图书馆藏

罗歇尔的酒，以及忽迷思。现在那位夫人手捧一只盛满的酒杯，跪下请求祈福，同时教士们齐声高唱。她把酒喝完。同样，我和我的同伴在她饮另一杯时也不得不吟唱。他们都差不多喝醉时，送上来食物。"

蒙古贵族在饮酒中十分讲究地位的尊卑关系，即使在草原部落和草原帝国时期也是如此。1190年的十三翼之战后，众多百姓从札木合处来投奔成吉思汗，于是成吉思汗大会诸部族首领，宴于斡难河源。

宴会所用马奶酒，都是前来聚会的各部族用庉车盛载而来。当时，部族首领薛彻别吉之母忽儿真面前，是与别人共用的一革囊马奶酒，而薛彻别吉次母野别该之前，独置一革囊马奶酒。主母忽儿真觉得自己没有受到尊重，大怒道："今不尊我，而贵野别该乎？"当着成吉思汗的面，就把主膳的失丘儿给打了。《蒙古秘史》关于此事的记载与《元史》稍异，说是因为斟酒的先后顺序不同，而使忽儿真生气打人。

不管是出于何种原因，忽儿真打人都是源自于内心深处根深蒂固的等级观念。无论何时何地，必须保持尊贵者的优先和利益最大化，这其实正是蒙古游牧社会等级关系的物质化体现。它在日后历史发展中，随着蒙古帝国的建立和蒙古民族地位的上升而被保留下来，成为上层社会礼仪的组成部分，并逐步提升为统治集团凝聚部众、规范秩序的一种礼制形态。

入元以后，宫廷饮酒礼仪兼容蒙汉二元制度。至元八年（1271），忽必烈命刘秉忠、许衡订立朝仪。自是，新帝即位、元正、天寿节，及诸王、外国来朝，册立皇后、皇太子，群臣上尊号，进太皇太后、皇太后册宝，暨郊庙礼成、群臣朝贺，皆如朝会之仪，也就是中原汉制。如至元十八年（1281）元正，世祖受朝仪的进酒仪式就明显带有这一特征："丞相三进酒毕，以觞授尚酝官，出笏，侍仪使双引自南东

图2-18　金帐汗国鱼形手柄金杯
俄罗斯艾尔米塔什博物馆藏

图2-19　元錾花龙柄亚字形银魁
故宫博物馆藏

门出，复位，乐止。……礼毕……四品以上赐酒殿上。典引引五品以下，赐酒于日精、月华二门之下。"

但在朝会之仪外，如大飨宗亲、锡宴大臣，"犹用本俗之礼为多"。也就是采用蒙古国俗之礼。"静瓜约闹殿西东，颁宴宗王礼数隆。酋长巡觞宣上旨，尽教满饮大金钟。"宫廷宴会上的饮酒礼仪是隆重而繁缛的。

宫廷殿上执事人员中有专职侍酒膳的酒人60名。其中，20人主侍葡萄酒和米酒，蒙古语称答刺赤；20人主侍马奶酒，蒙古语称哈刺赤；20人主膳，蒙古语称博儿赤。

宴会开始前，60名酒人头戴唐帽，身服紫罗窄袖衫，腰围涂金束带，脚穿乌靴，站在大殿酒海的南面，面北而立。宴会开始后，负责各自的执事工作。

酒人都是世袭子弟，平日训练有素，见过大场面，"进酒之时必用沉香木、沙金、水晶等盏斟酌适中。执事务合称职，每日所用标注于历，以验后效"。

这里提醒一下，千万不要把答刺赤、哈刺赤、博儿赤这些酒人看成是卑贱职役，正相反，他们都是皇帝的亲信怯薛，职务子孙世袭。能够为皇帝侍膳，本身就是莫大荣光。"国家之制，凡禁近之臣，分服御、弓矢、食饮、文史、车马、庐帐、府库、医药、卜祝之事，皆世守之，虽或以才能授任使、服官政。虽贵盛，然一日归至内庭，则执其事如故，至于子孙无改，非其亲信者不得预焉。"

一些人在官职上可以出将入相，但归至内廷，仍要亲侍皇帝饮食等事。"车驾每亲幸焉，所掌必以大头目，外廷丞不足道也。"这些"大头目"都是"大根脚"出身，如玉昔帖木儿，乃成吉思汗"四杰"之一、开国功臣博尔术之孙，官至御史大夫。忽必烈重太官内膳之选，特命玉昔帖木儿领其事。每当侍宴内殿，玉昔帖木儿起行酒，诸王妃皆为答礼。而有些官员即使官至宰相，也永远不会有亲侍皇帝饮食的机会。

这种现象应该与草原民族根深蒂固的奴隶制度有关。奴隶要永远忠实依附于主人，是主人的私产。成吉思汗黄金家族作为蒙古草原的主人，也是所有归附于他的草原部落子民们的主人，在彼此的心目中，不管奴仆的职位多高，主人和奴仆的地位都是永恒不变的，奴仆必须随时听从主人的命令并尽到服侍的义务。元朝皇帝将草原主奴从属习俗带入官僚系统，带入君臣关系，从而使君臣关系呈现主奴化面貌。

> 左阶执板右持觞，宴上群工喝盏忙。
>
> 鼓吹黄昏归去晚，只孙衣带御炉香。（清·史梦兰《全史宫词·元》）

"喝盏"，也作"喝赞"，是元代宫廷和贵族宴饮中独具特色的礼节，陶宗仪认为是"亡金旧礼"，元沿袭不废。《南村辍耕录》载：

> 天子凡宴飨，一人持酒觞，立于右阶，一人执柏板，立于左阶。执板者抑扬其声，赞曰"斡脱"，执觞者如其声和之，曰"打弼"。则执板者节一拍，从而王侯卿相合坐者坐，合立者立，于是众乐皆作，然后进酒，诣上前，上饮毕，授觞，众乐皆止。别奏曲，以饮陪位之官，谓之喝盏。

图2-20 金帐汗国镀金带足银碗
俄罗斯艾尔米塔什博物馆藏

图2-21 金帐汗国刻花把手金杯
俄罗斯艾尔米塔什博物馆藏

图2-22 元青花龙纹高足杯
赤峰市松山区文管所藏

图2-23 元青白釉贴塑螭虎纹高足转杯
藏地不详

这里的"斡脱"意为干杯或请喝酒，蒙古语写作（ötök），它与"打弼"（tabiq或tabuq）均借自突厥语，后者意为"敬献"。

喝盏的整个仪式就是由酒人先向大汗敬酒，大汗举杯将饮，有司仪拍板、赞喝相随，并有鼓乐助兴。大汗先祭后饮，饮毕，杯交酒人，鼓乐暂停，此即所谓"喝盏"。大汗之后，相继喝盏的是后妃、宗王。喝盏完毕，君臣畅饮，大汗还要传杯臣下，以示恩宠。张昱《辇下曲》云："万方表马贺生辰，班首师臣与相臣。喝赞礼行天乐动，九重宫阙一时新。"描述的就是皇帝万寿节上行喝盏礼的情形。

马可·波罗所描述的宫廷喝盏礼是这样的："并应知者，献饮食于大汗之人，有大臣数人，皆用金绢巾蒙其口鼻，俾其气息不触大汗饮食之物。大汗饮时，众乐皆作，乐器无数。大汗持盏时，诸臣及列席诸人皆跪，大汗每次饮时，各人执礼皆如上述。"

为什么进馔内臣一定要用金绢蒙住口鼻呢？这里面有个典故。李材《解酲语》载："长春殿燕群臣，供事内臣进馔，有咳病，帝（忽必烈）恶其不洁，命为叠金罗半面围之，许露两眼，下垂至胸，自是进馔者以为此例。"

喝盏是黄金家族的特权，一些"有大勋劳于天下"的宗王、大臣得到赐命，也可享此殊荣，显示大汗的恩典优礼。成吉思汗打败王罕后，因为巴歹、乞失里黑二人有功，就下令把王罕的全副金撒帐、金酒局、金器皿，连同管理人员，都赐给他们，并允许二人佩带弓箭，宴会时喝盏，"自由自在享乐直到子子孙孙"。

不过诸王、大臣们喝盏的程序远没有宫廷宴会的复杂，孔齐《至正直记》中说："今日亲王贵卿饮酒，必令执事者唱一声，谓之喝盏。饮毕则别盏斟酌，以饮众宾者。"可见仪式简化不少。

如果黄金家族的成员犯了过失，也有可能被取消享受参加喝盏的资格。《蒙古秘史》载，由于成吉思汗的异母弟别勒古台泄漏了亲族大议中对塔塔儿人处罚的决议，给本部造成很大伤亡，成吉思汗降下旨令：今后举行大议时，不准别勒古台参加。"会议时，别勒古台在外面整治，审判斗殴、盗窃、欺骗等案件"；会议完毕，喝盏之后，别勒古台和答里台两人才可以进来。

贵重的酒器与精美的名酒

蒙元宫廷的饮酒器具亦是美轮美奂，独具匠心。有的巧夺天工，以设计精美见长；有的古朴重大，以储酒量多为胜，不一而足。总体来说，酒具有向精致、硕大发展趋势，反映了随着蒙元帝国国力的日益强大，用酒益奢，消费益大。

蒙元宫廷中最重要的盛酒、贮酒器具就是酒局，也称酒海。通常各大宫殿、帐幕中都有，摆放的位置一般靠近门口。虽因时代不同，酒局的形制也有所不同，但它却一直是蒙元宫殿、帐幕中不可或缺的重要陈设。蒙古贵族尚饮，宴飨又频，与宴者众，所需马奶酒之量甚巨，所以特于帐殿内摆设酒局，方便随时挹取。

《蒙古秘史》中就屡次提及酒局之物，成吉思汗还专设怯薛二人掌守斡耳朵内的酒局。在西方传教士柏朗嘉宾和鲁布鲁克的行纪中，对酒局也有记述。

窝阔台、蒙哥和忽必烈都非常重视宫中酒局的设计制作，形制各异的酒局花样翻新，悦人眼目。

窝阔台汗七年（1235）春，始城哈剌和林（今蒙古国后杭爱省额尔德尼召附近）为都城，并建万安宫为和林宫殿主体，次年正月落成，和林因此成为大蒙古国的政治中心。窝阔台嗜酒，宫中饮宴频繁，对酒的消耗量自然巨大，每天需有500辆载着食物和饮料的大车从各方到达哈剌和林，每辆大车都是专门建造的，需用8头牛才能牵引运输。这些从各地运来的食物和酒被储藏在仓库中，以便随时取用。

窝阔台的万安宫里当然少不了酒具。据《世界征服者史》记载：在一座有花园的三层大殿中，窝阔台和后妃各住一层，侍卫和奴仆住一层。"在侍臣的住处中，他们放置有重得不能移动的酒桶以及其他大小类似的器皿，尚有相应数量的大象、骆驼、马匹和它们的看管人，以此在举行公众节筵时，他们可以搬运各种饮料。所有的器皿都用金和银制成，并镶有珠宝"。

窝阔台还下令让著名的工匠用金银为他的酒房和酒窖打造象、虎、马等兽形的膳具，以代替旧碗来盛酒和盛马湩。在每一兽形器具前安置一个银盆，酒和马湩从那些兽形器具的口中流出，并流入盆内。

蒙哥汗登上汗廷宝座后，因宫殿门口盛放马奶酒和其他饮料的皮囊有碍观瞻，就令巴黎的匠人威廉为他制作了一株巨大的银树：

> 在它的根部是四只银狮，各通有管道，喷出白色马奶。树内有四根管子，通到它的顶端，向下弯曲，每根上还有金蛇，蛇尾缠绕树身。一根管子流出酒，另一根流出哈剌忽迷思，即澄清的马奶，另一根流出布勒，一种用蜜做成的饮料，还有一根流出米酒，叫作特拉辛纳的。树足各有一特制的银盆，接受每根管子流出的饮料。顶端这四根管子之间，他制作了一个手拿喇叭的天使，而在树的下部，有一个穿窿，里面藏有一个人。有一根管子从树心通到天使。最初他做了一只风箱，但风力不足。宫殿外有一个

图2-24　哈剌和林宫殿内银树3D复原图

储存饮料的窖，那里的仆人听见天使吹喇叭的声音，便准备把饮料倾倒出来。树有银枝、叶子和果实。每逢饮宴的时候，大管事就命令天使吹喇叭。这时，那个藏身于穹窿里的人，一听见命令，马上拼命往那根通向天使的管子送气，天使就把喇叭放到嘴上，大声吹响喇叭。于是窖里的仆人听到喇叭声，把不同的饮料倾入各自的管道，从管道流进准备好的盆中，管事再取出送给宫里的男男女女。

　　宫殿像一座教堂，有中心部分，两侧是两排柱子，南面是三道门，那株树立在中门内。汗坐在北面的高处，让大家都能看到。有两条阶梯通向他，送酒人从一条上，另一条下。中间的地方，在树和这些送酒的阶梯之间，是空着的，因为这里是他的侍从、也是献礼的使臣站立之处。

这棵银树的作用就相当于酒局，它的出现说明随着国势隆盛，宫内陈设亦大为改观。

"黄金酒海赢千石，龙杓梯声给大筵。"忽必烈定都上都和大都后，两都的宫殿自然也少不了大的酒局或酒海。大都大明殿是皇帝登极、正旦、寿节、朝会的正衙。殿中设有七宝云龙御榻、白伞盖、金缕褥，并设有皇后位，诸王、百官、怯薛等人的侍宴坐床重列左右。前置一个大酒樽，"樽以木为质，银内，而外镂为云龙，高一丈七寸"，"贮酒可五十余石"。这件大酒樽造于至元二十二年（1285）正月。除酒樽外，还有雕像酒桌及玉瓮等配套酒具。

马可·波罗还讲述过大都宫殿中一个"制作甚富丽，形似方柜"的酒局：

> 殿中有一器，制作甚富丽，形似方柜，宽广各三步，刻饰金色动物甚丽。柜中空，置精金大瓮一具，盛酒满，量足一桶。柜之四角置四小瓮，一盛马乳，一盛驼乳，其他则盛种种饮料。柜中亦置大汗之一切饮盏，有金质者甚丽，名曰杓，容量甚大，满盛酒浆，足供八人或十人之饮。列席者每二人前置一杓，满盛酒浆，并置一盏，形如金杯而有柄。

今存北京北海公园团城玉瓮亭的渎山大玉海，元代本置于万寿山顶广寒殿中的小玉殿，殿内设有金嵌玉龙御榻，左右列从臣座位，御榻前就置放这件渎山大玉海，"玉有白章，随其形刻为鱼兽出没于波涛之状"，可贮酒三十余石。

图2-25　渎山大玉海

鄂多立克是元英宗和泰定帝时期来中国旅行的意大利传教士。他在大都住了三年，还进入宫廷，为泰定帝祝釐祈福。他看到过大都的宫殿中央有一大宝石瓮，"两步多高，纯用一种叫作密尔答哈（Merda-cas）的宝石制成。瓮的四周悉绕以金，每角有一龙，作凶猛搏击状。此瓮尚有下垂的以大珠缀成的网繸，而这些繸宽为一拃。瓮里的酒是从宫廷用管子输送进去，瓮旁有很多金酒杯，随意饮用"。

明洪武初，工部郎中萧洵奉命参加毁元旧都，归著《故宫遗录》，据其所见，广寒殿、大明殿后之延春堂，皆设有酒海。可见酒局或酒海是大都宫殿最常见之物。

> 颇黎瓶中白马酒，酌以碧玉莲花杯。
> 帝觞余沥得沾丐，洪禧殿上因裴回。（周伯琦《是年五月扈从上京官学纪事绝句二十首》其十）

元宫中酒具多以金银、玉石、水晶、玛瑙、玻璃、沉香木等名贵材质制成。光禄寺专掌御用酒醴膳馐等事，曾做过光禄寺令史的焦达卿向朋友周密介绍："炊米之器皆以温石为大釜，甑以白檀香，若瓮、盎之类，皆银为之。"他最后还不忘感叹说："极其侈靡，前代之所无也。"

马可·波罗看到大都宫殿内舀酒的勺子和饮酒的杯盏都是黄金的，也惊叹道："应知此种杓盏价值甚巨，大汗所藏杓盏及其他金银器皿数量之多，非亲见者未能信也。"

元廷有专门的机构制造这些酒具。一个是隶属工部的诸色人匠总管府，至元十二年（1275）始置，秩正三品，掌百工技艺。下辖有银局、玛瑙玉局等。来自尼波罗（今尼泊尔）的工匠阿尼哥曾做过总管府最高长官总管，佩银章虎符。阿尼哥尤擅画塑和铸金像，"铸黄金为太子宝，安西、北安王印，金银字海青圆牌，内廷大鹏金翅雕，尚酝巨瓮。又创为镔铁自运法轮，行幸揭以前导"。所以殿中有些大酒瓮或为阿尼哥所造。

还有一个是至元三十年（1293）始置的将作院，"秩正二品，掌成造金玉珠翠犀象宝贝冠佩器皿，织造刺绣段匹纱罗，异样百色造作"。下辖诸路金玉人匠总管府，秩正三品，掌造宝贝金玉冠帽、系腰束带、

图 2-26　元錾花卉纹金杯

内蒙古博物馆藏

图 2-27　金帐汗国龙形把手金杯

俄罗斯艾尔米塔什博物馆藏

图2-28　金帐汗国银质带鸟首高脚杯·
俄罗斯艾尔米塔什博物馆藏

图2-29　元代银匜 中国国家博物馆藏

金银器皿，并总诸司局事。另有玉局提举司、金银器盒提举司、玛瑙提举司、阳山玛瑙提举司、金丝子局等，都与制造宫廷酒器有关。

　　这些精美酒具也常常作为赐赉之物，被皇帝赏赐给大臣。如至元十二年（1275），察罕大败宋兵，朝廷"赐以白金酒器"。至元十五年（1278），忽必烈召土土哈至榻前，"亲慰劳之"，赐金银酒器及银百两、金币九。

　　"千树好花连上苑，百壶美酒出深宫。"宫廷酒具如此贵重精美，宫中所饮之酒当然更是美酒。

　　蒙元宫廷集中了全国各地的名酒佳酿，蔚为大观。除了大量的马奶酒、葡萄酒、米酒之外，据宫廷领膳太医忽思慧所著《饮膳正要》载，还有虎骨酒、枸杞酒、地黄酒、松节酒、茯苓酒、松根酒、羊羔酒、五加皮酒、腽肭脐酒等配制的滋补酒，用来强筋健骨。另外还有小黄米酒、阿剌吉酒、速儿麻酒等。

　　据陶宗仪《元氏掖庭记》载，宫中名酒有翠涛饮、露囊饮、琼华汁、玉园春、石凉（冻）春、葡萄春、凤子脑、蔷薇露、绿膏浆等。

图2-30　金元黑釉剔花牡丹纹罐　藏地不详　图2-31　金元黑釉剔刻缠枝牡丹纹梅瓶　　　　　　藏地不详

　　翠涛饮应即翠涛酒。元顺帝初幸宫妃程一宁，设开颜宴，内厨进的就是"兔丝之膳、翠涛之酒"。翠涛酒本为唐相魏徵学西域人酿法而得。柳宗元《龙城录》云："魏左相能治酒，有名曰醽渌、翠涛。常以大金罂内贮盛，十年饮不败，其味即世所未有。"唐太宗赐诗："醽渌胜兰生，翠涛过玉薤。千日醉不醒，十年味不败。"

　　从"千日醉不醒，十年味不败"来看，翠涛酒酒精度数高，耐贮存，又是学的西域人酿法，那么很有可能是蒸馏烧酒，即阿剌吉酒。

　　以春名酒，亦始于唐人。《全唐诗》录有牛峤《女冠子》词："锦江烟火，卓女烧春浓美。"李肇《唐国史补》："酒则有……剑南之烧春。"后世酒沿用"春"名。玉园春不知其详，石冻春乃陕西富平特产，葡萄春就是西域葡萄酒。

　　由宋入元的宋伯仁所撰《酒小史》记有名酒一百余种，其中就有魏徵醽醁、翠涛，富平石冻春和西域葡萄酒。

蔷薇露在宋代即是宫廷名酒，陆游《老学庵笔记》："寿皇（宋孝宗）时，禁中供御酒，名蔷薇露。"周密《武林旧事》录有"诸色名酒"计54种，蔷薇露居第一。元代，蔷薇露招牌不倒，依然是宫廷酒品的贵宠。

这些宫中名酒有光禄寺自行生产的，也有各地进贡的。光禄寺是管理酝造宫廷酒醴的机构，隶属宣徽院，秩正三品，"掌起运米曲诸事，领尚饮、尚酝局，沿路酒坊，各路布种事"。至元十五年（1278）始置，最高长官为光禄寺卿。光禄寺下辖机构主要有：

尚饮局、尚酝局。二局皆上都、大都分置，但品秩不同，上都品秩要高于大都。尚饮局，"掌酝造上用细酒"，所酿酒是专供皇帝和后宫的；尚酝局，"掌酝造诸王百官酒醴"，所酿酒是供应诸王、百官的。周伯琦有诗："黄阁宣麻书数纸，太官尚酝日千钟。"可见尚酝局每日的产酒量和消费量之巨大。

醴源仓。虽亦两都分置，但职能稍异。大都醴源仓，"掌受香莎、苏门等酒材糯米，乡贡曲药，以供上酝及岁赐诸王百官者"；上都醴源仓，"掌受大都转输米曲，并酝造车驾临幸次舍供给之酒"。很可能两都巡幸路上所用的马奶酒等由它负责。

尚珍署。"掌收济宁等处田土子粒，以供酒材。"

安丰怀远等处稻田提领所。"掌稻田布种，岁收子粒，转输醴源仓。"

后三个机构主要是负责各地酒材（粮食、酒曲、种子）的春种秋收及转运工作。

大都的宫殿中辟有酒房，用于储存数量庞大的酒醴，位置在宫城

图2-32　波斯或金帐汗国镀金带足　　图2-33　元蔓草纹鋬耳金杯
银杯　　　　　　　　丹麦大卫收藏博物馆藏　　　　　　　　　　内蒙古博物院藏

东南隅，庖人之室南，有正屋五间，前盝顶轩三间，南北房各三间，
西北隅盝顶房三间，红门一。还设有三间马湩室，在介福殿前。

后宫一些嫔妃也会设有专人来管理和收藏酒醴美食等。名医许国祯
的母亲韩氏就专为忽必烈的母亲唆鲁禾帖尼（庄圣太后）掌管"珍膳旨
酒"。韩氏也是医生，"以能医侍庄圣太后"，她善于调和食味，特别适合
庄圣太后的胃口，所以"凡四方所献珍膳旨酒"，皆命韩氏掌之。

以蒙元帝汗为首的黄金家族成员普遍纵饮，宫廷宴饮的铺张频繁，
以及宫廷酒具精美、名酒荟萃的现实，折映出的不仅是蒙古民族习俗
性尚饮的生活方式常态，更是帝王之家宫廷生活的豪奢无节、物欲横
流。"圣圣相传"的酗酒风气，深度"感染"了帝国的政治与统治，元代
国祚不永，与此相关。以蒙古草原民族特色为主体，兼容了中原汉地的
蒙汉二元宫廷饮酒礼仪在宫中得以大行其道，一方面体现了黄金家族作
为世界君主，其地位之尊崇和国家权力之威严，另一方面也凸显了少数
民族入主中原后，农耕文明和游牧文明的相互碰撞与彼此妥协。

二　文人士大夫酒之"雅"

琴棋书画诗酒花，是中国传统文人士大夫修身养性、处世立命的必备功课。他们或入世或归隐，或得意或失意，都离不开酒。画船载酒，诗酒清谈，对酒当歌，把酒看花，甚或月下独酌，借酒浇愁，更少不了酒；少了酒，就少了文人士大夫阶层的精气神韵，元代的文人士大夫亦概莫能外。

但是，由于少数民族入主中原的特殊时代背景，以儒家文化为主体的元代文人士大夫在异族政治之下屈伸俯仰，对酒中真味的领略自有别番滋味，传统上以"雅趣"为主格调的文人士大夫饮用酒方式也就被发挥得淋漓尽致、千姿百态、别开生面。

酒中人生：文士性格的多彩折映

元翰林官员袁桷有《求酒》诗："我家旧酿碧琉璃，色压花枝朵朵低。颇怪春深未归去，花下杜鹃应乱啼。"像袁桷一样，元代许多文人士大夫能够自酿美酒，而且彼此之间有相互馈赠或互邀品尝名酒佳酿的习惯。

辽东盖州人石盏德玉，金时官至武德将军，入元归隐，"时酿名酒，客至辄饮，饮必醉而即歌"。世祖潜邸旧臣王鹗，以文章冠海内，爱交游，喜施舍，"家酿法酒，客至辄留饮，谈笑终日，气不少衰"。

"琴书一茅屋，高卧乐幽独。故人来不来，东邻酒初熟。"家居生

图2-34 〔元〕任仁发（传） 琴棋书画图·棋图 日本东京国立博物馆藏

活清静太久，就会渴盼有客人来登门拜访，特别是当家酿新熟，满庭酒香扑鼻的时候，如果能够和故雨新知一起推杯换盏，实在不失为人生一件乐事，毕竟独醉之乐远远比不上众醉之乐。于是有些人耐不住寂寞，亲自动笔或请人代笔写《酒疏》，主动邀请亲朋好友来聚会共饮。

有个叫乔舜臣的，就请旧金状元李俊民代写了篇这样的《酒疏》：

> 百年能得几时，斗酒可以自劳。好向幕天席地，纵意所如；免使明月清风，笑人不饮。况值曲糵事了，何妨指点索尝。肯令坐上之尊空，不比街头之价贵。一时胜友，共醉新醅。

还有个叫史正之的，也请李俊民代写了篇《酒疏》：

> 伏念君子有酒，既多且旨。众人皆醉，奈何独醒。可以忘忧，速宜就饮。聊共孔文举之客坐，莫听刘伯伦之妇言。惠然肯来，永以为好。

想想看，如此情真意切、词句优雅的请柬，又有美酒诱人，更何况是朋友主动相邀，哪里还有拒绝的理由，赶快出发吧！

"客来喜色浮清扬，典衣置酒余空箱。"有客自远方来，当然是文人士大夫家居生活的一件乐事。客来就要置酒款待，"典衣"之说虽未免夸张，但有酒即饮，无酒则沽，蔬饭共食，宾主其乐融融。酒酣之余，或歌或吟，或书画琴笛，一展才艺。一方面可以加深友谊，增进感情；另一方面也可以排遣寂寥和获得信息。就像元末文人谢应芳在

图2-35 〔元〕唐棣 松荫聚饮图 上海博物馆藏

给朋友殷孝章的书信中所说的那样："当此之时，苟能有一亩之宫可以栖息，卖金买书，教子共读，客至沽酒，剧谈古今，真乐事也。"

这样的居家文人还有很多，宛陵人王敬叔，居家资产不能致百金，"而常好客置酒，酒酣，与其兄弟高歌朗吟"。浦阳灵泉人黄景昌，晚自号田居子，"宾客至辄揭瓮取酒共饮，酒酣，取辞歌之，以箸击几为节，音韵激烈，闻者自失，不知世上有贵富

也"。书法名家鲜于枢，性嗜古物，图书彝鼎，环列一室。有客至，"或命酒竟醉，醉中作放歌大字，皆奇崛不凡"。

"对花漉酒青山暮，闭户煎茶白屋春。"花与酒是书写文人雅事的重要题材。处士马之纯"聚书至数千卷，蓄古今法书名画亦数百轴，花时菊景，洁觞陈俎，从宾客欢赏，引满径醉，盖岁岁常然"。旧宋宗室赵卫道，元后期曾受牒教授温州、常州，"酒欢量能倍斗，酣次为古歌诗，联重沓韵，对客可待"。一次与友人剧饮，大醉梅花树下，问："梅花独不能饮乎？"竟用酒浇梅花树根，"且为问梅辞，又为代答辞"。

疏狂如此！

元末至正二十年（1360）孟夏，黄鹤山人岳榆与相台翟文中过昆山访顾瑛玉山草堂，正值春晖楼前芍药盛开，顾瑛置酒楼上，集者七人。是日，雷雨新霁，风日淡荡，来客赵善长折"金带围"一朵插花瓶中，又以红白花擘绕攒簇。主人顾瑛倡议："人事惟艰，天时自适，友朋盍簪，宁无一语以纪行乐乎？"遂以"红药当阶翻"一句分韵赋诗。

金带围是芍药的一个品种，亦称金系腰、金腰带，花朵"上下红，中间黄蕊间之"，形似身穿红紫官袍、腰系金色腰带的宰相形象。北宋时期，由于栽培技术的局限，金带围尚"无种"，只是偶尔间出，属于变异。传说金带围开，城中当出宰相。

仁宗庆历年间，韩琦以资政殿学士帅淮南。一日，后园中有金带围盛开，"一干分四歧，歧各一花"，当时扬州芍药未有此一品，韩琦异之，开一会，欲招三客来赏，以应四花之瑞。四人者，除主人韩琦外，受邀前来赏花的三人分别是时任大理寺评事通判王珪、金判王安石及寺丞陈升之。"至中筵，剪四花，四客各簪一枝，甚为盛集"。后三十年间，四人皆为宰相。这就是后世文人常常津津乐道的"四相簪花"故事。

酒具对于饮宴环境和气氛的烘托作用不可小觑，一套精美别致的酒具既能衬托主人的身份地位，也能彰显其学识水平、审美情趣，往往达到宾主俱欢的效果。

文人士大夫对于饮酒器皿的使用，一方面讲究华丽贵重，一方面也十分讲究风流雅致，如螺壳、虎顶、莲叶、椰瓢等物皆可做杯，可

图2-36　元磁州窑黑花瓷双凤罐　图2-37　金元黑釉剔刻缠枝牡丹纹玉壶春瓶　图2-38　元景德镇窑青花瓷束莲纹梨式壶

图2-39　元青花灵芝菊纹高足杯　图2-40　元釉里红高足杯　图2-41　元青花大碗（酒海）

谓别出心裁。其实这些都是前代文人士大夫玩过的把戏和花样，唯其别致有趣，元人亦纷纷效仿。

　　用椰壳做饮器源自一个武侠神话传奇，晋人嵇含《南方草木状》载：昔林邑王与越王有怨，遣侠客刺之，悬越王首于树上，竟化为椰子。林邑王愤怒之下，将椰子剖作饮器。当初侠客刺杀越王时，越王正大醉，所以椰浆如酒，俗称"越王头"。后世饮椰浆、器椰壳即始于此。

喜欢附会杜撰又爱附庸风雅的文人们自然不会放过这么好的题材，"自梅圣俞（梅尧臣）有饮器之句，张于湖（张孝祥）有酒榼之咏，元遗山（元好问）有椰瓢之语，近时士夫多相效用，尤贵其小者"。郭畀《云山日记》载，至大二年（1309）六月十三日，郭畀为詹公画英石，"画就，招画师王生来看。仍取椰瓢酌酒，至午已醉"。十余日后，郭畀别詹公父子时，詹公以椰瓢、端砚相赠。至元三十年（1293），刚刚卸掉监察侍御史一职的霍恕斋到杭州，饮于时任江浙行省都事、大书法家鲜于枢家。席间，霍氏从怀中掏出珍藏的椰壳酒杯一枚，"出杯才容合许，酒一再行，便觉风味十倍于前"。鲜于枢因看它有蟾蜍之象，当场就起了个"吸月杯"的名字。

碧筒杯，是盛夏取大莲叶盛酒，以簪刺叶令与莲柄相通，如象鼻传吸。是北魏时济南太守郑悫于夏季三伏天率宾僚避暑于使君林，发明的一种饮酒法。元代的众多文人士大夫显然也都爱上了这种风雅之举，一尝为快，纷纷赋诗，个中最属江阴学者陆文圭，竟一口气连书十一首。诗人张昱也有一首《碧筒饮次胡丞韵》，很通俗易懂："花外风来香满湖，折荷举酒笑相呼。自来四明有狂客，除却高阳非酒徒。饮处有情丝不断，折时多刺手难扶。豪家玉斗虽云贵，有此尊前风致无。"全诗可以用一句流行的话来概括：不是玉斗用不起，而是碧筒更有性价比。

画家郭畀也玩过碧筒杯的游戏，他是在詹公处用椰瓢酌酒的第二天与朋友们一起尝试的。在日记中，他详细记述了这次"折荷叶作杯倾酒"的经历：

〔至大二年六月〕十四日，寓兴化县。刘巨川新醅初熟，味颇纯美，早携一壶来，与詹公共酌数行。午间，刘公烧二鹅载酒共饮，坐客余及黄仲文、李景恭诸人。饮罢，胡子贞妹婿臧子玄呼小舟，约余及龚子芳、徐昇之游荷花荡，赵伯潜同往。少顷，詹公父子、刘巨川棹小舟亦至。盘桓片时，入义阡寺，寺主具酒，味不甚佳。复登舟采莲，时日落风凉，众客多折荷叶作杯倾酒，不善饮者辄为酒狼藉，至月上乃还。

有日本学者声称在北京亲自做过碧筒杯的试验，他总结说："叶柄开眼太大的话，酒一下就会流出呛咽喉；太小的话，酒流不出来，或因莲根的汁液而变得淡淡的。莲根汁液的苦味压过荷叶本身的香气，大损酒本身的美味，谈不上什么风流雅致。"看来他觉得碧筒杯一点都不好玩。

图2-42 〔宋末元初〕钱选 荷亭消夏图
台北故宫博物院藏

另外，荷叶盛酒实在不方便持握，就像郭畀日记中说的，一不小心就会"为酒狼藉"。茅山道士张雨用碧筒喝酒时也闹出过这样的笑话，"倾杯误展淋漓袂"，弄得衣襟淋漓，狼狈不堪，怪不得要"笑绝耶溪窈窕娘"了。

自隋唐行科举以来，元代无疑是文士们最郁闷的一个时代。这种郁闷当然是源自于科举的长期停废，断绝了大批希望通过举业进入仕途的普通士子们的仕进前程，横亘在传统文士心目中"学而优则仕"的崇高人生准绳也随之解体。这在一定程度上造成了元代文人性格命运的多重分裂，他们中有汲汲奔竞，干谒当路者；有停文转业，别求生路者；有自甘沉沦，困顿场屋者；也有遁迹归隐，优游林下者。如此等等，不一而足。

下面我们来一一了解这几类人多彩的酒中性格。

耶律铸乃贵室之胄，辽东丹王九世孙，中书令耶律楚材之子。他是忽必烈的"死忠粉"，忽必烈还是藩王时，他就左一首"贤王"右一首"贤王"地写诗夸赞。当然，忽必烈即位后也没有亏待他，累官中书左丞相，可算位极人臣，自然是文人士大夫中之佼佼者。坐享父辈勋业的余荫，加之个人的卓异才华，"官二代"耶律铸自然无需在仕途上汲汲奔竞、干谒当路，我们可以把他作为成功步入仕途的文人士大夫中的"非典型性"代表。

人生有很多事情都是看似没有道理的相乖相悖，今人如此，古人也是如此。这位在政坛上一张匡世济民面孔的政界明星，私底下却称自己为"醉乡日月酒徒"。月夜之下，偶得名酒的他，径醉赋诗道："琼露融云液，金泉涌月波。带花浮绿蚁，和月卷红螺。"诗后自注："余尝有诗'碎擘桃花泛酒卮'，时亦取花泛酒，醻遗花者，依花片数浮以大白。"表面是在跟花瓣较劲，实际上还是在跟美酒较劲。

耶律铸引皇甫嵩《醉乡日月》语，把酒分为圣、贤、愚、君子和小人等不同品级："凡酒以色清味重者为圣，色如金而醇苦者为贤，黑色酸醨者为愚，以家醪糯酿醉人者为君子，以巷醪黍酿醉人者为小人。"又按酒器大小分文武："饮器小者曰文，大者曰武。"品酒如品人，到底是政治家的襟抱气度。

曲高则和寡，与一般士大夫爱好群饮不同，耶律铸偏好的却是独醉，他把自己的花园取名为"独醉园"，"独醉园"里面还筑了一座"独醉亭"。且看他的《独醉园赋》都说了些什么：

> 莲社上游，独醉痴仙。驰声荣路，栖心化元。务雍雍以延圣，尤孜孜于进贤。谌既醉于大道，殊洞酌以微言。粤飨道者，本乎忘情；而沈世者，利乎适意。适其意而冲其气者，无捷于春酒；忘其情而凝其神者，莫优于浓醉。……王道荡荡，圣德洋洋。纵心乎浩然，寄傲乎羲皇。淳风导化，和气呈祥。天香蔼蔼，凤鸣锵锵（天香、凤鸣皆近代名酒）。伊曲生之风味，殆不可以相忘。融一壶之春色，斟五云之仙浆。琼苏积其清润，金液注其澄光。涨蒲桃之鸭绿，渍蔷薇之鹅黄。捧合欢之金掌，即悬玉之华堂。抱玄圣之所务，嗜至乐其何长。召风姨以度曲，邀月姊以佐觞。播承云之雅奏，掬湛露于凝香。不知手之舞之足之蹈之踊之跃之，又从而歌之也。

融阳春白雪与公辅之器于一身，使得耶律铸即使沉醉于酒中天地，精神上浪漫、忘我的同时，思想上依然没有跳脱出"务雍雍以延圣，尤孜孜于进贤"的臣子本分。他的一首《可笑》诗，可以作为这种状态的最好注脚："已将身世付醺酣，拟买青山老翠岚。可笑欲闲闲不得，又驱锋镝下江南。"

精神上可以有小小的"叛逆"，但"致君尧舜"的士大夫信念不能丢，在其位谋其政，耶律铸当然深谙此中道理。

"钱塘西府曹学士，饮酒吟诗亦快哉。闲醉时游虎丘寺，浩歌独上姑苏台。一生好客黄金去，百岁催人白发来。藉藉声名满天下，朝廷今日肯遗才。"此诗题曰《寄中曹学士除浙江财赋总管闻至姑苏》，我们已经无从知晓诗人萨都刺为之题咏的这位曹学士的名字，但是从诗中仍然能够透析到，这是一位在仕途上等待了近半生的老人，命运忽然间柳暗花明。"饮酒吟诗亦快哉"，像那个时代所有的文人士大夫一样，他也喜欢赋诗饮酒。诗、酒其实就是古代文人士大夫的两件法宝，成为那些汲汲于功名利禄者们的梯进工具。他们左手以诗怀抱利器，右手以酒广结权贵，表面上看似闲散，内心之中却无时无刻不在翘首企盼，这位曹学士也许就是汲汲奔竞、干谒当路者的典型代表。

吴士桑饶和丰城揭道孙则是举业之路顿挫后，停文转业别求生路者的代表。张翥《赠吴士桑饶》："吴兴一士气貌淳，儒冠落魄甘长贫。医家诸书总贯穿，有病有药即与人。山中儗屋不肯出，苦厌城市多嚣尘。得钱沽酒饮即醉，指点富贵如浮云。"

和桑饶同病相怜的揭道孙，生活于宋元鼎革之际，"少业进士，一笔千余言。世革，伎无所施，则尚羊（徜徉）山水幽处，痛饮狂歌，继以太息。后乃还治农圃，教授乡里中"。

二人之中，桑饶凭借医术悬壶济世，揭道孙亦农亦教，耕田讲学，个人乃至家庭的衣食温饱问题自是无须烦忧，然而纵使谷满仓、钱满

图2-43 〔宋末元初〕钱选 归去来图 美国大都会艺术博物馆藏

箱,让他们终日所不能释怀的,也许还是"金榜题名"而后"致君尧舜"仕途理想的幻灭,那才是他们心中永远的伤痛,不可复得的失落。"浇愁须是如渑酒",所谓酒中有大乐,亦有大苦,浊酒入愁肠,这酒又如何能解忧忘忧呢?

一些文人入仕无媒,又治生乏计,致使浮沉闾里,困顿场屋间。这些人虽然落魄,却丝毫不以贫困累心,诗酒自娱,快意人生,不失文人风骨。在他们看来,治生也许远远不如诗稿酒瓢的快活来得更实在。贫穷并不可怕,在贫困中仍然恪守文士的风骨和气质,才是最难能可贵的。

同州人员炎,性落魄嗜酒,业诗有能声,不事生产。故人杨紫阳主漕洛师,怜其贫困,用监嵩州酒,后罢官而去,长游河朔,以诗鸣诸公间。曾西归过卫辉路,褐衣麻屦,"酒近酣,巨梃横膝上,掉头吟

讽歌谣，慷慨之气，轩轾四座"。可怜家徒四壁，"余诗稿酒瓢而已"。睦州处士马仲珍，自号雪梦居士，"闲居喜自修饰，或佳客时至，情景俱胜，促觞命醨，取琴鼓一再行，自吹洞箫倚歌和之，一毫不以贫窭累其心"。

"得酒且深醉，渊明果吾师。"又有一些文人士大夫勘破官场险恶，淡泊名利，效仿陶渊明的归隐生活，优游林泉，寻找理想之儒者天地。偃仰之间，有称情之安而兼及物之乐，酷肖散曲家马致远《恬退》的意境："酒旋沽，鱼新买，满眼云山画图开，清风明月还诗债。本是个懒散人，又无甚经济才，归去来。"

东皋处士王士毅，"晚益嗜酒，与所过逢，醉饮竟日夕不厌，家以匮乏"。平居好诵陶渊明诗句，自诩为"陶潜千载友"。巩昌路同知总管府事李节，方年六十，忽然挂官不仕，而乐砾石山水，自号蛰窟老

图2-44 〔元〕佚名　松泉高士图

辽宁省博物馆藏

人。"故旧或过，必烹羊击豕，剧谈纵饮，厌醉而罢，来者共席，不贱耕樵"。著名诗人张昱，字光弼，官江浙行枢密院判官，后弃官不出，退居杭州西湖寿安坊，唯以诗酒自娱，超然物表，至于屋破贫无以葺，朋友竟为之写疏募捐。一次，张光弼在酒席间为朋友瞿宗吉高诵《歌风台》诗，"以界尺击案，渊渊作金石声"，大笑道："我死埋骨湖上，题曰'诗人张员外墓'足矣！"

来自西域的色目人虎伯恭、伯俭、伯让兄弟三人寓居西湖，日以考经行史为事，诗学韦（韦应物）柳（柳宗元），字法羲（王羲之）献（王献之），"至于乐府隐语，靡不究意"。三人不时买舟载酒，作湖山之游，被目为当时钱塘"风流人物"之首。

庐陵人刘梦说自称梅野逸士，种梅结亭，幅巾鹤氅，游息亭中。"雅歌投壶，枰弈茗饮，与宾客赓酬为乐"。酒酣兴适，拊掌击节，浩歌苏东坡"治生不求富，读书不求官。譬如饮杯醉，陶然有余欢"之句，殆不知世间有荣辱事。

戴表元为友人董可伯作《隐居记》，记录了隐士董可伯的居处环境和日常生活，读来令人顿生退隐之心。

> 友人董可伯之居，在连山万竹冈之阳。余尝过而熟之，熟而知其说，盖其居之左右前后一以竹为藩屏，傍寝规小轩，间植荷花，则名之曰"深净"。少东豁一亭，老梅交加，则名之曰"青白"。折而少西，筑凌空之斋曰"点易"。折而益西，瞰潴山之地曰"蒙泉"。经营位置，间远回僻，若无丝发与世事相接者。

> 而可伯资性从容，言动详重，懒未尝废江湖交，冗不至忘客主礼。遇好风良时，幅巾野服，或班荆共酌，或临流杂咏，优游偃仰，有称情之安而兼及物之乐。及乎觞休席散，庭静幕举，浮云在空，流水绕磴，或焚香凝仁，或展卷遐想，人间爱憎喜怒休戚之感，是非荣辱得丧之役，亦不能入也。持是而隐于山林，可谓心迹俱超而身名无累矣。

"功名眉上锁，富贵眼前花。三杯酒，一觉睡，一瓯茶。""宁可身卧糟丘，赛强如命悬君手。寻几个知心友，乐以忘忧，愿作林泉叟。"很难想象的是，这两篇词曲竟然分别出自忽必烈身边的两位大红人、位高权重的刘秉忠和其徒孙不忽木之手。

事实上，元代持有此种心态的文人士大夫不为少数，究其原委，元后期著名儒臣苏天爵有言："当至元、大德间，民庶晏然，年谷丰衍，朝野中外，号称治平。公卿大夫，咸安其职，为士者或退藏于家，优游文艺，乐以终日，而世亦高仰之。此其承平人物之美，后世不可

图2-45 〔元〕赵雍 溪山渔隐图
美国克利夫兰艺术博物馆藏

及矣。"苏氏之言，显然有为蒙元统治者歌功颂德、粉饰太平之嫌。

明人对元朝多无好感，鸿胪寺官员胡侍就大唱反调，发异声之论："元时台省元臣，郡邑正官，皆其国人为之，中州人每沉抑下僚，志不获展。"可谓一语道破机关。元末人叶子奇也说："元朝自混一以来，大抵皆内北国而外中国，内北人而外南人。以至深闭固拒，曲为防护。"又言："天下治平之时，台省要官皆北人为之，汉人、南人万中无一二；其得为者，不过州县卑秩，盖亦仅有而绝无者也。"

长期停废科举的元代虽于仁宗朝始复科取士，但录取人数极其有限，"止是万分之一耳，殆不过粉藻太平之具，世犹曰无益，直可废也"。许多文人报国无门，入仕无途，于是多以有用之才寓于声歌，诗酒自娱，以纾其怫郁感慨之怀，正所谓不得其平而鸣也。

文人酒中性格的多彩折映，是元代社会环境下，知识分子心态在特殊时代的产物。它深刻地表现了相当一部分文士在仕途顿挫折翼之后，对自身物质生活和精神状态出路的再思考和再选择。而无论仕与隐，荣与辱，他们皆可以在酒醉中寻得短暂的心灵抚慰。闹可以群饮，静可以独酌，对于性格命运发生多重裂变的元代文人士大夫来说，酒可以是兴奋剂，也可以是麻醉剂。

玉山雅集：及时行乐的末世盛宴

"今朝立春好天气，况是太平朝野时。走向南邻觅酒伴，还从西墅买花枝。陶令久辞彭泽县，山公只爱习家池。宜春帖子题赠尔，日日春游日日宜。"（杨维桢《嬉春体五首·其一》）

约三五知己，择时令佳节聚会宴饮，成为元代文人士大夫阶层较为时尚的休闲方式，如花朝、社日、清明、初夏、端午、三伏、七夕、秋社、中秋、冬至皆有聚饮。多由发起者写下请柬，受邀人再作出答复，文字多优雅动情，令人不忍相拒。且看刘辰翁的《花朝请人启》：

> 亲朋落落，慨今雨之不来；节序匆匆，抚良辰而孤往。辄修小酌，敬屈大贤。固知治具之荒凉，所愿专车之焜耀。春光九十，又看二月之平分；人生几何，莫惜千金之一笑。引领以俟，原心是祈。

有酒伴相邀，受邀者通常也要作《答赴启》，作为应答：

> 燕语春光，半老东风之景；蚁浮腊味，特开北海之尊。纪乐事于花前，置陈人于席上。相从痛饮，但惭口腹之累人；不醉无

图2-46 〔元〕佚名 东山丝竹图 故宫博物院藏

归，幸勿形骸而索我。

翰林学士王恽曾对这种文人士大夫燕集活动有较为详尽的描述："用是约二三知友，宴集林氏花圃，所有事宜，略具真率。旧例各人备酒一壶，花一握，楮币若干，细柳圈一，春服以色衣为上。其余所需，尽约圃主供具。"

受邀者要自备一壶酒、一把花、一个细柳圈、一些钱，最好穿颜色鲜艳的春衣，其他用度都由林氏花圃的主人来预备。燕集活动内容亦十分丰富，"秉蕳续咏，辨追洧水欢游；禊饮赋诗，修复兰亭故事"。饮酒赋诗，品茗赏乐，往往尽情而欢。

文人士大夫这种私人性质的聚会宴饮，以茶酒为媒，以诗词歌赋为内容，多有固定场所，或为庆贺，或为游玩，考量文章，研磨学问，其主要宗旨在于娱乐和休闲。

　　王恽参加的这次只有"二三知友"的燕集活动只算是很小的规模了。事实上，元代文人士大夫这种类型的宴集活动动辄都要十几人甚至几十人。当然，能够主导这种燕集的人物，通常都是颇具经济实力和声望较高的社会名流。词客马文友有别墅名长乐园，在大都彰义门（今北京广安门）内，园内有春香亭，每当百花开时，置酒亭下，大会都城文人吟士，赏花赋诗，谓之"锦绣会"。预此会者，结束后各轮一席。

　　不过，马氏长乐园的"锦绣会"，相较于昆山顾瑛的玉山草堂，显见是小巫见大巫；况且与会者还要轮席，较之玉山主人的轻财结客，"晨夕与客置酒赋诗"，也更显小气了不少。

　　玉山草堂规模宏大，"亭馆凡二十有四，其扁题书卷，皆名公巨卿、高人韵士口咏手书以赠"，"园池亭榭之盛，图史之富，与夫伎馆声伎，并鼎甲一时"。有春晖楼可迎春，芙蓉馆可消夏，秋华亭可送秋，听雪斋可暖冬。"前之轩曰钓月，中之室曰芝云，东曰可诗斋，西曰读书舍，后累石为山，山前之亭曰种玉，登山而住憩者曰小蓬莱，山边之楼曰小游仙，最后之堂曰碧梧翠竹。又有湖光山色之楼，过浣花之溪而草堂在焉。所谓柳堂春渔庄者，又其东偏之景也。临池之轩曰金粟影。"这些亭馆都是接待四时嘉宾饮宴唱和之所。

　　草堂主人顾瑛，又名顾德辉、阿瑛，字仲瑛，平江昆山人。祖父以上皆宋世衣冠，祖父仕元"卫辉怀孟路总管"，父隐德不仕。顾瑛自言本人青年时"性结客，常乘肥衣轻，驰逐于少年之场，故达官时贵，靡不交识"。好友杨维桢也说他："青年好学，通文史，好音律，钟鼎古器、法书、名画品格之辨，性尤轻财喜客，海内文士未尝不造玉山所。"三十岁始折节读书，日与文人儒士为"诗酒友"，风流文采出乎流辈。年逾四十，将田业交付子婿，于故居旧第以西，筑玉山草堂，开始了"不学干禄，欲谢尘事，投老于林泉"的生活。高谢多方征辟不就，专意送往迎来，结纳四方宾客，终日胜友如云，高朋满座。"名卿大夫、高人韵士，与夫仙人释氏之流尽一时之选者，莫不与之游从。雅歌投壶，觞酒赋诗无虚日。"

顾瑛和他的朋友们诗酒唱和，饮宴无辍，在一场场"文艺沙龙"的狂欢中度过了近二十年的光阴，玉山草堂成了元末文人雅士人人向往的乐土。

据不完全统计，先后做客玉山草堂的人物有七八十人之多。宾客不只尽"东南之美"，还有千里之外从北方闻名而来的佳客。一时名士如杨维桢、柯九思、陈旅、李孝光、黄溍、郑元祐、张翥、高明、倪瓒、张雨、王祎、昂吉、王蒙、王冕、陈基、熊梦祥等辈皆参加过玉山草堂集会。他们中有世俗生相，也有方外僧道；有汉人南人，也有蒙古色目；有仕宦，有平民；有诗人墨客，有书画名家。相逢的宾客"未暇问姓字邑里，行李所从来，辄举酒相与，献酬杂沓，亦不计年齿，貌苍者上坐，饮醋歌舞，各以所长自适"。

"各以所长自适"，正是玉山草堂雅集的一大突出特色，这从至正十年（1350）冬的一次较小规模燕集可窥见一斑。时积雪遍林野，适逢"郯云台自吴门、张云槎自茂苑、吴国良自义兴"不期而集玉山草堂，遂相与痛饮湖光山色楼上，以"冻合玉楼寒起粟"分韵赋诗。

吴国良吹箫、陈惟允弹琴、赵善长作画，三人皆免赋诗。其余有"诗不成者"，顾瑛命佐酒女奴小瑶池、小蟠桃、金缕衣各罚酒二觚。

"主客交并，文酒宴赏。"与集者能诗者诗，能画者画，乐者乐而舞者舞，在快乐的时光中，每个人都能凭借自己所长参与其中，让个人才华得到充分展现。这也正是玉山草堂吸引大批文人雅士纷纷前来，终日宾客如云的重要原因所在。

至正八年（1348）二月十九日的草堂雅集，有名士杨维桢等十余人参加。杨维桢称扬此次雅集"清而不隘也，华而不靡也"，胜过王羲之的兰亭雅集和苏东坡的西园雅集，"为诸集之最盛"。唐兀氏昂吉有诗赞曰："玉山草堂花满烟，青春张乐宴群贤。美人蹑舞艳于月，学士赋诗清比泉。人物已同禽鸟乐，衣冠并入画图传。兰亭胜事不可见，赖有此会如当年。"事后，与宴的画家张渥依照宴会的情景用白描体作了一卷

图 2-47　〔元〕赵元　合溪草堂图　注：赵元，字善长，号丹林，画家。玉山草堂主人顾瑛好友，多次参加玉山雅集，合溪草堂为顾瑛别业。

上海博物馆藏

《玉山雅集图》：

> 冠鹿皮衣紫绮坐案而伸卷者，铁笛道人会稽杨维桢也。执笛而侍者，姬为翡翠屏也。岸香几而雄辩者，野航道人姚文奂也。沉吟而痴坐，搜句于景象之外者，苕溪渔者郯韶也。琴书左右，捉玉麈从容而色笑者，即玉山主者也。姬之侍者为天香秀也，展卷而作画为吴门李立，旁侍而指画即张渥也。席皋比曲肱而枕石者，玉山之仲晋也。冠黄冠坐蟠根之上者，匡庐山人于立也。美衣巾束带而立，颐指仆从治酒者，玉山之子元臣也。奉肴核者丁香秀也，持觞而听令者小琼英也。

与集的杨维桢作《雅集志》，品评此画云："是宜斯图一出，为一时名流所慕艳也。"

至正九年（1349）六月的一场燕集在碧梧翠竹堂举行，吴克恭为燕集作序：

> 己丑之岁，六月徂暑，余问津桃源，溯流玉山之下。玉山主人馆余于草堂芝云之间，日饮无不佳。适有客自郡城至者，移于碧梧翠竹之阴。盖堂构之清美，玉山之最佳处也。集者会稽外史于立、吴龙门山僧琦、疡医刘起、吴郡张云、画史从序。后至之客则聊城高晋、吴兴郯韶。玉山主人及其子衡，暨余凡十人，以杜甫氏"暗水流花径，春星带草堂"之韵分阄，各咏言纪实，不能诗者罚酒二觥觥。罚者二人，明日其一人逸去，虽败乃公事，亦兰亭之遗意也。从序以画事免诗而为图。

时炎雨既霁，凉阴如秋，琴姬小琼英、翠屏、素真三人侍坐与立，趋歈俱雅音。是集也，人不知暑，坐无杂言，信曰雅哉。

可见，"雅"就是玉山草堂文人士大夫饮宴所追求的主旨基调。有良辰美景、赏心乐事，有管弦歌舞、诗酒画图，更有主人贤而宾客嘉，玉山草堂的宾主们将元代文人士大夫宴饮中"雅"的意境发挥到了极致。

玉山草堂的黄金时期为至正八年（1348）到至正十四年（1354）前后，其间又以至正十年（1350）为最盛。至正十一年（1351）开始的红巾军起义，特别是张士诚队伍在浙西地区的日渐壮大并定都平江（今江苏苏州），在很大程度上影响了玉山草堂的雅集活动。之后一直到至正二十五年（1365），虽然还有集会，但时移境迁，盛况难再，顾瑛本人也已垂暮之年，玉山雅集也就渐渐曲终人散了。

至正十一年（1351）是红巾军起事的第一年，当时参加玉山草堂雅集的文士们对时局还比较乐观，以为不久可以复见太平之象，且有欲借时局以文武之才施展平生抱负的美好愿望。萧景微《梧竹堂燕集序》云：

至正辛卯，余自勾吴还会稽，饮酒玉山而别。当是时，已有路行难之叹矣，继而荆蛮淮夷山戎海寇警呼并起，赤白囊旁午道路，驱驰锋镝间。又复相见，因相与道寒温，慰劳良苦。玉山为设宴，高会梧竹堂上，在座皆俊彦能文章，歌舞尽妙选。客有置酒而叹者。予笑曰：子何为是拘拘也？夫天下之理，未有往而不复，器之久不用者朽，人之久不用者息。国家至隆极治，几及百

年，当圣明之世而不靖于四方，或者天将以武德训定祸乱，大启
有元无疆之休。诸君有文武才，将乘风云之会，依日月之光，且
有日。予老矣，尚拭目以观太平之盛，何暇作愁叹语耶！玉山扬
觯而起曰："子诚知言哉！"于是饮酒乐甚。明当重九，遂以"满
城风雨近重阳"为韵分赋。

但是到了至元十四年（1354），元廷误杀前线统帅脱脱，张士诚等
南方红巾军趁机转守为攻，形势开始急转直下，"天下处处盗起"，各
据州郡。加上统治集团内讧，元朝败亡已成定局。草堂雅集文士们的
心理也发生了变化，从州学教授秦约为《可诗斋夜集联句》所作序文
可见一斑：

> 至正十四年冬十二月二十二日，予游吴中。属时寇攘，相君
> 有南征之命，川涂修阻，舟楫艰难，遂假馆于仲瑛顾君之草堂。
> 而雪霰交作，寒气薄人，翌日夜分，集于可诗斋。客有匡庐于彦
> 成、汝阳袁子英、吴郡张大本，相与笑谈樽俎，情谊浃洽。酒半，
> 诸君咸曰：今四郊多垒，膺厚禄者则当奋身报效。吾辈无与于世，
> 得从文酒之乐，岂非幸哉！

寇乱之时，国难当头，玉山草堂的文士们止作壁上观，以为报效
国家只是"膺厚禄者"的责任，与己无关，反而诗酒照旧，笙歌不辍，
这实在是个值得深思的现象。

传统中国文人士大夫最不能释怀的，就是内心深存的对国家、百
姓的眷眷忧患与责任，即所谓的修身、齐家、治国、平天下是也。但

在元末，这些文人却主动放弃了这种崇高。他们抛弃了这种自我折磨般的责任感，而靡然风尚于轻歌曼舞、浅酌低唱，于战乱的缝隙间尽情享乐，把文人的吟诗饮酒、游山玩水扩张到了极致，甚至变成一种自我解脱、自我发泄的方式。

从某种意义上说，顾瑛的玉山草堂更像是传说中的世外桃源，一块能够救治与抚慰文人士大夫灵魂的乐土。草堂主人和他们的宾客们"躲进小楼成一统，管他冬夏与春秋"，作逃避状，不问世事兴衰，终日以樽酒文赋为弗迁之乐。顾瑛等人"以中材而涉乱世之末流"，"有仕才，而素无仕志"，上不能安邦定国，经世济民，下不能扶危救困，赡济乡邻。虽不甘心坐以待毙，又无力挣扎，便只能选择逃避。

表面上看，玉山草堂是热闹而欢畅的。但生逢末世，元人对世事无常和生命短暂有着普遍而广泛的深刻感受，这是动乱时代的特殊赐予，敏感的文人特别意识到生命的脆弱和短暂。他们正是怀着这种对生命、对未来的恐惧而相互倡引及时行乐的。且看草堂主人顾瑛类似于醉酒后喃喃呓语般的沉吟诗句：

> 人生良会不可遇，况复聚散如浮萍。分明感此眼前事，鬓边白发皆星星。华亭夜鹤怨明月，何如荷锸随刘伶。中山有酒十日醉，汨罗羁人千古醒。蒲萄酒，玻璃瓶，可以驻君之色延君龄；脱吾帽，忘吾形，美人听我重丁宁。更惜白玉手，进酒且莫停，酒中之趣通仙灵。玉笙吹月声玲玲，与尔同蹑双凤翎。

那么，到底是究于一种什么样的根源，而使元末的一部分文人放弃了千百年来最能体现文人士大夫精神骨髓的家国责任感，而自溺于酒精之中呢？

学者么书仪在《元代文人心态》一书中曾指出：哀莫大于心死。元代汉文人士大夫在经历了长时期的挫折和痛苦之后，才认清了蒙元政权不容自己置喙，他们已被彻底边缘化的现实。这个时代不需要他们去驾驭，他们既无法拯救国家和民众，也拯救不了自己。这种无可救药的绝望，导致了玉山草堂式享乐思潮的诞生和蔓延，导致了文人士大夫极大地减弱了对政事的关心，离心倾向大大地增强。

然而，如果把玉山草堂式享乐思潮的诞生和蔓延，完全归结为汉文人士大夫被蒙元政权边缘化，这一论断也是失之偏颇的。

清人赵翼有言："元季士大夫好以文墨相尚，每岁必联诗社，四方名士毕集，宴赏穷日夜，诗胜者辄有厚赠。……独怪有元之世，文学甚轻，当时有'九儒十丐'之谣，科举亦屡兴屡废，宜乎风雅之事弃如弁髦，乃搢绅之徒风流相尚如此，盖自南宋遗民故老，相与唱叹于荒江寂寞之滨，流风馀韵，久而弗替，遂成风会，固不系乎朝廷令甲之轻重也欤！"

可见元代文人士大夫喜好聚会宴饮的渊源，还在于承继了宋季遗民故老的流风遗韵，这是他们被边缘化后社会地位下降之外的另一个因素。

由宋入元的戴表元，曾记录过由南宋名将张俊的曾孙张镃（字功父）在自家南湖园举办的"牡丹会"，燕集者不乏杨万里、陆游、姜夔这些大名鼎鼎的文坛巨匠。"渡江兵休久，名家文人渐渐修还承平馆阁故事，而循王（张俊）孙张功父使君以好客闻天下。当是时，遇佳风日，花时月夕，功父必开玉照堂置酒乐客。其客庐陵杨廷秀、山阴陆务观、浮梁姜尧章之徒以十数。至辄欢饮浩歌，穷昼夜忘去。明日，

图2-48　〔元〕曹知白　东园载酒图轴　台北故宫博物院藏

醉中唱酬诗或乐府词累累传都下，都下人门抄户诵，以为盛事。"

也不单单是宋、元，历朝历代的文人士大夫一直都有雅集的传统，早如西汉梁孝王刘武的"梁苑之游"，三国曹丕、曹植兄弟的"邺下之游"，西晋石崇的金谷园雅集，东晋王羲之的兰亭雅集、唐朝白居易的"香山九老会"，北宋驸马都尉王诜的西园雅集等，都是称美于世的文坛佳话。

因此，我们不能苛求元代文人士大夫必须时刻怀抱"治国平天下"的雄心大志。说到底，诗与酒是文人士大夫的特质和标识，生长在肌体上，流淌在血液里，永远不会随着时代更替而消逝。

歌妓佐酒：那一场风花雪月的事

元中后期，备位翰林院的官员揭傒斯曾记录了他在大都参加的一次城南雅集："肴核维旅，酒醴惟旨，威仪有数，长幼有节。"这也许是以揭傒斯为代表的一批外在行止中规中矩的文人士大夫心目中最理想的朋友聚会宴饮，故而揭傒斯发出"白头如新，倾盖如故"的感慨。

然而在另外一些喜欢耳目声色、不为世俗礼法所拘的文人士大夫看来，这种聚会雅则雅矣，却失于拘谨，就像杨维桢批评兰亭雅集"过于清则隘"一样，终究给人一种正襟危坐的感觉，少了聚会宴饮所需的松弛娱乐氛围。所以很多时候，为了活跃酒宴气氛，文人士大夫聚饮时，都要延揽呼唤歌伎来佐酒。

"百斛葡萄新酿熟，歌童莫放酒杯闲。"元代文人士大夫宴客用酒妓、歌童、优伶佐酒的现象十分普遍，这些佐酒歌伎的来源，主要是文人士大夫家蓄姬姜娈童，以及杂剧优伶、青楼女子，甚至还有教坊乐伎。

元末文人士大夫蓄妾风气十分盛行。如在《玉山名胜集》里面出场的顾瑛姬妾就有十几人之多，小琼英、翠屏、素真、琼花、珠月、素云、小瑶池、小蟠桃、金缕衣、猩猩、宝笙、兰陵美人等等。以风流自命的杨维桢也有"桃叶、柳枝、琼花、翠羽为歌歈伎"，这位七十多岁的古稀老翁还厚着脸皮，自鸣得意地向人炫耀他的桃根、桃叶还能生养，比白居易的樊素、小蛮强多了："小素小蛮休比似，桃根桃叶尚宜男。"

这些家蓄姬妾、娈童有家生奴婢，也有外买而得，或以容貌为胜，或以技艺见长。南宋末，端明殿学士家铉翁购得一妾，名奚奴，美姿色，有"温酒"才艺，"及执事，初甚热，次略寒，三次微温"，热度刚好适合饮用，因此甚得家铉翁欢心。宋都临安被元军占领后，家铉翁作为"祈请使"赴元大都，携奚奴北上。家铉翁死后，"囊橐皆为所有，因而巨富"，人称奚娘子。

图2-49 元靳德茂墓出土彩绘捧酒坛、酒杯、温酒壶女俑

焦作市博物馆藏

杂剧优伶、青楼女子和教坊乐伎属于专业伎人，职业化特征更明显一些，与宴佐酒时都会得到一定报酬或额外赏赐。歌伎侑酒助兴，能够活跃宴席气氛，达到宾主尽欢的效果。至正十一年（1351）三月二十日，名士陈浩然招顾瑛等游吴县观音山，暮宴张氏楼，徐姬楚兰佐酒，楚兰"以琵琶度曲"，宾客为之心醉不已。

鲜于枢，字伯机，书法与赵孟𫖯齐名，友人皆以"王羲之"呼之。喜饮酒赋诗，诗人柳贯点评其饮酒诗曰："鲜于公面带河朔伟气，每酒酣骜放，吟诗作字，奇态横生。其饮酒诸诗，尤旷迈可喜，遇其得意，往往为人诵之。"

一日伯机宴客家中，呼名妓曹娥秀侑尊。伯机因入内典馔未出，适娥秀行酒，酒毕，伯机乃出。有客人以为他是故意躲酒，就喊："伯机未饮酒"。娥秀也随声呼和道："伯机未饮。"座中一客见娥秀直呼伯机大名，就打趣说："汝何故亦以伯机见称？可见亲爱如是。"伯机假装生气，骂娥秀："小鬼头，焉敢如此无礼！"娥秀机智回应："我称伯机固不可，只许你叫王羲之乎？"满座为之称赏。

元人高德基《平江记事》曾讲述杨、陆两位苏州士人邀请大都教坊女乐以歌侑酒的奇幻故事：

> 致和改元（1328）七月之望，士人杨彦采、陆升之载酒出游莲塘。舟回日夕，夜泊横桥下。月色明霁，酒各半醒，闻邻船有琵琶声，意其歌姬舟也，蹑而窥之，见灯下一姬自弄弦索。二人径往见之，询其所由，答曰："妾大都乐籍供奉女也，从人来游江南，值彼往云间收布，妾独处此候之，尚未回也。"二人命取舟中馂余肴核，就灯下同酌。姬举止闲雅，姿色娟丽，二人情动于中，

图2-50　〔明〕臧懋循编《元曲选·李素兰风月玉壶春》插图　注:左侧画面即是名妓李素兰与书生李唐斌(玉壶生)佐酒共饮场景。

稍挑谑之，姬亦不以为嫌。求其歌以侑觞，则曰:"妾近夕冒风，喉咽失音，不能奉命。"二人强之，姬曰:"近日游访西子陈迹，得古歌数首，敢奉清尘不讶为荷，凡一歌侑饮一觞。"歌曰:风动荷花水殿香，姑苏台上宴吴王。西施醉舞娇无力，笑倚东窗白玉床。……

歌姬一连唱了十余首。杨彦采想听京师新声，遂言:"大都才人，四渎五岳精灵间气之所聚会，有何新声？倾耳一听。"歌姬于是唱道:"家是红罗亭上仙，谪来尘世已多年。君心既逐东流水，错把无缘当有缘。"歌毕，竟"掀篷揽衣跃入水中"。杨彦采大惊，"汗背而觉"，竟是南柯一梦。但翌日"事传吴下",人人尽知。

梦也好,非梦也罢,选取这个故事意在说明,元代歌伎侑酒是普遍存在的社会现象。

当然,并非所有的歌妓侑酒都事涉风雅,也有惹出麻烦,招来官司的。成宗大德八年(1304)四月二十九日,户部司计杨元到河间运司催起京敖盐引,运司运使郭浩自然要招待上司,于是在陈案牍处借了75两中统钞,买了一只羊并马奶酒、饼酪等物,在高经历的陪同下,一行人到黄伯善的花园为杨司计举办接风宴,还把乐妓王三姐招来唱曲,吃喝玩乐十分开心。

古人经常开花园卖酒:"创圃栽花高揭青帘而豁卖,出郊挑菜须携白水以同游。……逢移春槛以便酤,遇择胜亭而即饮。"所以这里的黄伯善花园极有可能是一处酒家。

不料想,这事竟被运司书吏严士元给告到了监察御史那里,甚至还惊动了御史台和中书省。虽然最后结果刑部判定杨元、郭浩等人虽"有违禁例",但"罪遇原免",没有治罪,不过为了以儆效尤,还是出台了一项禁令:"今后诸出使官吏,除正祗应分例外,并不得预本处官吏宴会,其本处官吏并不得邀请。许提刑按察司体察,如有违犯之人,计赃定罪,设宴及赴宴之人一体科断。"

由于这些歌伎常常陪伴文人雅士、名卿显宦佐樽献技,所以许多人不仅歌舞器乐方面艺高一筹,身怀绝技,而且谙通文墨,能够当场吟诗赋词。杂剧名伶张怡云"能诗词,善谈笑,艺绝流辈,名重京师"。官员姚燧、阎复常于其家小酌。杨买奴,杂剧作家杨驹儿之女,性嗜酒,美姿容,善讴唱,"公卿士夫,翕然加爱"。

大都南城外有一宴游佳处名万柳堂，乃元代畏兀儿贵族廉氏家族别墅。仁宗时某年盛夏，主人中书左丞廉简（号野云，廉希闵之子，著名散曲家贯云石之舅）于此置酒张筵，邀名士赵孟頫、卢挚共饮，时歌伎刘氏名解语花者佐酒。解语花左手折荷花，右手执杯，歌元好问所制《小圣乐》：

> 绿叶阴浓，遍池亭水阁，偏趁凉多。海榴初绽，朵朵簇红罗。乳燕雏莺弄语，对高柳鸣蝉相和。骤雨过，似琼珠乱撒，打遍新荷。
>
> 人生百年有几，念良辰美景，休放虚过。富贵前定，何用苦张罗。命友邀宾宴赏，饮芳醑浅斟低歌。且酩酊，从教二轮，来往如梭。

歌毕行酒，赵孟頫大喜，即席赋诗："万柳堂前数亩池，平铺云锦盖涟漪。主人自有沧洲趣，游女仍歌白雪词。手把荷花来劝酒，步随芳草去寻诗。谁知咫尺京城外，便有无穷万里思。"一时传为

图 2-51 〔元〕赵孟頫 万柳堂图轴 台北故宫博物院藏

佳话。

《小圣乐》又名《骤雨打新荷》，当时名姬多歌之。

这样堪称经典的风流雅事还有很多。至正二十年（1360）秋七月，陶宗仪等饮松江泗滨夏氏清樾堂上，酒半，折盛开荷花，置小金卮于其中，命歌姬捧以行酒。"客就姬取花，左手执枝，右手分开花瓣以口就饮"。陶宗仪认为这个荷花杯比用荷叶制成的碧筒杯更有风致，于是命名为"解语杯"，众客皆拍手称妙。

名士风流，历来不可少声伎助兴，有年轻美貌、能歌善舞的女子在场，可以启发诗人灵感。红袖劝酒，群姬狎坐，调笑不禁，轻薄无忌，女乐杂沓，"美人如花酒如渑"，更让文人雅士的饮酒兴致高昂无少衰。至正十二年（1352）九月，顾瑛宴客于玉山草堂金粟影亭，杭州名伎桂天香侑酒：

> 时天宇澄穆，丹桂再花，水光与月色相荡，芳香共逸思俱飘。众客饮酒乐甚，适钱塘桂天香氏来，靓妆素服，有林下风，遂歌淮南招隐之词。玉山于是执盏起而言曰："夫桂盛于秋，不凋于冬，又不与桃李竞秀，或者以为月中所植，信有之矣。今桂再花，天香氏至，岂非诸君子蹑云梯占鳌头之征乎？请为我赋之。"汝阳袁华子英乃口占《水调》俾歌以复，主人率座客咸赋焉。

但有些文人士大夫用酒伎佐酒则娱乐过了头，弄出些香艳色情的味道来，个中就数元末被"目为狂生"的狂客铁崖杨维桢。"杨铁崖耽好声色，每于筵间见歌儿舞女有缠足纤小者，则脱其鞋载盏以行酒，谓之金莲杯。"

画家倪瓒素以洁癖出名，对这种用妓鞋行酒的"金莲杯"深以为秽，"每见之，辄大怒避席去"。

其实，金莲杯也不是杨维桢首创的，此等风流艳事必然渊源有自。北宋官员王寀有《双凫》诗："时时行地罗裙掩，双手更擎春潋滟。傍人都道不须辞，尽做十分能几点。春柔浅蘸蒲萄暖，和笑劝人教引满。洛尘忽浥不胜娇，划踏金莲行款款。"可见杨维桢的"金莲杯"即滥觞于此。

杨维桢，字廉夫，自号铁笛道人，会稽人。出身书香世家，"为童子时，属文辄有精魄，诸老生咸谓咄咄逼人"。像那个时代所有的读书人一样，杨维桢走的也是一条从普通士子通过科举进入仕途的常规路。三十二岁中泰定丁卯（1327）进士第，署天台尹。可能也是一肚子不

图2-52　杨维桢像

合时宜，"既出仕，与时龃龉"，便在诗赋文章上下大力气。

不过，他仍然是个兢兢业业、一心为民的好官。在钱清场（今浙江绍兴钱清镇）盐司令任上，目睹盐赋病民，竟至"食不下咽"，不减引额就顿首涕泣于省庭，再以投印辞官相要挟，不达目的誓不罢休。在杭州做四务提举，"日夜爬梳不暇，骑驴谒大府，尘土满衣襟间"。转建德路总管府推官，"钩摘隐伏，务使无冤民"。

这么用心卖力，最后得了个从五品的江西等处儒学提举，一个没多大前途也没多少实惠的清闲文官。襟抱难开的杨维桢很受伤，自感"怀抱利器而以世之流言中伤"，未到任。时值元末四方兵起，遂晦迹浙西，浪迹山水去了。

无官一身轻，此后的杨维桢像突然间换了一个人，度过了二十多年的风流岁月，"或戴华阳巾，被羽衣，泛画舫于龙潭凤洲中，横铁笛吹之，笛声穿云而上，望之者疑其为谪仙人"。他自诩比白居易还逍遥："吾未七十，休官在九峰三泖间，殆且二十年。优游光景，过于乐天。"

明人徐应秋《玉芝堂谈荟》记有一事：吴地富豪李时可，偶悦善结客。偶知杨维桢挟四歌姬浮江过其门，乃延至家中，投其所好，"宴客樱桃下，玛瑙作垆，红罽毹覆之，三数丽人行酒，并绝代。以赤玉桦盛脯，白玉斗盛浆，皆盈尺"。这场奢华香艳的盛宴显然迎合了杨维桢的胃口，"维桢为色动"。

晚岁，杨维桢性情益加疏狂放浪，"筑玄圃、蓬台于松江之上，无日无宾，无宾不沉醉。当酒酣耳热，呼侍儿出歌《白雪》之辞，君自倚凤琶和之，座客或蹁跹起舞，顾盼生姿，俨然有晋人高风"。更过分的是，每出行，必携带一群歌童舞女，"为礼法士所疾"。

想想看，一个打扮古怪的白发老翁，领着一帮词人墨客，后面再跟随一群娇童美妾，弹唱歌舞，招摇过市。所行之处会吸引多少眼球？"炸街"效果可想而知了！

"为君燕坐列绮席，吴歌赵舞双娉婷。"实际上，这种游乐无虚日、宴饮无节制的生活场景，正是顾瑛、杨维桢之流以及他们趋之若鹜的友朋宾客们在风雨飘摇时代变态行为的具体体现。

与玉山草堂主人顾瑛"有仕才，而素无仕志"不同的是，杨维桢是在从政受挫之后，走上了寻求耳目声色之乐的沉沦之路，沉湎于古旧文人那种畸形变态的刺激之中。在这一点上，他似乎比玉山草堂顾瑛走得更远。从另一个角度，也可以看到动乱之世的文人士大夫们在失去了机会和前途之后，精神上展现了怎样的崩溃局面。

么书仪《元代文人心态》认为，在元末动荡不安的社会背景下，儒士们寻求出路、寻找精神寄托的方式是多样的，半隐半俗的方式是一种手段；面对个人和社会吉凶祸福难定的状况，恣意享乐以忘却现实烦忧，又是另外一种手段。

如果说元初文人士大夫主要致力于力争，热望寻找到一条可以沟通他们与现政权合作的通路，中期文人士大夫是在挣扎，摇摆于希望与失望之间，不无天真地仍然寄希望于一代又一代的蒙古帝王。那么到了元末，文人士大夫们便大多数处于绝望和虚无之中了。这种虽生犹死的内心痛苦，使他们成为纵欲的崇拜者和践行者。

事实上，元代文人士大夫的纵情享乐之风，早在世祖朝就已露端倪，至元后期监察官员胡祗遹就曾在《士辩》一文中一针见血地指出："今之为士者，志在富贵声色而已耳！"接着，又在另外一篇文章《悲士风》中毫不留情地针砭时弊，直骂这些与儒家行为规范不沾边，偏

离了儒家道义责任的士大夫是"万世罪人":

> 今之士大夫，居闲处独，怨天尤人，曰不吾知也。及其居高位、食厚禄，怙宠患失，依阿缄默，荷眷顾、蒙宠渥，始终二十余年之久，而未尝建白一言，开陈一事，树立一政。皇皇汲汲，日夜营办者，广田宅，多妻妾，殖货财，美车马，聚玩好，媚权贵，援私党，来贿赂，衮职有阙而弗补，纲纪坏弊而弗救，人民涂炭而弗恤。方且偃然自得，以为通方达变，轻暖肥甘，夭淫艳质。自娱之外，而又欺世盗名，翻经阅史，鼓琴焚香，吟诗写字以为高雅，以示闲暇。使一时后学无执守者钦仰踵效，而恨不能及，唇吻攘夺者，得以为谤讪沮毁名教之口实，洁身特立之士语塞而不敢辨。吁，真万世之罪人也！

　　骂固然有骂的理由，但是文人士大夫纵情享乐的社会现实，是任何人都无法改变的，无论是在盛世的和平时期还是在乱世的动荡时期，他们总是那么轻而易举地举盏相欢，这也许是文人血液中流淌的与生俱来的浪漫气质吧。这种浪漫气质使得他们轻易便与诗酒结缘，诗以展其才气，酒以交朋识友，由此形成错综复杂的士人网络集团。

三 民间百姓酒之"朴"

"旧酒投，新醅泼，老瓦盆边笑呵呵。"元代民间酿酒、饮酒、用酒之风与历朝并无二致。大到婚丧嫁娶，小到一日三餐，迎来送往，酒成为人们居家生活和社会活动不可或缺的日用消费品。田家种秫酿酒，渔家携鱼换酒，商家入市贩酒，酒家当垆卖酒，一幅幅充满酒香的市井风情，质朴温厚的田园色彩，展现的是酒文化在中国民间历久弥新、长盛不衰、鲜活旺盛的生命力。

民间酿酒和酒器

农家酿酒一般是在秋收以后，此时"稼事既已，租税毕输，则为酒醴"。新谷收仓，交够应纳的租税，留足阖家口粮之外，若还有盈余，就可以酿酒了。正如元人邓雅《丰年》诗所云："公家毕租税，祭祀亦已供。饮酒日为乐，不知年岁终。"

"江糯吹香满穗秋，又打够重阳酿酒。"农历九月九日重阳节前后，"白酒家家新酿，黄花日日重阳"，是农家酿酒的一个高峰期。

腊月酿酒也是很多地方的习俗，此时所酿的酒称为腊酒。元大司农司所编劝农书籍《农桑辑要》中，就有十二月"收腊糟"，就是回收腊酒的酒糟。邵亨贞有诗："蜡（腊）酒欢里闾，相与分景福。"腊酒正好可以在新春佳节阖家饮用和招待亲朋好友。

元代平江（今江苏苏州）人韩奕在《易牙遗意》中记有腊酒的酿

图2-53 〔元〕佚名　耕稼图·簸扬　美国大都会艺术博物馆藏

法："用糯米二石，水与醅共二百斤足秤，白曲四十斤足秤，酸饭二斗，或用米二斗起酵。其味浓而辣，正腊中造。煮时大眼篮二个轮置酒瓶在汤内，与汤齐滚，取出。"最后一道工序其实就是煮酒灭菌，可以让酒贮存较长时间不会酸败。

"秦人自爱桃源好，新酒家家有醉翁。"新酒酿成，当然要痛饮一番，享受一回一年劳作的辛苦回报。毕竟在以小农经济为主体的乡村社会里，生活水平还十分低下，物质条件更谈不上丰裕，甚至相当匮乏。温饱尚且是奢谈，遑论能够日日酒肉穿肠了。偶尔的醉饱一餐，在普通人的家居生活中，实际上并非那么轻而易举、唾手可得。因此，新酒酿成的时候，对于每个家庭来说，都是一年中相当难得、值得庆贺的日子。

"沽酒田家饮，醉倒妪与翁。"山居醉酒是乡间清苦生活难得的一次放纵。"恰离了绿水青山那搭，早来到竹篱茅舍人家，野花路畔开，村酒槽头榨，直吃的欠欠答答。醉了山童不劝咱，白发上黄花乱插。"景色怡人的田园风光，闲适疏懒的逸情野趣，这种仿佛世外桃源一般的山居生活，当然是出自文人妙笔的渲染，代表的是有闲阶层的生活常态，而不是普通农家的真实生存状态。

元代散曲名家辈出，填词谱曲完全信手拈来，不事修饰，浑然天成，与卢挚这首《双调·沉醉东风·闲居》有异曲同工之妙的，还有畏吾儿人贯云石的《仙吕·村里迓鼓·隐逸》："白酒磁杯咽，野花头上插，兴来时笑呷呷。村醪饮罢，绕柴扉水一洼，近山村看落花，是蓬莱天地家。"

这些被赋予浓郁个人理想色彩、散发文人浪漫气息的长腔短调，读来终究让人觉得质朴的乡村生活被文人刻意美化了，倒不如下面这样的词句来得真切实在，令人玩味："邻叟挽我衣，笑指老瓦盆。酒尽意未已，语杂情更真。""土炕上蒲席厚，砂锅里酒汤暖，妻子团圆。"

因为有了酒，因为有了那些诚挚好客的农人，以及他们拙朴的肢体动作和语言、善良的内心和平凡的愿望，简单、朴素的乡村生活就显得格外温馨热烈。

"老盆倾酒试新尝，社鼓村村闹夕阳。"在民间，最热闹喜庆的事情应该是春、秋二社日公众聚集在一起群饮社酒的场面。古时于春、秋社日祭祀土神，饮酒庆贺，所备之酒即为社酒，主要目的就是酬神、祈丰年、庆丰收。元曲四大家白朴创作的杂剧《李克用箭射双雕》就有这样一个吃社酒场面：

【中吕·粉蝶儿】赛社处人齐，一个个恁般沙势，直吃的浑身上村酒淋漓。手张狂，脚趔趄，吃的来吐天秽地。着人道村里夫妻，但行处不曾相离。

【醉春风】恰晒的布背褡襖儿干，又淹的旧留丢前襟湿。你这般擅拳捋袖打阿谁？我甘不过你，你焦了重焦，絮了又絮，我则待醒了重醉。

【快活三】俺在这村庄儿上会亲戚，当村里做筵席。醇糯酒整做下两三石，有肉腥无羊膻气。

【朝天子】就着这瓮里碗，吃一个个查手缝无拘系。俺从早晨间直吃到日平西，都灌的来醺醺醉。有他那牛表嘲歌，沙三争戏，舞的是一张掀乔样势。再有甚么乐器，又无他那路妓，俺正是村里鼓儿村里擂。

这样欢快热烈，散发朴质气息的热闹场面在乡村生活中其实并不多见，也只有在丰收年景，才会有"乡社年丰寻酒易""鸡豚社雨家家酒"的气象。

由元入明的常州学者谢应芳在丰收年景寄给朋友的一封书信中写道："数日前，久雨而晴，出门野望，欣然见百谷稔熟。遥想吴淞江上西溪沃壤，秋风稬稏，黄云满目，真可为先生贺。吾儿森得舅氏新田四五亩，耕以蓺秫，度其所收亦可酿腊酒，作粗粆，以充其亲之老饕。若先生之家，岂不十倍于此。倍十之喜亦可知矣！"可见田多之家在丰收年景所酿粮食酒自然更多。

"农家值丰年，乐事日熙熙。黑黍可酿酒，在牢羊豕肥。"赵孟頫这首奉旨而作的《题耕织图》意在颂圣，有溢美之嫌。对于普通农家来说，丰年乐事，当然不会很多。

"家酿熟未筥，旧醅邻所助。"元代很多家庭都能掌握简单的酿酒技术，家庭自酿的小生产模式在民间是普遍存在的，产品主要用来满足自家消费，也可馈赠亲友，少数人家还会拿到市场出售，用来贴补家用。

成吉思汗时代，在西域河中生活过的耶律楚材和家人就曾向当地居民学习酿造葡萄酒："西来万里尚骑驴，旋借葡萄酿绿醅。司马卷衣亲涤器，文君挽袖自当炉。元知沽酒业缘重，何奈调羹手段无？"他借用"文君当垆"的典故，将一家人酿酒时欢快忙碌的场景吟咏成诗，并题写在家中墙壁上。

因为谷物曲酿的特点，黄酒无法彻底过滤杂质，所以稍作存放，即会出现上清下浊的沉淀现象。古人有把酒的清浊醇薄分别喻为圣人、贤人、愚人、君子、中人、小人的说法。《三国志·魏书·徐邈传》载："平日醉客，谓酒清者为圣人，浊者为贤人。"因此一些为官清廉的官员常常被用来代指既清且美的醇酒。

南朝顾宪之任建康令，"清俭强力，为政甚得人和"，所以都城的百姓喝到

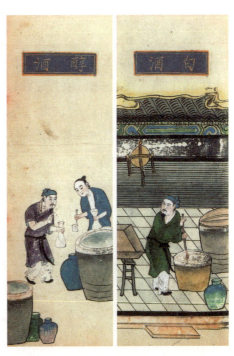

图2-54　《食物本草》所绘　白酒、醇酒　注：这里的白酒指普通米酒、酒液较浊，并非现代的蒸馏酒；醇酒意为味道浓郁、纯正的美酒。

美酒的时候，就呼为"顾建康"。

无独有偶，元朝的泰不华也有这样的轶事。泰不华出身蒙古伯牙吾台氏，饱读诗书，汉化程度很深，是英宗至治元年（1321）右榜（蒙古色目榜）状元。顺帝至正十一年（1351），泰不华出任台州路达鲁花赤，为官廉察，政声籍籍。一次夜宿村民家，邻妇有姊姒（同一丈夫的妻妾）二人深夜纺线织布，姊对姒说："夜寒如此，我有一瓶酒在床下，你把上面清的部分留给婆婆，下面浊的部分我们一起喝掉。"姒听说后，就起身把清的那部分酒倒进另外一个瓶中，一遍倒，一边调笑说："此达元帅（即泰不华）也，吾等不得尝矣。"姊说："到底清耶！"二人笑作一团。

这个故事本身真实与否姑且不论，依据当时的常理推测，村妇家中的黄酒应该为自家所酿，或者亲戚邻里所赠，一个恪守妇道、孝敬公婆、勤奋夜织的乡村妇女到市场上买酒自饮的可能性不高。这个故事在传神地反映了泰不华为官清名远播之外，还说明了家酿黄酒因澄清度不高，易产生酒质沉淀的特点，以及元代广大民间普遍饮用家酿粮食酒的现实。

关于民间自酿粮食酒的场景，元代画家郭畀的日记中有一段对现场亲历的记述："〔至大元年（1308）十一月〕初六日，晴，平明，抵长兴……歇于赵文卿家，辅之具晚酌。夜间，辅之酿酒，床头糟床滴滴有声。"

顾瑛的昆山同乡、经常参加玉山草堂雅集的士人吕诚有《浊醪》诗：

野人炊新秫，酝酿为浊酒。

槽头一瓮云，玉色浑浑厚。

乘间运杯勺，斟酌任升斗。

鲸吸助诗狂，豕饮欲干呕。

仰天大白浮，月光流入口。

　　像诗中开头描述的那样，元代民间有很多酿酒高手。章丘人王德居住在清平乡下，为人坦率乐易，信而好施，人人爱敬，识与不识，只要听别人喊一声"王百户"，就非常高兴。王德"性好饮善酿"，有贵客来，"辄以异酝见饷"。济阳人伊天民"尤善制酒，遇四方名德佳士，乃以饮之"。居家吴江同里的徐孝祥，有屋数楹，有田数亩，平居好客，客至必留饮，"以故岁常酿酒数石，而自奉粗布衣草屦"。宁可

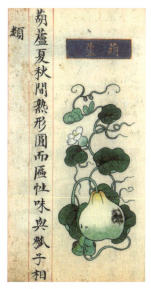

图2-55　《食物本草》所绘　葫芦

图2-56　元代瓷质酒坛、酒注、酒海、高足碗

自己节衣缩食，也要把好酒留给客人喝。

民间酒器亦多至陋至朴。据元代著名农学家王祯《农书》记载，农家造酒、造饭时用竹编或柳编的篓、筲来漉米，盛酒则用老瓦盆、匏樽。匏就是葫芦，成熟之后，稍作加工用来盛酒，故名"匏樽"，能很好地保持酒的风味。把葫芦从中间剖开，就是瓢了，可以作饮器，十分廉价便捷，与匏樽正好相配。谢应芳有诗："山中椰瓢大如斗，吴姬劈来荐春酒。"说的是把椰壳劈开做成椰瓢，可以舀酒来喝，椰肉则正好荐酒。元人还把蒲草编成酒瓮的盖子，盖在瓦盆和酒瓮上，让酒不易挥发。可见民间酒器所用原料很多是因陋就简，就地取材。

"羡杀田家老翁媪，瓦盆浊酒火炉头。"元代民间使用瓦盆盛酒是非常普遍的现象，王祯对此大为赞赏，认为"有复古淳俭之风，其可尚也"。老瓦盆口大，且易碎，不如酒瓮结实。酒瓮也是用泥土烧制而成，一般口小肚大，储酒量多，且搬运方便，为酒坊和普通人家盛酒必备之物。

图 2-57 元银玉壶春瓶
中国国家博物馆藏

图 2-58 元八宝纹银台盘
美国大都会艺术博物馆藏

元人高德基的《平江记事》多记吴郡怪事，其中有一件与酒瓮有关：成宗大德十年（1306）七月初七，家住平江醋坊桥的王佑，屋中酒瓮忽作牛鸣，音量很大，"声闻百步许"。用东西把酒瓮盖上鸣叫就停止，拿掉后就复鸣，一直鸣叫了三日才罢。所有人都疑惑不解。

元代金玉为禁器，只有宫廷和三品以上官员能够使用。《元史·舆服志》规定：诸职官所用茶、酒器，除钑造龙凤文不得使用外，一品至三品许用金玉，四品、五品只台盏（有托的杯子）用金，六品以下台盏用镀金，余并用银。至于庶人，即普通平民百姓，酒器之类只允许使用银质的壶、瓶、台盏、盂、镟，余并禁止，否则就是僭越，要治罪。

不过在民间，这些法律规定可能并未被严格执行。据孔齐《至正直记》记载，在元代最富庶的浙西（今浙江北部和江苏南部一带）地区，一些人家喜欢用缠丝玛瑙做酒杯，"惟取红丝与黄白青丝纹相间，直透过底面一色者佳"。当然，这应该只是极少数的豪富人家，普通民众的饮酒器皿还是以拙朴简陋为主。

民间用酒的贫富差距

酒是平民百姓日常生活中不可或缺的日用消费品，但因每个家庭的经济状况各不相同，对酒的需求和消费自然千差万别。有田数十百亩以上的地方富户、乡绅之家，生计无忧，对酒的饮用自然难说匮乏。这样的家庭婚丧嫁娶办事隆重，迎来送往礼节繁缛，再加上一日三餐所用，酒的消费要占家庭开支很大一部分比例。以商贾起家的苏门（今河南辉县）望族林君玉，富而好礼，"达官时贵踵接于门者无虚日"。家有藏书阁，又筑思亲亭。平日植佳花，酿名酒，有客至则杀鸡

图2-59 〔元〕盛懋 渔樵问答图 故宫博物院藏

宰羊,"宾醉而后已",而且是"穷年不厌"。

临漳人王政,易农作商,"财雄城市"。跟一般人家儿子"啃老"不同的是,王政的父亲王元却是个"啃子族",不但不作治生计,还喜喝酒、爱看戏,"嗜饮观俳",每天"招邀友旧,或畅情自适,以萧散优游为乐"。王政每次出远门,都要事先写好十几张帖子,老父王元就拿着这些帖子到酒家消费,等儿子王政回来再根据帖子跟酒家结账。

而普通平民家庭的生活又是另外一番景象。庐陵人赵文"夜灯,对家人谈米盐常事,有酒酌一再行"。杨朝英散曲《双调·水仙子·自足》:"杏花村里旧生涯,瘦竹疏梅处士家,深耕浅种收成罢。酒新笃,鱼旋打,有鸡豚竹笋藤花。客到家常饭,僧来谷雨茶,闲时节自炼丹砂。"颇能反映元时中等平民阶层的家居生活。

我们再来看看那些挣扎在社会底层贫困家庭的饮用酒情况。

"野翁织屦街头卖,日暮裹盐沽酒归。"酒和柴米油盐一样,是居家必备的日用消费品。但是这些贫困家庭本来家计艰辛，糊口度日尚难，如若嗜酒，就更难以维持生计了。

辞官隐居平江的真定人王鉴，闭门独处，足迹不出户二十年。偶有客至，辄去邻家赊酒。酒至，对客剧饮，酒干乃罢，"家贫无担石之储"。处士王元，本会稽人，祖父以上皆宋衣冠世胄，后徙居平江，溪钓游耕，"独好饮酒"，扁其室曰"醉乡"。渐至家业朘削凋零，"然犹嗜酒，不问有无"。

诗人成廷珪有《醉樵歌》一首，刻画的嗜酒樵夫形象栩栩如生：

> 朝亦不采薪，暮亦不采薪。莲泾赊得沽酒家，入口滑辣香且醇。一饮三百钱，再饮五十文。兴来连欲醉不得，一醉已判三千春。狂歌还容木客和，大叫岂怕邻翁嗔。生来无田种秫米，乱后有地披荆榛。……当垆主人休索钱，酒债寻常何足数。醒来随处束薪归，却卖青钱送还汝。

这类人的人生哲学或许就是，再穷不能没有酒，再苦不能苦肚肠。

渔家也是社会底层的一个代表。散曲名家乔吉有《渔父词》："扁舟棹短，名休挂齿，身不属官。船头酒醒妻儿唤，笑语团圞。"这是一幅典型的渔家乐酒图。然而事实上，渔家的生活是异常艰辛的："夫前撒网如飞轮，妇后摇橹青衣裙。全家托命烟波里，扁舟为屋鸥为邻。……更愿官中减征赋，有钱沽酒供醉眠。""螺湖石屋江水平，大船小船满东津。举罾出鱼辄数十，落日光射金鳞鳞。枫桥烟起新酒熟，共穿小鱼饮西邻。大鱼虽肥且勿食，明朝卖与城中人。"渔人自己只能吃些小鱼下酒，大鱼是要卖钱度日的。

图2-60 〔元〕唐棣 归渔图
美国大都会艺术博物馆藏

渔家因所处环境潮湿的关系，对酒的需求量相对较大，而风里来浪里去，靠打鱼所得致富实难，再加上官府多如牛毛的苛捐杂税，"得鱼卖钱及早归，乡吏打门征敛急"，致使渔家普遍贫困，所以以鱼易物成为渔家获取生活资料的主要渠道。"溪桥竹边有沽酒，携鱼换酒满葫芦。蓬头月上不觉醉，自卷芦叶吹呜呜。"

在渔乡，携鱼换酒的行为确属司空见惯，不足道哉。处士吕徽之，家于仙居大山中，安贫乐道，耕渔自给。一日友人往访，唯见草屋一间，家徒壁立，他的妻子因天寒正坐于米桶之中取暖。友人因问吕氏何在，妻答在溪上捕鱼。"至彼，果见之。"友人告以来意，吕氏隔溪对曰："诸公先到舍下，我得鱼当换酒饮诸公也。"不一会儿，携鱼与酒至，宾主"尽欢而散"。

"青裙老妪诧鲜鱼，白发残兵卖私酒。""歌风台前野水长，王媪卖酒茅屋凉。"元代民间卖酒的商贩很多，有些酒是从酒坊而来，有些是自家酿造的一部分运到市场出售，规模比较小，故而利润有限，以卖酒所得，尚难以维持温饱。但也有以货酒致富的例子，云中人高德荣，"以劳榷丰利酒"，后主货殖为业。经两代人创业，族属家童近百口，"为河朔名数之冠"。

总之，在元代，民间饮用酒的规模与程度通常受到家庭经济条件的制约，富裕家庭对酒的需求量大些，中下层普通民众对酒的饮用则相对节俭。而民间饮用酒风俗总体上呈现出的质朴特征，与自给自足小农经济为主体的社会性质是分不开的。

民间饮用酒风俗

酒在民间宗族祭祀、家礼、婚庆等方面都有着极大的功用。宗族祭祖在古代民间一直是比较盛大而隆重的活动，祭祀耗资通常以公共族田或墓田地租收入作为来源。祭祀当然免不了用酒，戴表元《小方门戴氏居葬记》描述戴氏家族清明祭祀场景如下："祭之日，小方门西宅洗马桥坊郭老稚倾室来罗拜墓下，拜讫，馂祭之余归舍。复治酒数行，果盘食饭杂馔如式，富不敢奢，贫不敢陋，最后汤饼一箸而散。阖族聚会欢谐，自以为至乐。"据熊梦祥《析津志》，天子脚下的大都人家但有丧孝，逢初一、十五，都要"洒酒饭于黄昏之后"，这应该是受蒙古人"烧饭"习俗的影响，即将酒食之物烧掉致祭死者。

据元朝的法令文书《通制条格》记载，元代的婚姻礼制通常要经过议婚、纳采、纳币、婚礼四个程序。酒作为各种仪式的媒介，在整个过程中占有不可忽视的地位。例如纳币时，男家要先把币物陈列在女家门外，由媒妁通报女方家长出门迎接，接入后，男方"举酒请纳币，（女方）饮酒受币"，女方主人再回礼，"婿家饮酒毕，主人待宾如常礼，许婿氏、女子各各出见"，纳币仪式至此正式结束。

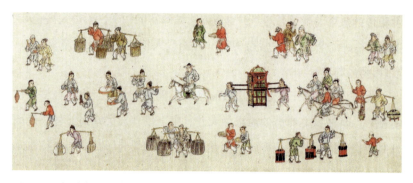

图2-61 〔元〕朱玉 《太平风会图》中的结婚迎亲场景　美国芝加哥艺术博物馆藏

　　生活在草原上的蒙古族也有吃许婚酒宴（蒙古语称"不兀勒札儿"）的习俗。《蒙古秘史》载，铁木真为了与克烈部的王罕关系更加亲厚，希望求娶王罕之女察兀儿别吉嫁与自己的长子术赤，同时欲将自己的女儿豁真嫁与王罕之孙、桑昆之子秃撒合，"互相换亲嫁娶"。但是由于桑昆的反对，事不果行。铁木真心生怨念，与王罕关系出现裂隙。

　　王罕父子欲谋害铁木真，便以答应之前的提婚为由，让铁木真来吃"不兀勒札儿"，顺便将其捉拿。"不兀勒札儿"的原义为羊的颈喉，因为羊的颈喉筋肉坚韧，寓意坚久不离。许亲宴上吃"不兀勒札儿"，表示男女两家的婚事不再翻悔，夫妻成婚后百年好合。因此，"不兀勒札儿"也就演变成吃许婚酒宴的意思。不过，铁木真在赴宴途中，识破了王罕父子的诡计，于是借口春季马瘦，要饲养马群，不能前去，只派了两个随从去吃许亲酒。

　　"喜气欢声动四方，今朝才是得三阳。临风一盏屠苏酒，坐看儿童次第尝。"元人张之翰的这首《甲申元日漫书》，描述的是至元二十一年（1284）正月初一阖家饮屠苏酒的情景。元日饮屠苏酒，是我国自古相传的风俗习惯，传说可以防瘟疫，祛百病。唐代著名医学家孙思邈《备急千金要方》就载："屠苏酒，辟疫气，令人不染温病及伤寒，岁旦之方。"具体用药、酿制和饮用方法如下：

取大黄、桔梗、蜀椒各15铢，白术、桂心各18铢，菝葜12铢、乌头6铢，将此七味药用牙咬碎、撕开，用绛袋盛好，在腊月最后一天（即晦日），中午日头正中时分沉入井中，至成泥状。正月初一（即朔日）早上取出，放在酒中"煎数沸"，然后在东向的屋子中饮下。"一人饮一家无疫，一家饮一里无疫。"

孙思邈对屠苏酒的疗效显然有点夸大其词。不过有意思的是，依照常理，阖家欢聚饮酒，总是从年长者饮起，起尊老敬老之意。但是饮屠苏酒却是要从最年幼者饮起，依次最后到最年长者。宋代大文豪苏轼、苏辙兄弟分别有诗："但把穷愁博长健，不辞最后饮屠苏。""年年最后饮屠苏，不觉年来七十余。"说的就是这种老者后饮的景况。

明人顾起元《说略·食宪》对此的解释是："以小者得岁，故贺之；老者失岁，故罚之。"非常幽默风趣。

元代各地民间仍然沿袭元日饮屠苏酒的风俗。江浙行省平江路所辖昆山州"岁节祀先，用除夜焚苍术辟瘟丹，家人酌酒分岁，夜分祭瘟鬼，易桃符，向明打灰堆、饮屠苏"。镇江路一带节日尤重饮酒，元日饮屠苏酒自不必说，其他如端午饮蒲酒，以菖蒲或缕或屑泛酒；春秋二社日以社糕、社酒相馈送；重九日登高饮菊酒带萸囊；十月一日有暖炉会，人家及亲朋沃酒并炙脔肉于炉中，围坐饮啖。

除上述一些饮用酒风俗外，元代民间用酒可谓五花八门。因酒有通热、健骨、活筋络等功效，常被医家用来入药祛病。金元之际，医家以酒下地龙散，投以蜡丸，"则受杖者失痛觉"，此方曾大行于时。

又《农桑辑要》载："凡果木久不实者，以祭社余酒洒之，则繁茂倍常。"颇荒谬可笑。

上述所记多为传统汉地的民间饮用酒风俗，我们再来看看元代中外史料对于蒙古草原和今天西藏地区民间某些饮用酒风俗的记载。

据波斯史家拉施特《史集》记载，在蒙古草原地区，人们通常认为，"如果把酒或酸马奶……洒在地上，闪电多半会打在牲畜身上，尤其是马身上。如果洒出了酒，那就会发生更严重的后果，闪电准会打到家畜身上或打到他们的家里。由于这个原因，〔蒙古人〕做所有这些事时，都十分小心谨慎"。

贵由汗时期来到蒙古汗廷的欧洲传教士柏朗嘉宾在他的《蒙古行纪》中说，蒙古人虽然喜好纵饮，"即使他们有时饮酒而酩酊大醉，但决不会借醉酒撒疯，进行争吵或斗殴"。"在他们之中，酗酒则很时兴和受崇，当他们其中之一人暴饮酗酒之后，当场就呕吐，但并不因此而弃杯止饮。"他们不但经常醉酒，也喜欢劝客人多饮。在他们看来，只有宾主一醉方休，才是最诚挚的待客礼节。

成吉思汗时代，奉使燕京（今北京）会见蒙古军统帅木华黎的南宋使臣赵珙《蒙鞑备录》云：

> 鞑人之俗，主人执盘盏以劝客，客饮若少留涓滴，则主人者更不接盏，见人饮尽乃喜。……终日必大醉而罢。且每饮酒，其俗邻坐更相尝换。若以一手执杯，是令我尝一口，彼方敢饮。若以两手执杯，乃彼与我换杯，我当尽饮彼酒，却酌酒以酬之，以此易醉。凡见外客醉中喧哄失礼，或吐或卧，则大喜曰：客醉，则与我一心无异也。

这种朴素的换盏醉饮习俗，在蒙古民族中是普遍通行的交流情感方式，对后来蒙古上层的宴飨活动具有深远影响。蒙哥汗时期来到蒙古草原的法国传教士鲁布鲁克的《东行纪》中，还详细记录了草原富有牧民家庭饮宴时的场景：

> 当主人要饮酒时，一个仆人就大声喊道："赫！"于是琴手弹起琴来。同时他们举行盛会时，他们都拍着手，随琴声起舞，男人在主人前，女人在主妇前。主人喝醉了，这时仆人又如前一样大喝一声，琴手就停止弹琴。接着他们轮番把盏，有时他们放荡地和开怀地饮酒。他们要跟人赛酒，便抓住他的两只耳朵，拼命要掰开他的喉咙，他们同时在他面前拍手跳舞。同样，当他们要为某人举行盛宴款待时，一人就拿着盛满的酒杯，另两人分别站在他的左右，这三人如此这般向那个被敬酒的人又唱又跳，他们都在他面前歌舞。他伸出手去接杯，他们却迅速地把杯子缩回去，然后他们再如前一样送过去。他们三番四次不让他接着杯子，直到他兴奋起来，有了胃口，这时他们才把杯子递给他。他边喝酒，他们边唱歌拍手和踏足。

牧民家庭载歌载舞的饮酒方式，质朴粗犷，豪迈奔放，具有极强的感染力，体现了蒙古民族热情豪爽、率性本真的民族性格。这种民族性格的形成，与草原游牧的生存环境和生活方式是密不可分的。

南宋遗民郑思肖对元政权始终抱有偏见，他在长文《大义略叙》中，讲述蒙古人会饮时，称杀牛马曰"大茶饭"，饮酒曰"把盏"，并把这种聚饮，丑化为"杂坐喧溷，上下同食，举杯互饮，不耻残秽"。他还讲到，饮酒时地位尊者以毡藉地而坐，用小刀刺肉食授人，人即开口接食，"为相爱"，地位卑者跪地受赐。

《事林广记》对于"大茶饭"和"把盏"礼仪都有详细记述，兹举"把盏"为例：侍从二人，一人持酒瓶居左，一人持果盘居右，并立主人之后。"主人捧台盏于前，以盏令倾酒，自先尝看冷暖，却倾些小在盘，再令斟满，则跪而献进，持瓶、执果者并跪。"

对于地位高的官员，把盏者云："小人没甚孝顺官人根底，拿一盏淡酒，望官人休怪。"候官员接盏后，主人则持盘退三步再跪，待饮尽，"起身进前再跪，以盘盛盏。如见未尽，再跪，告令饮尽，方可接盏。接盏后，捧果子者则进而献之"。

对于与自己地位相等的"平交"，主人进跪云："哥每到这里，小弟没什么小心，哥每根底拿盏淡酒。"客亦还跪答云："哥生受，做甚

图 2-62　元至顺年间西园精舍刊本《事林广记》"把盏图"

的。"却推转盏，劝主人先吃。主人又轮转云："小人别没小心，只拿一盏儿淡酒，哪里敢先吃。"客云："哥每酒是好是歹，哥识者。"主人尽饮呈过盏，再斟满劝客。客接盏饮，如客饮不尽，主人将盘斜把云："千岁，千岁。"待饮尽，接盏同起。或再把盏，或换盏，并随意。

"大茶饭"和"把盏"应该都是蒙古草原官员或较为富有家庭的待客宴饮礼仪，普通家庭则未必能够如此排场。这些礼仪也传播到了北方的汉人官场中。

意大利传教士鄂多立克在元大都生活了三年，于泰定帝五年（1328）开始西返，途中曾路过土番（即西藏），他在游记中记录道："其中有丰足的面食和酒，一如世上任何地区。"此地有如下风俗：如有人死了父亲，尸体让鹰吃掉，儿子把父亲的头用水煮熟吃掉。儿子还用头盖制成一个酒杯，为怀念已故之父，他和他的家人常虔诚地用它来饮酒。他们说，"这样做他们可表示对其父的极大尊敬"。

元宫廷医生忽思慧在其所著《饮膳正要》中记录了很多饮酒避忌，这些内容虽然是为皇室的饮食提供借鉴的，但都应该是来自民间日常生活经验的总结，属于民间"小偏方"：

> 饮酒不欲使多，知其过多速吐之为佳，不尔成痰疾。醉勿酩酊大醉，即终身百病不除。
>
> 酒不可久饮，恐腐烂肠胃、渍髓蒸筋。
>
> 醉不可当风卧，生风疾。醉不可向阳卧，令人发狂。
>
> 醉不可令人扇，生偏枯。醉不可露卧，生冷痹。
>
> 醉而出汗，当风为漏风。醉不可卧黍穰，生癞疾。
>
> 醉不可强食嗔怒，生痈疽。

图2-63 〔元〕忽思慧 《饮膳正要》插图"饮酒避忌"

醉不可走马及跳踯，伤筋骨。

醉不可接房事，小者面生黚咳嗽，大者伤脏澼痔疾。

醉不可冷水洗面，生疮。醉醒不可再投，损后又捐。

醉不可高呼大怒，令人生气疾。

晦勿大醉，忌月空。醉不可饮酪水，成噎病。

醉不可便卧，面生疮疖，内生积聚。

大醉勿燃灯叫，恐魂魄飞扬不守。

醉不可饮冷浆水，失声成尸噎。

饮酒酒浆照不见人影勿饮。

醉不可忍小便，成癃闭、膝劳冷痹。

空心饮酒，醉必呕吐。醉不可忍大便，生肠澼痔。

酒忌诸甜物。酒醉不可食猪肉，生风。

醉不可强举力，伤筋损力。

饮酒时大不可食猪羊脑，大损人，炼真之士尤宜忌。

酒醉不可当风乘凉露脚，多生脚气。

醉不可卧湿地，伤筋骨，生冷痹痛。

醉不可澡浴，多生眼目之疾。

如患眼疾人，切忌醉酒食蒜。

　　总之，虽然元代地域广大，各地民间的饮用酒风俗亦不尽相同，但是传统上以小农经济为主体的自给自足社会性质就决定了其"质朴"的色彩，这是涂抹不掉，亦挥之不去的。不惟元代如此，历代皆如是。

四 寺观方外酒之"逸"

元朝政府实行宗教优容政策，各种宗教自由发展，并且享受多种优惠特权。尤其是佛教，风头出尽，地位之尊崇一时无两。由宋入元的浙江学者何梦桂，曾对儒、释、道三家在元代的地位有过议论：

> 古今言教门者有三：曰儒，曰释，曰老。儒自羲轩至孔氏，与天地并立。老氏中出，释最后，二氏宜非儒抗也。然自近世以来，释氏之宫满天下，老氏半之，儒之宫若州若县各一而已，儒已不竞于二氏矣。至元一统，独推释氏为三家首，绀园贝宇，日新月盛，宏杰诡伟，蔚炳丽靡。陟其门者，将目眩气夺，儒者尚敢望其仿佛哉？虽老氏之徒，亦将自逊其不逮矣！

元文宗朝官修政书《经世大典·僧寺》亦云："自佛法入中国为世所重，而梵宇遍天下。至我朝尤加崇敬，室宫制度咸如帝王居，而侈丽过之。或赐以内帑，或给之官币，虽所费不赀，而莫与之较。故其甍栋连接，檐宇翚飞，金碧炫耀，亘古莫及，吁！亦盛矣哉！"

元代各地寺院道观的兴盛，无疑养纳了庞大的僧侣群体，他们中的一部分人凭借自身的深厚修养，往往挟一技之长，或书或画，或诗或琴，或易或医，种种不一；又有一些人原本为世难容，或为生活所迫，遂看破红尘，遁入空门，却视寺观的清规戒律形同虚设，放浪形骸，借酒浇胸中块垒，发不平之鸣。这酒就喝得野逸，喝得乖张，喝得离经叛道。

元代寺观酿酒、饮酒之风

元代许多寺观能够酿酒售酒，一些僧道也饮酒用酒，有些人甚至还是酿酒高手。经常参加顾瑛玉山草堂雅集的道士于立（字彦成）就擅酿美酒荔枝浆。名士陈基与顾瑛交好，也是玉山草堂的座上客，曾作诗记于道士酿酒事：

> 仆尝夜梦从彦成饮。彦成曰：此荔枝浆也，饮之令人寿，子能为我赋之，当赠三百壶。予自口占一诗，觉，乃梦也。及会玉山（顾瑛），闻彦成酿酒，果名荔枝浆。以梦白之，不觉大笑。玉山曰："君当书此诗，吾当与子致酒以质所梦。"因莞尔书之，彦成见此，必更一笑也！

图2-64　〔元〕佚名　佛像　美国弗瑞尔美术馆藏

图 2-65　〔元〕王渊　荔枝　台北故宫博物院藏

凉州莫谩夸葡萄，中山枉诧松为醪。仙人自酿真一酒，洞庭春色嗟徒劳。琼浆滴尽生荔枝，玉露泻入黄金卮。一杯入口寿千岁，安用火枣并交梨。不愿青州觅从事，不愿步兵为校尉。但令唤鹤更呼鸾，日日从君花下醉。

玉山主人顾瑛也作了一首《山人劝酒》，再次言及于道士和他的荔枝浆：

龙门山人，会稽外史，颜如红桃花，貌若赤松子。秋风西来云满堂，天香散落芙蓉床。手持青莲叶，酌我荔枝浆。荔枝浆，荷花露，绿阴主人在何处？算来三万六千日，日日春风浑几度。山人歌，山人舞，山人劝酒向我语。不见辽东丁令威，白鹤空归华表柱。归去来，在何时？青山楼阁相逶迤，碧桃四时花满枝，

花间玉笙鹅管吹，老仙迟子商山下，商山玉泉生紫芝。归去来，
毋迟迟。

诗中的龙门山人是释良琦，会稽外史就是道士于立。二人一僧一
道，与玉山主人顾瑛结成方外交，是草堂雅集的座上常客。

《居家必用事类全集》中记录有一种"荔枝浆"的制法：桂三两，
丁香二分，乌梅半斤煎汁，缩砂仁三两锉碎煎汁一升，生姜汁半盏。
将前料澄清相和，入糖二斤半，银石器熬，候稠浓，滤过用之。

不过这个"荔枝浆"是元代最流行的解暑饮料"舍儿别"的一种，
而非酒类。只是名字与于道士所酿酒相同而已，其实并非一物。

儒学官员梁寅在金陵郡庠，朋友白子京饷酒二壶，为钟山僧人所酿，
"风味殊常"，众皆以为佳。梁寅遂提笔作《金陵美酒行》："钟山老僧酿山
泉，醍醐甘露美自然。……市楼醉客徒喧呼，山中醇醪人不识。"

翰林官员袁桷还专门到过道观里面讨酒喝，并写了几首《求酒》
诗：

为爱云房酒盎清，涓涓残溜滴春声。夜来梅月十分白，嗅尽
梅花看月明。

轻轻梅花春风面，却似道人微醉时。只恐花飞失君意，更酌
巨罗歌小词。

"酒共邻僧饮，蔬从野老分。"元代僧人饮酒的现象实不鲜见。嘉
兴天宁寺老僧果典坐，平生不蓄积，"得钱辄买酒饮"。至正十三年
（1353）无疾而终，寿102岁。

苏州东禅寺僧正一禅师，号清溪，以儒入释，而不缚释氏律，"日与士大夫饮酒赋诗，以风流自命，非蔬笋衲流所能窥也"。弟子文友，自号松岩道人，喜读儒书，士大夫乐与之游，过寺必访，松岩道人经常在清溪亭设酒茗款待。

宋亡后出家为僧的温日观居杭州葛岭玛瑙寺，酷嗜酒，书画双绝，尤以擅画葡萄见长，人称"温葡萄"。诗人杨载有《题温日观葡萄》："老禅嗜酒醉不醒，强坐虚檐写清影。兴来掷笔意茫然，落叶满庭秋月冷。"道士张雨亦有诗："日观一饮西凉酒，解写蒲萄绝代无。请师截断葛藤路，还我黑月摩尼珠。"曾掘南宋皇陵，后总统江南浮屠的杨琏真伽"以名酒啖之"，温日观"终不一濡唇"，反而大骂其"掘坟贼，掘坟贼"！杨琏真伽竟无如之何。其狷介乖张若此。

"莲花峰下简禅师，半醉狂吟索赋诗。榻上诸僧禅定后，水边高阁暮钟时。不堪雨柳萦春梦，更惜灯花对酒卮。深羡云栖松顶鹤，吾生漂泊竟何之？"寺观生活的清苦孤寂，使这些出家人往往以诗酒自娱，

图2-66 〔元〕赵孟頫 摹卢楞伽罗汉图 辽宁省博物馆藏

聊以排遣打发这种与世隔绝的寂寥生活。正像释英《赠陈逸人》诗中所云："有钱须换酒，无日不吟诗。"

"昨夜山中酒初熟，道人不暇读《南华》。""坐据胡床一杯酒，黄冠头上有青云。"元代道士饮酒亦属屡见不鲜。

浙人周芝田，浪迹江湖，道冠野服，诗酒谐笑，略无拘检，"亦时出小戏以悦人"。不过这个会唱戏的周芝田可能并非职业道士。

华山云台宫道士褚志通，嗜书亦嗜酒，但喝酒很节制，"日食数龠，饮酒未醺而止，不尽醉也"。很多人争相拿着名酒来馈赠他，他就把酒坛沉到山泉中，时常"依林坐石，引瓢独酌"。吴兴人席琰，幅巾野服，学道南山下，自号"山云"。喜饮酒，善鼓琴。曾留诗酒家壁间："山云出山无一钱，日日醉倒春风边。采苹桥南徐孺子，白酒初熟留神仙。"晚年益纵酒，"或行歌道途"，曾对人说："贫者以酒为衣，吾非苦嗜酒，特托此以寓其达，俗人所不能知也。"

又有一位戴姓道士亦是酒狂。戴道士名和甫，成童辞家入道门，曾受制为龙瑞宫提点，奉香于武当桃源。和甫性嗜酒，"遇酒嗒然以忘"，但从不误事。时人有诗云："戴先生，日饮五斗醉不得，再饮一石不肯眠。昨从桃源来，两袖携风烟。长安市上小儿女，拍手拦道呼神仙。"曾携酒邀父老游白马洞，酒酣，援笔书曰："吾死，必藏是。"英宗至治元年（1321）正月，微疾而逝，倾其全部囊资，尚不足殓葬。

连枝秀本大都教坊官妓，姓孙氏，四十余岁时，经逸人风高老点化，遂为女道士，携二女童，浪游湖海间。曾驻足松江，"有招饮者，酒酣则自起舞，唱青天歌，女童亦舞而和之"，观者皆谓"真仙音也"。

钱塘道士张雨，字伯雨，亦乐饮，与儒学提举吴养浩为方外交。

吴氏曾作《与张伯雨湖堤暮归》，将其喻为仙人："马上仙人强支酒，踏花何处晚来归？"诗人周权亦乐与道士游，有诗《赠云趣道人》："玉笙声断海风寒，曾访丹丘觅大还。万里蓬瀛黄鹤晚，十年云水白鸥闲。花开把酒吟消日，茶罢携琴坐看山。笑杀红尘吹客梦，神仙元只在人间。"

这些散淡嗜酒，随处寄留，不事生产，不知礼法拘束的老庄之徒，在世俗的眼光看来，过的几乎是神仙一样的日子。

元代很多道士不但能饮酒，还通晓奇术异技，被赋予浓厚的神秘色彩。至元二十四年（1287）深秋，养疾于家的朝廷官员王恽就遇到一位嗜酒且通晓相术的道士：

> 予方曳杖出门，有道士野服鹖冠倚立枨下。予邀坐阶所，瞪目视予者久之，曰："观君风骨，盖李唐人也。心事好，但踪迹蹉跎，多失事机，可惜可惜！虽然，得年八十余，数八八后，当有显擢，予言可切记也。"饮之酒，醺然而去。

王恽作《醉道士歌》以纪其事："门前落叶秋风哀，麻衣道士从何来。……呼儿沽酒与之饮，劝以数行浮大杯，醺然径去不少顾，恍若仙遇神为开。"王恽卒于大德八年（1304），寿虚78岁，并没有活到80多岁。不过他在至元二十九年（1292）虚66岁时擢翰林学士、嘉议大夫，确实应验了道士的话。

又有一位桂先生，名义方，学道信州龙虎山。成宗元贞元年（1295）从玄教宗师张留孙朝京，授蕲州道官。后归，散其衣资，周览名山。"数飞蹑层崖，与豹同行，好事莫能踪迹之。樵人有见之山南，同日，又有见之山北者。"山中人酒熟，如果祈告说："愿安得桂先生

图2-67 〔元〕佚名（旧传陈芝田） 吴全节十四像（局部） 注：玄教大宗师吴全节为张留孙弟子，历侍世祖至文宗凡七朝，为朝廷心腹谋臣。美国波士顿美术博物馆藏

饮之！"不一会儿，桂先生就会飘然而至，"欣然就饮"。所饮之家皆以为吉兆，尊为"官显人"。

刘思敬，吉安人，少落魄不羁，嗜酒，好长生术。成人后，游蜀中，从灵宝陈君受丹砂诀，行混元法，遍历海内名山。年垂五十始入龙虎山为道士，自号真空子，炼铅汞为丹砂。至元十八年（1281）入宫，为忽必烈疗足疾，进六甲飞雄丹，世祖一服即愈。忽必烈好奇问他："卿寿几何？"刘真人对曰："逾七十矣。"又问："卿颜何童耶？"对曰："亡思亡虑，勿挠其气。唯一唯纯，以守吾真。"

忽必烈大悦，赐葡萄酒饮之。结果，"每赐饮辄醉，醉辄仆地而卧"。忽必烈亦不责怪，反以"真神仙"称之，由是出入殿廷无禁。八年后，刘真人乞还龙虎山，忽必烈怜其老，许之。并赐以铜简、铁笛及百衲袍诸物。陛辞时，忽必烈正用金瓯喝马奶酒，赶忙停下来，将金瓯及马奶酒赐给他。至元二十八年（1291）秋，刘真人呼陈炼师与之剧饮，然后平静地说："我明日将死，故与子醉别。"第二天，叩门无应，众人力排而入，已侧卧而逝。

高德基《平江记事》亦载一道翁故事：

泰定中，有一道翁，自称古无极，不知何许人。携一竹笼，荷一竹杖，来假居葑门道堂。后架小室数椽，栖息其中，四围上下皆以白垩涂之。正中设小木榻，出笼中瓢笛渔鼓之类悬壁间。以书一束为枕，市酒一瓮，置于床头，自酿自饮。人有求饮，摇手弗许，饮竟复酿，日以为常。扁其室曰“小小蓬居”。室中皎然如雪，不生一虫，蚊蝇无敢入者。暑月开户安眠，不用帷帐，猫犬至其门即俯首疾回，不敢窥其内。经年累月，四壁无尘，人不见其挥拂。或以蟏蛸之类投其中，即不知其处。堂主见其日坐卧室中，未尝出外缘募，笼中青蚨不乏，疑有妙术，逼其传授，翁只大笑，一夕收其所用之物不知何往。明日，物色追之，葑门、娄门、盘门、阊门之人皆云是日见其负笼荷杖出门去矣。

上述这些嗜饮道士其人其事，读罢颇觉荒诞不经，但似乎又并非全由杜撰而来。从他们身上，我们能够深切感受到僧道饮用酒的野逸气质。

诚然，并非所有的僧道饮酒都呈现出这种野逸气质，元代有很多僧道酗酒乱情，甚至为非作歹。郑思肖《大义略叙》云：“人家招僧诵经，必盛设酒肉，恣餍饫归，为有功德。”《通志条格》载：“平阳的僧录，腊月八日就潞州我的陆水寺里，杀羊唤歹妇女每吃酒。”还有一玄庙两道士竟因醉酒至死，诗人戴表元为此赋诗讥讽道：“张髯好客月千壶，余吃清贫逐斗沽。二子若逢仙宴会，化成一对酒葫芦。”可谓诙谐辛辣。

《元典章》中说：“各处住持耆旧僧人，将常住金谷掩为己有，起盖退居，私立宅舍，开张解库，饮酒茹荤，畜养妻妾，与俗无异，败坏教门。”僧道们不守戒律、纵酒任情的行为引起了有识之士的关注，监察御史张养浩曾上书说：“方今释老二氏之徒，畜妻育子，饮醇啖腴，萃逋逃游惰之民，为暖衣饱食之计。”要求政府从严治理。

针对寺观狂喝滥饮的风气，朝廷也曾明令晓谕，予以禁止：

> 皇帝圣旨：
>
> 宣政院官人每奏：“各城子里寺院里管僧人的每根底，官每、闲人每宰杀牛羊，作筵席有。”么道，奏来。俺的祖宗的圣旨里，但是和尚每呵，吃素饭、不杀生的上头，圣旨与来有。做筵席的体例那里有？今后不拣是谁，寺院里休做筵席。做筵的人、交做筵席的和尚每，也要罪过也……

圣旨严禁寺院宰杀牛羊做筵席，对于做筵席的和尚也要处罚。但实际中不过是徒具纸文，所起的约束效果微乎其微。

元代的方外交

“旋沽采石仙人酒，来访山阴道士家。”一些僧道们因学问渊博，格调高古，野逸出尘，成为文人士大夫争相结交的对象。这种世俗中人与出家僧道结成的朋友交谊，被称为方外交，又称方外友。方外，即是世俗之外。唐初，陆馀庆、陈子昂、杜审言、宋之问、释怀一等十人不拘世俗礼法，性行闲散放旷，号“方外十友”。

元代，方外交风气大为盛行。"永怀方外友，时见雨中招""爱寻方外友，时复到僧寮"。一批文人士大夫游走于学业仕宦和寺观庙宇之间，竞相与高僧宿德往来，他们或携手出游，历览名胜；或谈诗论道，品茗弈棋，于唱和酬答中跨越世俗与方外的丘壑，实现彼此心灵的契合与交融，构成元人社会交游的一道亮丽风景。

玉山主人顾瑛和龙门僧人良琦、匡庐道士于立之间的友谊，可以说是元代方外交的一个典型。至正十年（1350）七月九日，三人雅集于玉山草堂秋华亭，"时猩红轧琴，宝笙合曲，琼花起舞，兰陵美人度觞，与琦龙门行酒"。最后，三人同韵赋诗：

> 又到秋华亭子上，东山爽气正清妍。阶前落叶不须扫，石上幽花自可怜。越国女儿娇娜娜，兰陵酒色净娟娟。深樽盛有清香在，留待瑶笙月下传。（顾瑛）

> 亭上重来谶绮筵，秋花数树向人妍。浊醪妙理自可信，白发生秋何足怜。幽径独行苔冉冉，红莲堪把水娟娟。还山明日应相忆，写得新诗趁鹤传。（释良琦）

> 桂子开时香满天，山光秋气两新妍。近人月色如相识，照水花枝若自怜。曲趁瑶笙声宛转，舞回歌扇共婵娟。此中不是人间世，饶舌山僧莫浪传。（于立）

三位人物一儒一僧一道，正好绘成一幅三教合一的和谐图画。它冲破了元代长期以来"佛道之争"的紧张关系，也跳出了历代方外交中以儒为中心的佛儒、儒道窠臼，扩展了传统方外交的内涵，从侧面反映了元代社会文化的多元性和包容性。

元代的方外交，主要集中于在世俗社会有一定地位且具有较高文学修养的文人士大夫，与各地寺观名缁奇衲、高师宿德之间。两个社会群体原本无论在人生信仰，还是在理想追求上都有着迥然不同的目标。前者入世，后者出世；前者追逐的是功名利禄，荣宗耀祖，后者修行的是四大皆空，清静无为。但是，两个不同的社会群体之间又具有一定的互补性，前者可以通过寺观道院的清雅幽静，忘却红尘世事的纷纷扰扰、得失进退。后者则通过文人士大夫的文采风流，排遣修行的寂寞清苦和慰藉内心深处对世俗红尘的丝缕眷恋。

从某种意义上说，这些作方外之交的文人士大夫与僧道是两位一体的，许多僧道本身就是由文人士大夫转变而来，他们或为尘世所累，或因仕途险恶，遂看破红尘，全身而退，寻找一方净土。而寺观的清净、幽雅，远离红尘的是非纷争，就为文人士大夫提供了抚慰灵魂的理想休憩地。诗人许恕有《镇抚徐子厚入道》诗，颇能反映这些文人士大夫在割舍红尘烦恼之后的解脱："脱却兜鍪懒性便，葛巾鹤氅自翩跹。军中漫惜无人杰，海上方知有地仙。酿取松花甜似蜜，摘来桃实大于拳。掉头不管人间事，自笑醺难舞瓮天。"

然而这些文士也好，僧道也罢，由于现实顿挫而摒弃了"出仕"欲望，顺理成章应当进入超凡脱俗的方外隐逸生活时，却掺进了对物欲的不能忘情和玩世不恭的生活态度。他们不讳言对于人世间耳目声色的迷恋，"但杯中有酒，何分贤圣。心头无事，便是神仙"，硬是把物质享受和精神超脱合而为一。"但得黄鸡嫩，白酒熟，一任教疏篱墙缺茅庵漏，则要窗明炕暖蒲团厚，问甚身寒腹饱麻衣旧。饮仙家水酒

图2-68 〔元〕佚名　朝元图

美国纳尔逊-阿特金斯艺术博物馆藏

两三瓯，强如看翰林风月三千首。"

么书仪在《元代文人心态》中指出，元代新出现的这些隐不绝俗的隐逸风尚，导致了各种不避世俗生活，甚至不避为官从政，却又同时标榜隐退的所谓"市隐""朝隐"人物的大批涌现。

元代部分僧侣道士饮用酒呈现的野逸之风，迥然不同于文人士大夫的"雅"，这里面混合着失意、无奈、乖张、愤怒、解脱等等情绪。方外诗僧释英有《涉世》诗曰："涉世情怀冷似冰，狂歌醉饮任腾腾。随缘即是无心佛，达理何拘有发僧。但得遗风追贾岛，不须虚誉继卢能。归山未有谋身计，空忆闲云锁碧层。"

这也许就是对元代寺观饮用酒风俗呈现出的这种野逸乖张、离经叛道之根源的最好注脚吧。

　　元代著名高僧、西天目山住持中
峰明本禅师有一阕《行香子》，颇能
反映一部分出家人虽与世无争，淡泊
名利，却又脱解禅缚，高蹈超迈的野
逸秉性：

　　　　阆苑瀛洲，金谷琼楼，算
　　不如茅舍清幽。野花绣地，莫
　　也风流，却也宜春，也宜夏，
　　也宜秋。　　酒熟堪筹，客至须
　　留，更无荣无辱无忧。退闲是
　　好，著甚来由？但倦时眠，渴
　　时饮，醉时讴。[1]

　　元代寺观僧道饮酒呈现的逸风雅
韵，与他们自身所具备的较高文学素
养和艺术品位有关，也与他们所交往
对象是普遍具有较高文化层次的文人

图2-69　〔元〕佚名　中峰明本像
日本京都选佛寺藏

士大夫群体有关。无论是独自小酌，
还是诗酒自娱，抑或方外共饮的不醉无归，均是他们追求个性本真自
由，回归自然人性的内心宣泄。寺观饮酒风习中呈现的野逸气质，为
元代社会文化的多元性和兼容性又涂抹上一笔绚丽的色彩。

---

　　[1]此据清冯金伯辑《词苑萃编》卷六《品藻四》（清嘉庆刻本）。然据元彭致
中辑《鸣鹤余音》卷六（明正统道藏本），此词作者为于真人。

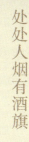

第三章

处处人烟有酒旗

杯中日月

怎在东京城(今辽宁辽阳)里那些个住?

小人在东京城里阁北街东住。

离阁有多少近远?

离阁有一百步地。向街那北巷里,向街开杂货铺儿便是。

那杂货铺儿是怎的那? 近南隔着两家儿人家,有个酒馆,是我相识的,你认的么?

那个是刘清甫酒馆,是俺街坊,怎么不认的?

这是朝鲜半岛王氏高丽和李朝时期的汉语教科书《老乞大》里面的一段人物对话。"老乞大"即"老契丹",意为"中国通"。《老乞大》最早成书于元顺帝时期,后不断修改。全书采用会话形式,讲述了几个高丽商人和一位王姓辽阳人(元朝人)结伴前往元大都(今北京)经商的经历。

元代社会尚饮风习的炽烈,带来了酒业的兴盛。各地酒肆普遍而繁盛,从都城大都、上都到各大省府,从路、州、府治所到县邑、乡村,大大小小的酒肆如雨后春笋,星罗棋布,成为元代饮食市场中的支柱产业。

一　元代城乡酒肆风貌

　　"船过吹箫客，旗标卖酒楼。"元代酒肆通常会悬挂酒旗作为标志。酒旗又称酒望、招子、望子，因多用青布做成，故又称"青帘"。宋人洪迈说："今都城与郡县酒务，及凡鬻酒之肆，皆揭大帘于外，以青白布数幅为之，微者随其高卑小大。"乡村酒店也有悬挂瓶、瓢、帚、秆等物的，代替酒旗的作用。

　　其实，酒肆悬挂酒旗的做法并不是宋元才有的新鲜事物，早在战国时，酒肆就已经"悬帜"了。法家经典《韩非子》中，就讲述了一个宋国人开了一家酒肆，"升概甚平，遇客甚谨，为酒甚美，悬帜甚高"。用通俗话讲，就是从不缺斤短两，礼貌待客，酒好喝，酒旗悬挂得也高。不过这些全败在一条狗身上，因为他家的狗太凶，吓得顾客们都不敢前去买酒，结果酒全酸了。

　　"巨室储茶供客贩，小旗夸酒诱人沽。""春色可人晴较稳，酒家争出柳梢旗。"元代酒肆悬挂酒旗的做法十分普遍，时人谢宗可有咏《酒旗》诗，形象生动，诗中有画，如在眼前：

> 水村山郭酒初香，纟影青青字一行。
> 垆畔低悬花雾湿，檐阴斜揭柳风凉。
> 指挥意马冲愁阵，摇曳心旌入醉乡。
> 惆怅步兵招不起，半竿空自舞斜阳。

元代酒肆虽然遍布城乡，随处可见，但城市酒肆与乡村酒肆的风格却是大相径庭的。

乡村酒肆

乡村酒肆大多环境简朴，不事装修，野性天然。让我们首先领略一下元人许有壬、倪瓒、吴会、黄庚笔下的乡村酒肆风光：

> 老树清溪映白沙，可人竹外一枝斜。黄昏信步前村去，香到松林卖酒家。（许有壬《月下观梅》）

> 白沙岸下幽人宅，翠竹林中卖酒家。好事江干王处士，客来为黍酒仍赊。（倪瓒《画赠王生》）

> 夜泊青山卖酒家，石坛茅店酒旗斜。闭门困卧当垆者，不与开酤醉素华。（吴会《夜泊青山》）

> 风飐青帘出杏林，行人未醉瓮头春。安知涤器茅檐者，不是

相如行辈人。(黄庚《酒家》)

这些乡村酒肆，经过文人笔墨渲染，无一不是风景优美，如诗如画。青山、绿水、茅屋、松竹、花草，这些本身就可以入诗入画的乡村风景与随处散落的酒店相映衬，展现出一幅幅淳朴天然的画卷，让人饮兴顿生，不醉不休。

我们再看看元杂剧《王瑞兰幽怨拜月亭》中乡村酒肆的形象：

> 果为宿水多加米，酿成上等香醪。篱边风旆似相招，三杯倾竹叶，两脸晕红桃。
>
> 不饮傍人应笑，百钱斗酒非交。莫言村店客难邀，曾教神仙留玉佩，卿相解金貂。这里不装门面看，须知一醉解千愁。

杂剧作者施惠用了浓墨重彩的笔触，渲染这个乡村酒肆酒香醉人的气氛。明人根据同一则故事改编的《幽闺记》，同样写这个乡村酒店，笔墨重点转为描绘周边环境和窗壁装饰，令读者更有身临其境的感觉："好招商店，前临官道，后靠野溪。几株杨柳绿阴浓，一架蔷薇清影乱。古壁上绘刘伶裸卧，小窗前画李白醉眠。知味停舟，果是开坛香十里；闻香驻马，真个隔壁醉三家。""招商店"就是酒肆客店，给过往旅客提供饮食兼住宿服务。

一些元杂剧虽然托名是前代故事，但因为作者本人生活的朝代是元朝当代，他不可能超越时空距离走进作品人物生活的时代。杂剧表现的很多内容无一不是作者所处现实社会环境背景的仿真重描，有着强烈的时代烙印。故而杂剧作品中的酒肆，往往就是对元代现实生活中酒肆原型的加工再现，能够较为清晰地反映出元代酒肆的本真风貌。

恰如王国维在《宋元戏曲史》里面谈到的："元剧自文章上言之，优足以当一代之文学。又以其自然故，故能写当时政治及社会之情状，足以供史家论世之资者不少。"

元杂剧有很多描写剧中人物在各种酒肆中活动的场景，如《王瑞兰幽怨拜月亭》第二十五出《世隆成亲》中，就有徐世隆、王瑞兰夫妇二人在开封城外广王镇上一个名为黄公酒店的城郊酒肆饮酒住宿的唱词念白场景。现在，我们就以一名台下观众的身份，平心静气地欣赏一下元代戏曲中乡村酒肆客人饮酒、店家服务的舞台表演：

（生白）娘子，来此乃是广王镇招商店。闻有好酒，沽一壶消愁则个。（旦）凭君子便是。（生）酒保那里？（净上唱）

【前腔】草舍茅檐，门面不装酒味美。真个杯浮绿蚁，酢滴珍珠，瓮泼新醅。（生）草刷儿斜插小窗西，（旦）布帘儿招飐疏篱外。（合）共饮三杯，共饮三杯，今朝有酒今朝醉。

（生白）酒保，你酒只是一样的么？（净）有三等。上等状元红，中等葡萄绿，下等竹叶青。（生）娘子，沽那一样酒好？（旦）君子乃读书之人，沽状元红好。（净）隔壁三家醉，开坛十里香。一壶新筝好酒在此。（生唱）

【驻云飞】村酿新筝，（白）娘子，酒能遣兴又消愁，一醉无过万事休。（唱）要解愁肠须殢酒。壶内馨香透，盏内清光溜。噤！何必恁多羞。（旦白）不是怕羞，真个不会饮酒。（生唱）但略沾口，勉意休推，放展双眉皱，一醉能消心上愁。

（生白）娘子，自古道，逢花插两朵，遇酒饮三杯。（旦）奴

家一杯也吃不下，如何又叫我吃得两杯？（唱）

【前腔】盏落归台，（生白）酒保，你看我娘子委实不会饮酒，才饮一杯，脸就红了。（净白）面赤非干酒，桃花色自红。（生唱）却似两朵桃花上脸来。（旦白）一路来此，多蒙提携，谢敬君子一杯。（唱）深感

图3-1　山西洪洞广胜寺壁画"大行散乐忠都秀在此作场"

君相待。（生）多谢心相爱。（旦）嗏！擎樽奉多才。（生白）卑人也不会饮酒。（旦唱）你量如沧海，满饮一杯，暂把情宽解。（白）劝君且宁忍，好事终须在。（生）酒保，娘子说得好，莫说一杯酒，就十杯我也吃。（唱）说得我乐以忘忧须放怀。（白）酒保，我娘子行路辛苦，央你劝他一杯，我重重谢你。（净唱）

【前腔】潋滟流霞，我这里不比寻常卖酒家。村店多潇洒，坐起极幽雅。（生白）酒保，此酒还是论壶卖，是论杯卖？（净唱）嗏！何必论杯斝。（白）秀才，神仙留玉佩，卿相解金貂。（唱）试尝酬价，爱饮神仙，玉佩曾留下。（旦白）酒保公公，有茶借一杯。（净）妈妈，讨茶来。（生）酒保，你卖酒不要把茶与人吃，

譬如人吃了茶，便不买酒。（净）承教。（唱）今后逢人吃甚茶？
（生白）娘子，我吃几杯酒，自觉昏倦，不免桌上睡一回。（旦唱）

【前腔】闷可消除。（白）敢问公公高姓？（净）我姓黄，时人
称为黄公酒店。（旦白）我只恐怕（唱）醉倒黄公旧酒垆。（白）
官人起来赶路。（唱）天晚催人去。（生）好酒留人住。嗏！香醪
岂寻俗，未若提壶，倾向江湖，点滴落在波深处。（白）酒保，我
娘子在店中不肯饮酒，你讨一只小船，好酒打上两壶，把他哄上
船。赚他吃醉了。（唱）缓橹摇船捉醉鱼。（旦白）君子，你对酒
保说，奴家在此不肯饮酒，把我哄上船去，赚醉了奴家，（唱）只
怕你快橹摇船捉不得醉鱼。

　　剧中的这家黄公酒店前店卖酒，后店宿客，规模不算小。酒肆不
事装修，茅檐草舍，淳朴自然，以街市上流行的草刷儿和酒旗（青帘）
做行业标识。店内备有三种不同价位的酒品供客人选择，酒一般论壶
卖而不是论杯卖。酒肆还免费为客人供应茶水，服务十分细致周到，
尽量满足客人提出的各种要求。这说明当时的酒肆业已经具备了较强
的服务意识和行业规范。

　　剧中的内容虽然是经过戏曲作家们艺术加工后舞台化的场景，与
现实生活的本真面貌有一定差距，但我们仍然可以感受到浓郁的乡村
酒肆亲切平和、宾至如归氛围。

　　我们再来看一下完全真实再现现实生活场景的元代乡村酒肆。

　　《老乞大》写到几个高丽和元朝商人行至距离大都不太远的夏店
（今河北三河西）附近的一个乡村酒肆喝酒：

前头不远有个草店儿。到那里咱每吃几盏酒解渴。

歇住头口者，暂时间卸下行李来，吃几盏酒便过去。

量酒，打将二两钞的酒来。

客人每，兀的有二两钞的酒。

好酒么？

好酒。你试尝，酒不好，不回钞。

胡吃的过去。有甚么好菜蔬，将些个来。

那般者，有盐瓜儿，如今便将来。客人每热吃那凉吃？

尽教，休旋去，俺则凉吃。

哥哥先吃一盏，哥哥受礼。

你敢年纪大，怎么受礼？

哥哥你贵寿？

小人年纪三十五岁。

小人才三十二也。哥哥，你年纪大，受礼。

小人虽年纪大，怎么便受礼？咱每都起来，大家容易。

那般者，教你受礼，坚执不肯。满饮一盏，休留底酒。

咱每都休讲礼，吃一盏酒。

吃了酒也，回了酒钱去来。

这些乡村酒肆，由于所处环境的局限，顾客群体的消费水平相对较低，向客人提供的饮食服务也就比较单调，酒蔬简单，价格相对低廉，适合低收入者和过路旅人小饮充饥。

图3-2 高丽青釉镶嵌花卉纹高足杯 武汉博物馆藏

乡村酒肆所卖的酒，多为酒店自家所酿，酒的风味、口感和品质自然应该达不到元杂剧唱词那样夸张的程度。元人黄庚有首《酒家》诗："风飐青帘挂杏村，田家新酿瓮头春。今年米贵无钱籴，买醉衔杯能几人。"由于受到粮食价格上涨的影响，酒价抬高，米贵酒贵，乡村酒店的顾客群体消费能力本来有限，多数人消费不起，酒肆的生意自然就冷清了。

城市酒肆

与乡村酒肆的简朴不同，元代的城市酒肆则是一番华丽景象，注重装潢，服务内容丰富多样，客人的消费水平也普遍更高。兹举大都、杭州、金陵、郑州等几处酒肆为代表，领略一下元代城市酒肆的风格。

元中期，胡助待选吏部，逗留大都，以所见所闻作《京华杂兴》诗二十首，其十四云："久安诚富庶，豪华恣奢淫。优坊饰文绣，酒馆书填金。市中商贾集，万货列名琛。驰骋贵游子，车尘如海深。翩翩江南士，骇目还惊心。"

能令本来看惯富庶繁华的江南士子都觉"骇目惊心"，大都街市、人物的奢华景象，娱乐、餐饮、商业的发达程度，自是首屈一指，非等闲可比。"酤户何晔晔哉，扁斗大之金字"，酒肆多以金字书写招牌或酒榜以相炫耀，极尽铺张之能事。无独有偶，张昱《辇下曲》亦云："黄公瓈榜大金书，门外长停右姓车。教请官缯来换酒，悲歌始是醉之余。"可见"酒馆书填金"在大都酒肆蔚然成风，绝非个别现象。

"长路人家不断头，富阳东下接杭州。如今不似勾吴日，犹自歌声沸酒楼。"此诗所写乃杭州酒肆。杭州酒肆又以西湖岸边为多为盛，

"一路亭台间酒家""处处旗亭招客醉"，西湖旅游业的兴盛带来了餐饮业的繁荣。让我们来看张昱的《湖上漫兴》两首：

> 百镒黄金一笑轻，少年买得是狂名。尊中酒酿湖波绿，席上人歌凤语清。蛱蝶画罗宫样扇，珊瑚小柱教坊筝。南朝旧俗怜轻薄，每到花时别有情。
>
> 烂漫风光在酒家，狂蜂冶蝶趁繁华。人来人往如趋市，楼上楼前尽属花。波面画船双荡桨，堤边黄犊小游车。目成眉语知何限，销尽柔魂在狭斜。

人因景而众，酒因人而盛，西湖酒肆在丽人美景、名酒佳酿、丝竹管弦、轻歌曼舞中日进斗金。杭州被冠以"销金窟"之名，果然名副其实。

金陵酒肆则以奢丽绮靡见长。梁寅《金陵美酒行》："金陵美酒人共夸，千金百金多酒家。绿印青瓶若山积，粉书彩帜明春花。北来南去多豪客，吴歌赵舞当绮席。银铛芯芯松脂香，玉舟滟滟鹅黄色。"酒旗都是"粉书彩帜"，而不是朴素的青帘；散发着松脂香味的鹅黄色酒液用青色酒瓶盛装，酒瓶上盖着"绿印"；酒席上有来自南北各地的美人表演歌舞，客人也都是一掷千金的豪客。这样的酒肆自然日进斗金。

元杂剧《郑孔目风雪酷寒亭》中，郑州乡郊酒店店主张保以一个行家的眼光比较了郑州城里和乡郊酒肆的显著差别：

> 满城中酒店有三十座，他将那醉仙高挂，酒器张罗，我则是茅庵草舍，瓦瓮瓷钵。老实酒不比其他，论清闲压尽鸣珂。又无

那胖高丽去往来迎，又无那小扒头浓妆艳裹，又无那大行首妙舞清歌。也不是我奖誉太过，这黄汤强如醇醪糯。则为我酾酒浆水刺破，

图3-3 《元曲选·郑孔目风雪酷寒亭》插图

面米相停无添和，那说起玉液金波。

乡郊酒肆是"茅庵草舍，瓦瓮瓷钵"，城中酒肆则注重门面装潢，所用器皿精致考究，雇佣高丽人做店小二，酒肆客人多为富商官员，消费水平极高。酒肆除了提供饮食服务外，还有歌妓、酒妓歌舞助兴，为客人佐酒。

纵观这些城市酒肆，共同点在于基本都以奢华见长，重装饰，备歌舞，消费档次较高，消费对象主要是城市的富裕阶层，酒肆的生意通常较为红火。

同为酒肆，城乡差别如此之大，究其原因，主要还在于经营者的经济实力和顾客群体的消费需求。

城乡酒肆的消费人群

元人郭畀写有《云山日记》，以白描的手法，真实记录下日记主人

郭畀每日的主要活动。至大元年（1308）十月，他曾经连续三天在杭州几家酒肆坐饮：

> 二十三日，晴，雾。客杭。……回路盛兄邀小酌，汤北村、胡则大、张景芳来。晚，盛寿一哥约饮于钦善坊。
>
> 二十四日，阴，客杭。……解后（邂逅）郭千户、夹谷舍人、王仲可，相拉到朝天门酒家午饮。
>
> 二十五日，晴，客杭。……遇苏淳斋，杭之善医者也，约市肆小饮。

日记中既有多人到钦善坊、朝天门酒家这样的酒楼聚饮，也有二人到市肆小饮的记录。由于日记主人郭畀是位书画名家，每日求书索画者比比。再加上充当教职和省府掾史的身份，结交的朋友自然不同于寻常百姓，在酒肆消费的机会也就远非常人可比。

但事实上，在元代的生活中，任何个人都有机会成为酒肆的客人。王孙公子、翩翩少年、逐利商人、文人墨客、政府官员、宗教人士、贩夫走卒、流浪乞丐，甚至盗贼惯偷，都有可能成为店中顾客。

这里有京城的公子王孙挥金如土，不惜典卖家财，奢靡浪荡。"黄鹤楼东卖酒家，王孙清晓驻游车。宝钗换得蒲萄去，今日城东看杏花。"

有杭州的华服少年不务学业，贪玩放纵。"乍暖春衫薄似纱，少年三五自欢哗。醉眠芳草醒来晚，尚觅鱼羹向酒家。"当然，也不仅仅是杭州少年，别的地方也一样："游子翩翩白纻新，花骢缓勒步香尘。绿窗书卷无心问，柏酒楼前醉好春。"

有峡江和任城的商人贾客重利轻别,千金买笑。"贾胡轻作数年留,住遍江头卖酒楼。从此木绵成利窟,主家儿婿定缠头。""任城南畔长堤边,桥压文水如奔湍。……日中市贸群物聚,红氍碧碗堆如山。商人嗜利莫不散,酒楼歌馆相喧开。"

有文人墨客吟诗联句,诗酒欢歌。方回与五位友人"六客三老翁"在断河酒楼分韵赋诗,方回得"花字""落字",作有"市人幸不识,徒步趋酒家。惊倒道上客,高楼何欢哗。醉卧忘解衣,巷瓯朝鸣茶"之句。

有"北漂"大都的羁旅游子典衣沽酒的落魄。"杜陵野客恋京华,日典春衣醉酒家。"

有政府官员及使臣人等。元代法律严禁政府官员频繁出入酒肆等娱乐场所,《元史·刑法志》规定:"诸职官频入茶酒市肆及倡优之家者,断罪罢职。"但令行禁不止。

有宗教人士。德兴人赵缘督,乃宋朝宗室后裔。少习天官遁甲,一日,在芝山酒肆遇一修眉方瞳道人索酒,二人酣饮后,道人出手中丹书授予缘督。缘督自是游东南海山,注《周易》数万言。名士如宋濂、刘基辈皆与之游。明洪武初坐化,葬龙游鸡鸣山后。

浙西雪川道教真人莫月鼎,法术高明,"雷雨在指顾之间"。至元二十四年(1287)被召赴大都觐见忽必烈,名动京师,奔走先后者如云如堵。有人奉束脩五十缗,莫真人照单全收,袖之而去,专挑简陋酒肆出入,见到老病、孤弱、贫寒者即施舍周济,散尽而还。

事实上,元代法律对于出家人出入酒肆也有相关约束,《元典章·僧道教门清规》规定:"凡遇四斋日,住持领众焚香祝延圣寿,看念经文,不得怠惰。主首僧人常加铃束,不许衩祖出外于茶坊、酒肆等处行坐。"可见僧道们出入茶坊、酒肆是很普遍的现象。

有乞丐。一些乞丐依靠酒家的怜悯施舍，乞讨些残羹冷炙果腹充饥，成为酒肆最不受欢迎的客人，受尽白眼和辱骂。元人高德基《平江记事》记太仓一乞丐，颇有志怪传奇色彩：

> 延祐改元，太仓有一丐者，堆髻额上，身披皂衣，赤脚，手携大瓢，常于府水军万户寨及张京马头往来酒家，乞酒度日。酒醉，辄奔走叫云："牛来了，牛来了，众人跟我去。"日以为常，奔走叫噪，凡三月余。又于寨木及人家门壁上连书火字，人皆恶之，或罥之，或扑之者，不知所往。是冬，海贼牛大眼乌合不逞，自刘家港至太仓大肆剽掠，水军寨、张京镇人家俱被烧毁，杀人横地，不可枚数，人始悟昔日丐者之言。

元杂剧《瘸李岳诗酒玩江亭》第二折有一段店小二念白："造成春夏秋冬酒，醉倒东西南北人。若是空心吃一盏，登时螫的肚里疼。小可人是个卖酒的，在此开着个酒店。但是南来北往经商客旅、做买做卖、推车负担，都来我这店里吃酒。我这酒店，十分兴旺。"正是三教九流汇聚，在酒肆上演一出酒客芸芸众生相。

■ 酒肆的开张和经营

酒肆的开张

丰年多黍多稌，好将旧店重开；有酒如淮如渑，要与大家打哄。本自买卖掣荡，那更饮食新鲜。瓮边吏部没醒时，野外牧童遥指处。莫惜十钱八铁，同来三盏两杯。直肉横鱼，定许铺排蒲案；粗盘大钉，管教欢喜出门。

这是元人刘应李所辑《新编事文类聚翰墨全书》中的《贺开酒肆》一文。

酒肆开张，店主的亲朋好友大多都要送上庆贺礼金，精于文墨者还要送上贺词，以优雅文辞表祝福之意。出于礼节，店主通常也要请人回柬聊表谢意，同时借机传达多多光临的企盼。

贺新开酒肆

兹审主招彩帜，客解紫貂。小槽滴真珠红，争传琥珀浓之美；栏街唱铜鍉白，共诧鹦鹉杯之多。定有如长安市之酒家，端可致高阳池之佳客。

答

实无策以资生，欲开沽而求活。罔利贻讥于左右，衔杯敢望于圣贤。安得欧公，题作醉翁亭之记；傥承山简，式为高阳池之荣。得辱光临，尚容共醉。

欧公即"唐宋八大家"之一的欧阳修，《醉翁亭记》妇孺皆知，传诵千古。山简乃"竹林七贤"之一的山涛之子，都督荆州时，每次出游嬉戏，多到原汉侍中习郁在襄阳岘山的养鱼池，习氏后人置酒款待，山简不醉不归，名之曰高阳池。有小儿编歌曰："山公时一醉，径造高阳池。日暮倒载归，酩酊无所知。"

元人开设酒肆，既有个人投资的，也有合伙经营的。合资经营酒肆通常有两种缘由：一是个人资金不足，无力单独经营；二是寻找有势力声望或官府背景的人做靠山，以便拉拢更多的客源并获得利益庇护。

今天内蒙古额济纳旗的黑水城遗址，在元代属于甘肃行省亦集乃路，此地出土了一大批元代文书。下面这件文书残本，就属于合资开办与酒肆有关店铺的合同。我们将其移录如下（□表示缺一字，☒表示缺多字，⊕表示签押）：

1. 立合同火计□文字人亦集乃□住人
2. ☒为本钱三十贰定壹拾伍两
3. ☒城住人阿五
4. ☒支糯米酒

从上面文字大体可以推断，两个合伙人都是亦集乃城常住居民，合资本金为中统钞32锭15两，合伙开店的原因可能属于个人资金不足的情况。

下面这件文书则可能属于合资开店中，寻求政府官员做靠山的情况：

1. 立合同火计文字人李闰通☑
2. 住人赵译史二人火计作开米☑
3. 定赵译史出钱在家住坐☑
4. 酒器什物床榻桌椅全☑
5. 安停市斗内价钱小麦☑
6. 通取备到本钱市斗壹☑
7. 二人跟同各备已本收买酒米□
8. 疋外有人工各另出力□料☑
9. 到息钱如系元本二人均☑
10. 却有倒折两家停摊☑
11. 各无番悔如有先悔者甘☑
12. 词故立此文字为照用
13.　　　至正廿一年八月正立☑
14.　　　　　同立☑
15.　　　　　知见☑
16.　　　　　知见□小党
17.　　　　　　知见人沈重禄⊕
18.　　后吉利

此文书是李闰通（身份不详）与亦集乃城从事翻译工作的政府吏员赵译史，于至正二十一年（1361）八月合伙开设米酒店的生意合同。双方规定，店面的一切买卖交易主要由李闰通负责打理，赵译史则"出钱在家住坐"，做个甩手掌柜。这件合资开店的合同内容，还包括营业所需器具、本钱、原料、进货、人工等等，并有见证人及签押生效。

酒肆开张，一般都要招聘店员，店员又称酒保，或喊作店小二，主要负责店内打杂和招待服务。店主和店员双方通过签订契约的形式，形成主雇关系。下面这件亦集乃路文书就是一件酒店雇佣合同（标点为笔者所加）：

1. 立雇身文字人小张，今为身闲，别无营

2. 生，自愿雇与古二处作杂色酒店内

3. 使唤，每月言定工钱中统钞贰拾两，按

4. 月计算。如人天行、时病、逃亡、走失，一切违

5. 碍，并不干雇主之事。同雇人一面承管。

6. 一写已后，各无番悔。如有先悔者，罚钞

7. 壹拾两与不悔之人受用。恐后无凭，

8. 故立此雇人文字为照用。

9. 　　至正元年八月初四日立雇身人小张

10. 　　　　　同雇人太黑内

11. 　　　　　　　□□□

这件较为完整的文书中，雇主是古二和太黑内，雇工为小张，双

图3-4 《太平风会图》中正在抬酒缸的二人

方自愿结成雇佣关系。雇主须按月付给小张工钱中统钞20两，但不保障小张的人身安全。违约者要处以罚金。

元代各地酒肆很多，受雇的店员自然数量庞大。张铉《至大金陵新志·列女》就载：至顺四年（1333）被朝廷封为贞烈夫人的阚文兴妻王氏，有同母弟一人，住扬州，"为酒家佣"。

开酒肆者无不希望自己的酒肆客来似云，利纳八方，生意兴隆，财源广进，于是很多店家四处烧香拜佛，迷信偶像，求财求利。

元人吾衍所著《闲居录》，就记一南宋老兵，宋亡后精神失常，自称"王总管"，以蒲席为衣，或寄宿道院，或流连市井人家。神奇的是，"王总管"每到之处，生意特别兴隆，所以人家争相邀请他，"然多不往"。各家酒馆如遇其来，急忙拿出好酒好菜款待，"乃满饮，掷杯于地而去，则其家终日获利，倍于他日"，所以大家都叫他"利市先生"。这位"王总管"平时喜欢"狂歌"，人们根据听到的歌词占卜休咎，"多验"。

和"王总管"类似的还有一位"林酒仙"，是个南渡僧人，法名遇贤，住在苏州东禅寺。"居院不事熏修梵呗，惟酒是嗜。"因其饮酒无算，且多灵异，所以乡人谓之"林酒仙"。常手持一铁键槌，日游于市，不问酒主名，夜即卧酒垆底，酒家争供以酒，以为圣师。陆友仁《吴中旧事》曾载其事迹云：

郭氏本郡中小民，所谓林酒仙者，每至其家，必解衣以醉之。酒仙迁化前数日，语郭氏曰："畴昔荷相接之勤，以药一杯为报。"郭氏以味恶颇难之，力强之饮，三呷而止。酒仙自举而尽，遂授以朱砂圆方曰："惜乎富及三世尔！"郭氏竟售此药，四方争求买之，自此，家大富。三世之后，绝无有欲之者。

上面两例人物就属于酒肆对活人的偶像崇拜，因为这些偶像可以为酒家赢利。如果酒家到寺观烧香许愿，所求果然应验遂意，一般事后还要带上香札祭品去寺观还愿，以表虔敬之心，免受神佛惩戒。请看这则《酒户还愿保安》：

酒乃百药之长，因为待价之沽；天者群神之精，容尽畏威之敬。俯陈芹献，仰奏药章。切念某禀性惟醇，处心甚淡，拟欲经营而罔利，爰资酤酿以谋生，然糜烂稻粱，或犯穿窬之谴，薰蒸曲蘖，恐干后土之灵。沉迷龙断之弗醒，淫湎蝇营而如醉。兹建常规之醮，载酬乾覆之恩。伏愿克敬惟亲，既往勿咎。曲生有味，得青州从事之佳名；稚子无赊，获白水真人之厚息。

酒肆的经营

"处处人烟有酒旗"，元代酒肆业的发展和繁盛，使其成为饮食市场中的支柱产业。随着市场竞争激烈化，各家酒肆为了生存发展，挖空心思，花样迭出，极尽揽客之能事，经营手段灵活多变，无论是交易方式，还是促销和服务方式，都趋于多元化。除了司空见惯的钱币买卖、实物对换、典物质酒、赊贷、"送外卖"等较为传统的交易方式外，还使用女子当垆、酒妓招饮、酒牌代钞、张贴酒榜、提供酒壁等促销和服务方式，为了让生意更红火，多多赢利，可谓无所不用其极。

现钱交易

现钱交易是酒肆经营的主要渠道，有利于资金的灵活周转。"田翁入郭买春酒""环沈溪头买酒去"，这些现钱买酒的场景在现实生活中随处可见。"酒熟十千沽玉瀣，面香三丈卷银丝。"质高自然价昂，纵然一掷千金亦在所不惜。

实物兑换

毛直方《渔父词》："溪桥竹边有沽酒，携鱼换酒满葫芦。"渔夫用打来的鱼换酒喝。这种实物换酒的行为不论中小酒肆，都属司空见惯。

典物质酒

因一时缺乏酒资而典物质酒的情况在元代日常生活中也属常见。谢应芳："老妻颇胜刘伶妇，不惜春衣典酒频。"宁可忍饥受冻，也要一醉方休。元杂剧《宋上皇御断金凤钗》第一折店小二白："自家店小二，听的赵秀才得了官，我把媳妇裙儿当了一瓶酒，等着与他递一杯。"

图3-5 〔元〕佚名 雪溪卖鱼图
上海博物馆藏

赊贷

元好问词《鹧鸪天》有"拍浮多负酒家钱"之句，"拍浮"意为诗酒娱情。一时酒资不足，只好赊欠。赊欠的情况多是酒肆的老主顾或者相当熟识的客人，在店主那里有一定的信誉度，建立在商家与顾客相互信任的基础上。赊欠钱款太多，一时还不上，就会产生利息，变成赊贷。

"路从丹凤楼前过，酒向金鱼馆里赊。"古往今来，在各种买卖关系中，都不可避免地存在赊欠的现象。元代酒肆也一样，酒肆经营中自然少不了顾客赊欠的烦恼。下面这件黑水城出土文书，可能就是某酒店记下赊欠的流水账：

1．十一月
2．廿日速来蛮取酒一十两
3．　　不颜卜花胡芦一个将俺的
4．　　速来蛮取酒贰两伍钱
5．廿一日赤薛那取酒五两
6．　　速来蛮取酒五两

文书记录了速来蛮、不颜卜花、赤薛那三人取酒记账的钱款，其中速来蛮（看名字应是回回）一个人取了三回酒，共计赊欠记账钱钞17两5钱。

"送外卖"

"送外卖"并非今人的发明，宋元时期的酒肆为了赢取更多生意，方便顾客需求，早就开始送外卖了。元杂剧《郑孔目风雪酷寒亭》就

图3-6 《元曲选·郑孔目风雪酷寒亭》插图

有酒肆店主张保的独白："当日那尧婆来问张保买酒，张保送去，进入后门，我张保在那里等出家火……"

酒牌代钞

元世祖忽必烈时，用桑哥理财，始发行至元钞，自二贯至五文共分为十一等，与之前发行的中统钞通行，官民甚以为便。但后来，"所在官关到钞本甚多，小钞极少。又为权势之家及库官、库子人等结揽私倒"，致使普通民众很难得到小钞，结果"民间以物易物，及私立茶帖、面帖、竹牌、酒牌转相行使"。

这种茶帖、面帖、竹牌、酒牌就是市镇街下的勾栏、酒肆、茶房、浴堂等各大店肆由于缺少小钞，就自行置造木牌和纸帖，在上面书写零钞数目，用为本店肆找补的筹码，权充零钞使用。

这种做法虽然方便了店家的生意，但在一些政府官员看来，"非惟小民生受，亦且涩滞钞法"。针对这种情况，中书省于至元三十一年（1294）三月下令各地："禁治私立茶帖酒牌等类，无致涩滞钞法。"但是效果并不明显，仍有私造茶帖酒牌者，如成宗大德年间，杭州富民张省四"凭其富蓄，凌轹府县，肆为奸利，自刻木牌与交钞，杂行民间，实侵货币，与国争利"。仁宗延祐元年（1314）九月，中书省再次申令："其酒牌止于本店支酒，不许街市流转。其余竹木牌子、纸帖并行禁断。"只允许酒牌在本店支酒使用，但不许在街市中流通。其余茶帖、面帖等全部禁断。

女子当垆

元代酒肆用女子当垆之风非常盛行，从江南的吴姬到幽燕的燕姬，再到塞上的胡姬，女子当垆风行于时。其中有人兼具酒妓身份，既卖酒，也陪酒。请看几位元代文人笔下当垆女子之姿：

吴姬当垆新酒香，翠绡短袂红罗裳。二盆十千买一斗，三杯五杯来劝郎。（成廷珪《江南曲》）

杨花白白绵初迸，梅子青青核未生。大妇当垆冠似瓠，小姑吃酒口如樱。（杨维桢《漫兴》）

斗酒十千即可赊，斜窗短篱谁为遮。大妇相迎问买酒，十五小姑方主家。（丁复《次韵江南》）

沙头小市类新丰，阿姬十五当垆罟。缕金半臂双鸳鸯，翠杓银罂唤客尝。（李孝光《湖山八咏·沙头酒店》）

玉貌当垆坐酒坊，黄金饮器索人尝。胡奴叠骑唱歌去，不管柳花飞过墙。（张昱《塞上谣》其二）

酒肆用女子当垆，古已有之，元代仍沿袭这一传统。"卖酒垆头人似玉"，这些女子貌美如花，更兼风情万种，酒肆自然宾客盈门，

图3-7 《太平风会图》中出行及观看魔术的女子形象

生意兴隆。

酒妓

和女子当垆不同,酒妓是专门陪酒的。她们能歌善舞,艳帜高张,用色相和技艺作为谋生手段,间接带动了城乡酒肆业的兴盛。"垂髫双双白马郎,看花不语愁昼长。堂前有妇不肯守,遍爱吴姬与赵娼。"元代社会风气较为开放,狎妓之风十分流行,许多富家子弟常常到酒肆花酒寻欢,流连忘返,甚至夜不归宿。

酒妓是文人骚客重要的歌咏题材,邓雅《采石酒楼》:"采石江头问酒家,酒楼儿女貌如花。金杯满劝歌声缓,银烛高烧舞影斜。"张昱《惆怅》其四:"惆怅当年使酒来,娟楼红粉夜相催。可怜明月二分在,不见琼花半朵开。"张宪《胡姬年十五》则更为简洁明快:

胡姬年十五,芍药正含葩。

何处相逢好，并州卖酒家。

面开春月满，眉抹远山斜。

一笑能相许，何须罗扇遮。

元代酒肆用歌童、酒妓佐酒的现象非常普遍，已见前说，"更挈残樽趋曲巷，小姬摘阮和燕歌"。酒妓们以色技诱人，很多酒客千金买一笑亦在所不惜。

但是元代法律是严禁官员嫖宿酒妓的，违者要受到处罚。延祐六年（1319）正月初九日，江浙行省建康路就发生了一起当地官员在酒肆招饮然后奸宿的事件。当日，江宁县尉魏居仁和上元县尉张义指使引弓手周二等，将教坊司乐户张成之女张娇娇并男妇奔子"叫同于应家楼上饮酒讴唱罢，各官将娇娇等奸宿一夜"。事后，魏、张二人给了娇娇之父张成中统钞2锭20两。

张成前去告官，官司拖了一年多才判。延祐七年（1320）二月初四，刑部议得：魏、张二人俱系命官，职专捕盗，却不以巡警为心，于散乐妇人张娇娇、王阿杨家饮酒，更行整夜同宿，污滥不法。合准江浙行省所拟，各笞四十七下，解除现职。张成所收钞两准拟没官，"其余有招人等，合准本省就便发落"。中书省准拟依上施行。

酒榜

酒肆开张，多请人写酒榜，起广告之意。榜文多用骈体写成，讲究对仗工整，词句绮丽，声律调谐。这是张氏秋香馆开张，翰林官员王恽为之撰写的酒榜：

伏以三尺紫箫，吹破金台之月；一竿青旆，飘摇淇水之春。

孝先张君，系出豪华，长居纨绮，壮狃五陵之裘马，老寻中圣之家风。左顾东城，名香新馆。虽借作育廉之地，已大蒐破敌之兵。泷春溜于连床，贮秋香于百瓮。与同至乐，任价宽沽。馨翠罂银勺之欢，是非何有？听白雪阳春之曲，风月无边。信不比于寻常，莫等闲而空过。任使高阳公子，从他宫锦仙人，争贯金貂，纷摩剑佩。系马凤凰楼柱，挂缨日月窗扉。白骨苍苔，古人安在？流光逝水，浮世堪惊。况百年浑是者能几回，一月开口者不数日。忍喜妙理，也作独醒。莫思身后无穷，且斗尊前见在。那愁红雨，春围绣幕之风；来对黄花，共落龙山之帽。快倾银而注瓦，任枕曲以藉糟。只空工部之囊，扶上山翁之马。前归后拥，尽日而然。

"酒榜遮茅店，秋千出土墙。"酒肆将酒榜张贴于门外，因为文采颇佳，往往会引来路人围观，人气顿增，广告效应明显。郭畀《云山日记》就记载，至大二年（1309）正月十四日，"晴，春色盎然"，他去拜谒盛季高，然后同陈景南到市中观看酒榜。迤入明代，酒肆张贴酒榜的现象仍然十分普遍，夏尚朴《观沿途酒榜有感示子侄》诗云："到处寻当卖酒家，都将标榜向人夸。"就是一例。

除酒榜外，有些店主还会要求文墨精良，或者知名度较高的客人为酒肆题写对联或诗句，张贴在酒肆的门槛或壁上。诗人陈宜甫在长安酒肆与张尚书、赵侍郎等一起饮酒的时候，就碰到店主向其讨要墨宝，陈宜甫当即挥毫为其留诗，中有"万斛香浮金掌露，四时人醉洞庭春"之句。可以想见店主把诗句装裱起来，装饰店铺，广告效应当颇可观。

酒壁

"一望茶坊酒肆中，壁上家家玉霄字。"玉霄，即道士滕玉霄，工草书、喜饮酒，与理学家吴澄为方外友，吴澄有诗："玉霄山人通身酒，淋漓醉墨龙蛇走。"酒肆作为公共场所，常常有客人在杯酒沾唇之间，酒饮微醺之际，或在酒足饭饱之后，诗性偶发，一时忘形，遂于酒家粉墙垩壁上题诗作画，尤以文人墨客居多。有些客人胡乱涂鸦，信手所至，不通文理，而酒家对此不但毫无恶感，反而借其上位，利用名人题诗的广告效应，扩大酒肆声望，招揽更多客人上门。由此便形成颇具特色、蔚然大观的酒家壁文化。

元代客人在酒壁题诗作画的现象非常普遍。吴兴人席琰，学道南山下，自号山云，留诗酒家壁间："山云出山无一钱，日日醉倒东风边。采蘋桥南徐孺子，白酒初熟留神仙。"诗人宋本看到西湖岸边某酒家壁所画枯木，吟赏道："阴连沧海一片秋，秀夺西湖两峰色。"很多题诗皆为遣兴抒怀，信口而得。

吴师道《吴礼部诗话》记述嗜酒官员谢文质海牙于酒肆饮酒、题诗酒壁，然后到寺观索酒的轶事：

> 大德中，有谢文质海牙者，为浙东廉访佥事，性嗜酒，不饮则临政精明。市日者某，形貌长大，每饮，引与对坐，不交一谈，亦不与之酒，醉则取剑抚弄，众避匿乃已。尝分司舟回，二书史从，未至城数里宿。夜中月明，兴动，潜起登岸，题一诗酒家壁云："修云淡淡抹山眉，野水人家半酒旗。应是小梅开未了，小舟撑月过前溪。"去入山麓小寺，登楼撞钟，僧皆惊起。谢踞禅床，大呼索酒。贮以木桶，跪僧于前，以一白酙竟击僧顶，置其上，

酒尽困睡，僧不敢去。天明，舟中失谢所在，遥见垩壁题字，书史识之，迹其所往，逢道上樵者，言寺中扰扰状，趋视，则谢犹未醒。须臾，驺从至，迎之乃去。

酒壁题诗题画可以看作是酒家提供给客人施展文学艺术才华，发泄个人情感的一块空间，作为酒肆自身宣传手段的同时，也在客观上起到了文化传播的作用，具有社会传媒的职能。

除了上述较为正当的行业竞争手段外，元代酒肆的经营中，也存在不正当的营销手段，最主要的表现就是无良酒家以次酒充好酒，欺骗顾客。梁寅就曾批评金陵酒家的这种做法："奈何徼利翻贱价，虚名诳人妄称诧。惟将众药助曲蘗，浇薄每异真淳者。"酒家为获利不择手段，以浇薄劣酒充当好酒卖。

还有些酒肆甚至在灾荒时期大发横财，牟取暴利。据方回《苦雨行》诗序，至元二十四年（1287）五月，杭州已连续下了一个多月的雨，导致米价涌贵，从初六到十二日，仅仅7天时间，米价就从十二券涨到了二十券。到最后，米也买不到了，居民只好吃面，再后来，面也买不到了，"市绝籴，民初争食面，寻亦无之"。市上无粮可售，不得已，有钱人只好去酒肆吃饭，"委巷比门绝朝饭，酒垆日征七百万"。据诗作者方回自注，当时"十贯为万钱"，着实是"暴利"了。

三　酒肆里的世相百态

酒肆是社会活动的小舞台，三教九流出入汇聚，社会关系纷繁复杂。这里上演的一幕幕故事，是时人社会生活的缩影。因此，要想了解和窥探元代社会的现实生活，就要走进酒肆，去体察那里的世相百态。

《老乞大》写几个商人在夏店的一个乡村酒肆吃过酒后买单，酒家发现商人付款的二两钱钞是"无了字儿"的昏钞，遂要求对方换一张好钞，双方因此起了争执。

> 量酒，来回钞。兀的二两半钞，贴五钱来。
>
> 哥哥与一张儿好的，这钞无了字儿，怎么使的？
>
> 这钞嫌甚么？字儿、伯儿分明都有，怎么使不得？你不识钞时，教别人看去。
>
> 我怎么不识钞？索甚么教别人看去？换钞不折本？你自别换，与一张儿便是也。索甚么合口？
>
> 这量酒也缠的坏了。阿的般钞使不得？兀的一个一两半，一个五钱将去。
>
> 这一两半也昏。
>
> 你却休谎。恰早来吃饭处贴将来的钞。
>
> 尽教，胡留下者，便使不得也罢。

你要那话怎么？使不得呵，你肯要那？

这段主客之间的争执，实际反映了元代货币流通中存在的一些问题。

由于元朝以纸钞为主要流通货币，纸钞容易污损，污损后的纸钞称为昏钞。昏钞在市场上流通，很容易引起纠纷和其他弊端，为此元朝政府规定，可以拿昏钞到行用库（发行纸钞的机构）倒换料钞，料钞就是"贯佰分明，沿角无缺"的完整无损纸钞。

不过，以昏钞倒换料钞，每两要交纳工墨钞三分，即付3%的手续费。这还不算，行用库的库官、库子以及"一等不畏公法窥利之人"，互相勾结，"推称事故，刁蹬百姓，不行依例倒换"，而且"多取工墨"，也就是索要每两高于三分的工墨钞。所以上述主客之间对话中有"换钞不折本？"的质问。

主客之间争执的最后，双方各有让步。最后酒家无奈收下了一两半昏钞、五钱好钞，使争执得到平息。

杨显之所著元杂剧《郑孔目风雪酷寒亭》，直接以元代社会现实为故事背景，剧中人物张保，原为江西人氏，于宋元战争中被掳为驱口，在回回官员马合麻沙那里做奴，后被放良，就在郑州城外开了一家小酒肆：

（丑扮店小二上，诗云）曲律竿头悬草秆，绿杨影里拨琵琶。高阳公子休空过，不比寻常卖酒家。自家是店小二，在这郑州城外开着个小酒店，今早起来挂了酒望子，烧的镟锅儿热着，看有甚么人来。（孔目上云）自家郑孔目，攒造文书已回。我一路上来，多听的人说我那浑家有奸夫，折倒我那一双儿女，未审虚实。

远远的是一个酒店，这城里人家事务，他都知道，我试问他一声。卖酒的有么？（小二云）有。官人要打多少酒？（**孔目云**）你这厮不爽利，张保在那里？你叫他来。（小二云）官人请坐，我叫他去。张保，有人寻你哩。（正末扮张保上，云）来也。买卖归来汗未消，上床犹自想来朝。为甚当家头先白，晓夜思量计万条。小人江西人氏，姓张名保。因为兵马嚷乱，遭驱被掳，来到回回马合麻沙宣差衙里。往常时在待长行为奴作婢，他家里吃的是大蒜臭韭，水答饼，秃秃茶食，我那里吃的！我江南吃的都是海鲜。曾有四句诗道来：（**诗云**）江南景致实堪夸，煎肉豆腐炒东瓜。一领布衫二丈五，桶子头巾三尺八。他屋里一个头领，骂我蛮子前、蛮子后。我也有一爷二娘，三兄四弟，五子六孙，偏是你爷生娘长，我是石头缝里迸出来的？谢俺那待长，见我生受多年，与了我一张从良文书。本待回乡，又无盘缠。如今在这郑州城外开着一个小酒店儿，招接往来客人。昨日有个官人买了我酒吃，不还酒钱。我赶上扯住道："还我酒钱来。"他道："你是甚么人？"我道："也不是回回人，也不是达达人，也不是汉儿人，我说与你听者。"（唱）

【南吕·一枝花】我是个从良自在人，卖酒饶供过。务生资本少，酝酿利钱多。谢天地买卖和合，凭老实把衣食掇。俺生活不重浊，不住的运水提浆，炊荡时烧柴拨火。

驱口是元代社会阶级关系中的一个重要阶层，政治地位十分低下。宋遗民郑思肖《大义略叙》言："被鬻男女曰'驱口'，即江南之奴婢。"陶宗仪《南村辍耕录》也有："今蒙古人、色目人之臧获，男曰奴，女曰婢，总曰驱口。"

《郑孔目风雪酷寒亭》中所写的战争掳掠，就是元代驱口的主要来源之一。不过，同样是驱口，身份也有分别。有一种从事农耕的驱口，身份就不是奴隶，而是封建经济关系中的农奴。

从店主张保的唱词中洋溢着知足常乐的心态来看，经营酒肆在元代社会是个比较赚钱的谋生手段，只要主人老实本分，不辞辛苦，不贪享乐，虽不能大富大贵，但是可以确保衣食无忧。

剧中还特别提到了当时马合麻沙家的食物有大蒜臭韭、水答饼、秃秃茶食。秃秃茶食是突厥语系中 tutum ash 的音译，又译作"秃秃麻食""脱脱麻食""秃秃麻失"，是 14 世纪突厥人普遍食用的一种面条，当今阿拉伯世界的烹饪书籍中也有其名。

另外，剧中人物的唱词对白较为真实地反映了元代酒肆活动场景。店员每日早起首先要做的事情，就是挂起青帘酒旗，燃起炉灶，准备迎接客人到来。元杂剧《玉清庵错送鸳鸯被》第三折刘员外白："我开着这酒店，你与我管酒。有吃酒的来，你镟酒儿，打菜儿，抹桌儿，揩凳儿，伏侍吃酒的。"可见这些都是酒店店员的主要工作。

元杂剧《瘸李岳诗酒玩江亭》第二折店小二白："我这酒店，十分兴旺，是这牛员外的酒店，他闲常不来，一个月便和

图 3-8　《元曲选·玉清庵错送鸳鸯被》插图

我算一遭帐。昨日着人来说，今日要来与我算帐。我打扫的酒店干净，看有甚么人来。"有些店员深得店主信任，店主有时很忙，或者懒于亲自经营，便交给店员打理，代为管理。

在乡村酒肆，店主本身也要做活，"运水提浆""烧柴拨火"，还要会钞记账、招呼客人、外卖送酒菜、讨债、应酬等等。店主和店员虽然结成雇佣关系，但在本剧中，店员可以直呼店主张保的姓名，说明店员有充分的人身自由，二者处于平等的社会地位。

元代酒肆中也经常有无赖客人来吃"霸王餐"，权衡《庚申外史》就记载大都国子监的监生们经常"入茶酒肆不偿直，掉臂而出，无敢谁何"。本剧中的"官人"喝酒不付酒资，反而蛮横无理地质问店主张保："你是甚么人？"店主竟然无可奈何。

张保说，在回回官员家里为奴时，"他屋里一个头领，骂我蛮子前、蛮子后"。"蛮子"是元代对原南宋占领区居民的称呼，即所谓"四等人"制度中的"南人"。而"回回人"是色目人的一种，色目人的社会地位次于"达达人"，即蒙古人，居第二。"汉儿人"即汉人，居第三。这三种人统称"北人"，不过"北人"有时候也单指蒙古人。这些都反映了南人受北人歧视，地位较为低下的社会现实。

在古代通信系统不发达的情况下，酒肆因来往汇聚四面八方的客人，各种信息的传递交流渠道非常广阔，并能得到较快扩散传播，成为古代传递信息最灵通的"情报站"，因此文中有"这城里人家事务他都知道"之语。

酒肆除了提供顾客所需的饮食，甚至住宿等功能外，由于特殊的环境条件，还常常成为调解矛盾纠纷的场所。陶宗仪《南村辍耕录》中讲述了一个"释怨结姻"的故事：顺帝至正初年前后，扬州泰兴县

图3-9 《太平风会图》中的打架斗殴场面

两位佃农司大和李庆四由于佃田转质而结怨，双方都有半夜持火焚烧对方家的行为，但都因为家中有女人产子而罢手。后司大通过酿酒致富，邀请"返贫"的李庆四到当地酒家共饮，酒过半，司大站起来酹酒，劝李庆四说："你的孙子是某年某月某日夜子时生，我的儿子也是夜间子时生，怨仇之事，慎勿复为。"双方沥酒为誓，剧饮相欢，尽释前嫌，并结为儿女亲家。后李家"亦不贫，两家至今丰给"。

酒肆一方面扮演传递信息、调解矛盾纠纷的积极角色，另一方面，因为汇聚了社会各个阶层的人员，市井无赖频繁出入，也成为藏污纳垢，经常打架斗殴生事的场所，往往是社会治安的死角。

成宗大德十年（1306），杭州路达鲁花赤札忽儿歹向江浙行省上报说：杭州城宽地阔，人烟稠集，风俗佻薄，民心巧诈。有一等不畏公法，游手好闲的破落恶少，与公吏人等结为朋党，更变服色，游玩街市，乘便生事，到倡优、勾栏、酒肆之家乞取酒食钱钞，因而斗殴，致伤人命，这样的事非止一端。

仁宗皇庆元年（1312）八月初十清早，江西行省袁州路有个官吏刘仁可，手持公文勾唤被告潘壬一，调查核实"钟奇叔所告佥田公事"。后来，二人一起到酒店去买李季二的牛肉下酒。刘仁可酒醉，要强拿李季二牛肉，双方引发争夺。这时，被告潘壬一担心事发，遂在酒店木橱上拿起一个橱木夹槌，打向刘仁可左后肋。刘被打折两根肋骨，气绝身死。次年九月，潘壬一被判故意杀人罪，收监。

还有一些盗贼也常到酒肆销赃洗钱，对此，元代法律规定："诸盗贼得财，用于酒肆、倡优之家，不知情，止于本盗追征。其所盗即官钱，虽不知情，于所用之家追征。若用买货物，还其货物，征元赃。"

即是说，盗贼到酒肆、倡优之家销赃，如果酒肆、倡优之家不知情，则只向盗贼追赃。如果盗贼盗窃的是官钱，酒肆、倡优之家虽不知情，仍要追征。如果用所盗官钱买了货物，则把货物还给酒肆、倡优之家，追征盗贼"元赃"。

鉴于上述种种情由，酒肆经常成为官府治理整顿的重点对象。中统建元之初，中书省就曾下令："若有游手好闲，不务家业，赌博钱物，开张酒肆之人，仰所在官司常切禁断，若有违犯者，治罪施行。"概因当时民瘼未苏，诸事草创，百废待兴，所以政府下令禁止开张酒肆。

但这条规定应该很快就废止了，至元间，监察官员胡祗遹批评那些酒肆店主人等说："今之最苦者农民，而游手好闲，以口舌趋末利商贾之徒，挟轻资而无定居，不占籍、不应租税者甚众。倡优、杂类、茶酒店户，饮食衣服华丽于仕宦之家，而国家莫知禁遏，反得纳交于王公贵人之门，纤巧淫技，全免差役。"茶酒店户和倡优人等，生活富足，却全免差役，实在太不公平。

仁宗皇庆初，买奴擢监察御史，分巡岭北，到任后一条重要的施政手段就是"澈酒肆以变淫风，兴儒学以崇德教"。也就是通过整顿酒肆，改变社会上的奢靡之风，兴办儒学，尊崇德教，相信对当地社会风气会有一定改善。

元代还严格限制官吏出入酒肆，这在元代的两大政书《元典章》和《通制条格》中都有记载。《元典章》规定："诸官吏入茶坊酒肆者，委监察纠察。"《通制条格》载："至元二十年十一月，中书省御史台呈御史中丞崔少中牒……又诸官吏入茶坊酒肆，及该载不尽，应合纠察事理，委监察御史并行纠察，钦此。"

对一些官吏来说，酒肆正是滋生腐败的温床，他们或滥用职权，白吃白喝；或挥霍公款，大吃大喝；或在席间接受他人贿赂，不一而足。

总之，酒肆作为服务产业之一，除了为顾客提供饮食住宿等服务外，由于其汇聚社会各阶层人群，还扮演着多种职能角色，如较为广泛、便捷的信息传递渠道，社交活动的舞台场所等等，但同时也常常成为社会治安的"死角"和政府治理整顿的重点对象。

杯中日月

第四章

遍饮天下酒

金元之际的大儒郝经，本泽州陵川（今山西陵川）人，金亡后徙居大蒙古国控制的河北，先为汉地世侯贾辅和张柔的宾客，后被推荐进入忽必烈幕府，成为藩邸旧侣。忽必烈甫一即位，即被任命为国信使，前往南宋和议，结果羁留异国长达十六年之久，被放归后不久就去世了。

因为遭遇与汉武帝时持节不屈、牧羊匈奴十九年的苏武相似，时人王恽写诗悼念他时称其"全节归来汉子卿"。

郝经讲究学以致用，为文"丰蔚豪宕"，多长篇大论，这种文思泉涌的才华大概与他平日喜酒好饮有关。他曾一口气写过近二十首《饮酒》诗，其中的一首口气非常大："遍饮天下酒，风味我自得。南江与北岭，淄渑不能惑。"

纵观郝经一生足迹，除了跟随藩王时期的忽必烈南下攻宋，渡过长江围攻鄂州外，主要活动范围在长江以北。他说"遍饮天下酒"，当然有夸张成分，但是从"南江与北岭，淄渑不能惑"一句看，确实南北各地的酒喝过不少，所以能够像孔子说的"易牙"一样，可以精准地分辨出"淄水"和"渑水"混合后细微的水味差别。当然，这里是用了"淄渑"的典故。

那么，问题来了，元代各地有多少名酒？各行省的酒业概况又是如何呢？

各地有多少名酒，实难回答。至于各行省的酒业概况，综合来看，元代酒业以江浙行省和中书省直辖的腹里地区最发达，其他各行省则酒业发展状况不一，差别很大。从岁入酒课数额来考察的话,大体腹里、江浙为第一梯级,是元代酒业的"标杆";河南、湖广、江西三行省为第二梯级,虽大大低于前者,但远超其他各行省;陕西、四川行省为第三梯级;他如云南、甘肃、辽阳三行省居尾,岭北行省甚至没有酒课记录。由此也可看出,元代酒业生产在全国范围内分布的不均衡性。

本章就以包括两都在内的腹里地区和江浙行省作为元代酒业的代表,重点介绍这两个"标杆"地区的酒业概况。

一 历代名酒知多少

元代有多少名酒，没有人能够说得清楚。

由宋入元的湖州（一说广平）人宋伯仁，参考宋人窦苹《酒谱》、张能臣《酒名记》等书，记录了从春秋到南宋各地历史上所产名酒106种，名《酒小史》，被元人陶宗仪收录在《说郛》中。

众所周知，酒在一地的传承具有很大的稳定性，除了技术原因外，不同地域的粮、曲、水各具不同的特质，俗语云：粮为酒之父，曲为酒之母，水为酒之血。这就注定了不同地域之间酒质的千差万别。因此，宋伯仁所记的106种酒，在元代、明清乃至今天，大多仍然存在。

《酒小史》中载记的酒，有的在酒名前标明时代或朝代，有的标明产地，有的标明酿造者或有密切关系者。此外还有十几种域外所产的酒。下面我们分别来看上述几种情况：

其一，前标时代或朝代的酒，共5种：

春秋椒浆酒、南粤食蒙枸酱、汉时挏马酒、唐时玉练槌、南唐腊酒。

椒浆酒以椒入酒，是一种配制酒；挏马酒即马奶酒；南唐腊酒是腊月酿，四月成酒，酿造时间较长。三种酒在前文皆有介绍。

玉练槌，喻酒美如玉，为唐宋时祠祭用酒。

南粤食蒙枸酱，最为费解，典故出自《史记·西南夷列传》。汉武帝时，大将王恢击破东越后，派番阳令唐蒙出使南越（南粤）招降。南越国奉上蜀地出产的枸酱酒让唐蒙食用，故有是名，也写作"南粤食蒙蜀枸酱"。枸酱酒因此被认为是川贵一带以"茅台"为代表的酱香型白酒的鼻祖。

其二，前标产地的酒，此种最多，计45种：

今北京：燕京内法酒。

今天津：蓟州薏苡仁酒。

今山西：平阳襄陵酒、山西蒲州酒、山西太原酒、汾州干和酒、山西羊羔酒、潞州珍珠红。

今陕西：西京金浆醪、长安新丰市酒、灞陵崔家酒、冯翊含春、关中桑落酒、富平石冻春、凤州清白酒、洪梁县洪梁酒。

今河南：宋开封瑶泉、相州碎玉、荥阳土窟春、梁州诸蔗酒。

今安徽：池州池阳酒、淮南菉豆酒。

今江苏：高邮五加皮酒、淮安苦蒿酒、江北撧酒。

今浙江：杭城秋露白、杭州梨花酒、金华府金华酒、处州金盘露、兰溪河清酒。

今江西：建章①麻姑酒、安成宜春酒。

今湖北：黄州茅柴酒、宜城九酝酒。

今湖南：辰溪钩藤酒。

_____

① 应为"建昌"。

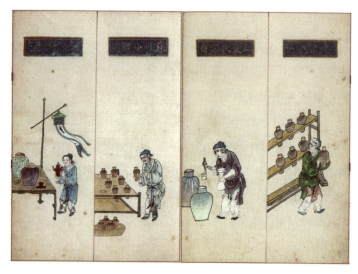

图4-1 《食物本草》所绘 南京瓶酒、山东秋露白、苏州小瓶酒、东阳酒

今福建:汀州谢家红、闽中霹雳春。

今四川:成都刺麻酒、郫县郫筒酒、剑南烧春。

今广东:岭南琼琯酊、云安曲米酒、博罗县桂醑。

今广西:广南香蛇酒、苍梧寄生酒。

这45种酒,从数量上来看,以今陕西、山西、浙江、河南四省最多,这里也是我国古代文化积淀相对深厚的地区,说明酒和文化之间的关系是相辅相成的。

明代文学家王世贞善饮,喜欢品评各地名酒,书有《酒品前后二十绝》,对上面十余种酒的风味给予点评:

燕京内法酒,此酒或初成于辽金时期,是宫廷官酿酒,至明代仍用此名。王世贞曾"四叨燕赐"内法酒,但评价并不高:"虽似清美,但或甘或冽，多未得平，饮之令人热及好渴，不堪醉也。"

蓟州薏苡仁酒，王世贞认为周氏第一，成氏次之。后来得到三屯营帅司所酿的酒，认为"更胜绝"，清冽秀美，"有出色香味之表者"。

平阳襄陵酒，出自平阳襄陵县，"色黄白香醲，而所致者多过甘，不堪醲"。朋友赵兵巡馈赠给王世贞两瓶襄陵酒，因为"无甘味"，他大加赞赏："味极殊绝，累白不厌。"

山西羊羔酒，是一种用羊肉、糯米、梨、中药等酿造的配制酒，出山西汾州孝义诸县，白色，莹彻如冰。王世贞认为此酒"清美饶风味"，远出襄陵酒之上，不过有"小挟膻气"的缺点。

山西蒲州酒，"清冽芬旨"，王世贞认为可与羊羔酒相比肩，却没有羊羔酒的膻气，远出桑落酒、襄陵酒之上。

山西太原酒，"颇清醇，而不甚醲，难醉易醒"。王世贞曾用此酒兑以羊羔酒品尝，"色清美，为天下冠"，饮者皆啧啧称叹，"轰饮至醉"。

潞州珍珠红，是葡萄烧酒，"入口味稍美易进"，但是如果大口喝的话，"咽间如刺"。

山西的这六种酒，王世贞唯独没有点评汾州干和酒。干和酒又名干酢酒，是当今汾酒的前身。此酒在酿制过程中，少加水或不加水，利用米多、曲多的特点，多次发酵以增强酒的醇度，酿出的成品酒清澈如水，醇香甘冽，为山西人所爱重，"并、汾间以为贵品"。唐代诗人张籍有诗句"酿酒爱干和"，说的就是干和酒。

关中桑落酒，秋季桑树落叶时酿造，故有是名。此时"寒暄得所，以井水酿酒甚佳"。北魏贾思勰《齐民要术》就载有笨曲桑落酒的酿法，需要七酘，就是七酝，将每一次酿出的酒过滤，再加曲和原料使其发酵，再过滤，如此往复七次，最后就能得到品质较高的酒。后文的宜城九酝酒亦是同理，要往复九次发酵过滤。

元人赵文有《竹枝词》："江南女儿善踏歌，桑落酒熟黄金波。洗壶日日望君至，君不来兮可奈何。"说明桑落酒在很多地方都是酿造的。王世贞点评此酒说："名最古，色白，鲜旨殊甚，味宛转舌端不穷。"非常好喝，但是因其"甘"，不可多饮。

池州池阳酒，"色深而味甘且酽"，当地人特别看重，但王世贞不喜欢，一口也不想喝。

高邮五加皮酒，五加皮是一种草药，能去风湿，是配制酒，"有绝佳者，然不可多得"。王世贞认为此酒"病甘"。

淮安苦蒿酒，"味近苦而冽"，不算很好。王世贞觉得世人往往"重甘"，很可笑，他最不喜酒"甘"。

杭城秋露白，此酒应以杭州者最佳。但王世贞喝的是山东布政使司官酿的，"甘而酽，色白，性热"，他不喜欢。薛生是济南城德王府的亲戚，他收取荷花上的露水用来酿造此酒，"清芬特甚"，王世贞以"不能多得"为憾。

元人许有壬有一首咏酿造秋露白酒的诗："治曲辛勤夏竟秋，奇功今日遂全收。日华煎露成真液，泉脉穿岩咽细流。不忍拨醅斟瓮面，且教留响在床头。老怀磈磊行浇尽，三径黄花两玉舟。"描写的也是从夏天采荷露、制曲，直到秋天才酿成的辛劳和喜悦。

处州金盘露，宋人田锡《曲本草》作"处州金盆露"。处州是浙江丽水的古称。此酒用少量姜汁造曲，比较柔和，"醇美可尚"。王世贞认为此酒难得"不甘"，比一般的南方酒都好。

金华府金华酒，即东阳酒，自古擅名，享有极高盛誉。东阳酒美，

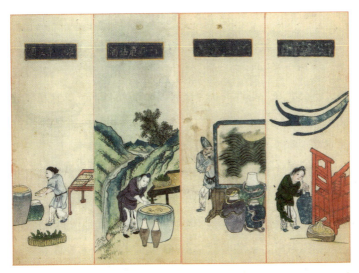

图4-2　《食物本草》所绘　处州金盆露、广西蛇酒、江西麻姑酒、淮南菉豆酒

主要是因水而胜，"其水最佳，称之重于它水"。宋人田锡《曲本草》对此酒的评价是："味辛而不厉，美而不甜，色复金黄，莹彻天香，风味奇绝"，即使喝醉了，也不会头痛口干。元代画家朱德润为感谢两位朋友赠送他东阳酒，写诗夸赞道："醍醐满瓮泛新齐，琥珀潋滟浮春光。葡萄马乳未足贵，家人共喜开东阳。"简直把东阳酒夸上了天，就连葡萄酒和马奶酒都入不了他的法眼了。但王世贞却嫌它"味甘而性纯"，食之令人烦闷。即使是佳品，喝下十杯后，"舌底津流旖旎不可耐"，尤其厌恶此酒。

建章麻姑酒，出自江西建昌（治今江西南城），因麻姑泉而得名，酒曲用百药所造，"味多甘，以秫郁为主"。王世贞认为这酒比自己厌恶的金华酒还差。大概王世贞不喜饮甘酒，所以衡量酒品高下的一个标准就是甘与不甘。

成都刺麻酒，此酒的喝法是，将带糟的酒放置在瓮中，中间插一根芦管，在座者轮流饮吸，酒浅了就加水，直至酒尽，满瓮都是水，味道当然不会太好。王世贞认为这种喝法因为"新奇"，往往能让客人饮醉。

前面有几种酒未经王世贞点评，但颇可一说：

辰溪钩藤酒（又作钓藤酒），和刺麻酒的饮法一样，区别仅在于把芦管换成了藤管。辰溪在元代指辰州路、沅江路、靖江路一带，生活在此地的都是少数民族。陆游《老学庵笔记》载此地饮酒风俗："饮酒以鼻，一饮至数升，名钩藤酒，不知何物。醉则男女聚而踏歌。农隙时至一二百人为曹，手相握而歌，数人吹笙在前导之。贮缸酒于树阴，饥不复食，惟就缸取酒恣饮，已而复歌。"可见在历史上，西南少数民族就非常喜欢饮酒歌舞。

郫县郫筒酒，郫县当地人用本县出产的大竹截断后盛酒，遂得名。杜甫喝过此酒，有诗"酒忆郫筒不用沽"。

黄州茅柴酒，此酒又苦又涩，像烧过的茅柴一样。后来成为恶酒、劣酒、村酿薄酒的代名词。

闽中霹雳春，盛夏酷暑时节，在雷声阵阵的时候收取雨水，用来淘米炊饭酿酒，又名霹雳酒。

广南香蛇酒，因酒坛上有蛇数寸，故名。酒曲采山中草药制，有大毒，能去风疾。

其三，前标酿造者，或与此酒有关联者，有38种：

燕昭王瑶珉膏、高祖菊萼酒、梁孝王缥玉酒、汉武兰生酒、汉武百味旨酒、王莽进椒菊酒、魏贾琲①昆仑觞、陆士衡松醪、晋阮籍步兵厨、刘孝标云液、刘白堕擒奸、梁简文凫花、隋炀帝玉薤、魏徵醽醁翠涛、孙思邈醁酥、段成式湘东美品、唐宪宗李花酿、刘拾遗玉露春、宋昌王八桂酒、杨世昌蜜酒、曹湜介寿、刘后瑶池、王公权荔枝绿、廖致平绿荔枝、谢侍郎章丘酒、肃王兰香酒、蔡攸棣花酒、华氏荡口酒、顾氏三白酒、曹晟保平、宋刘后玉腴、王师约瑶源、秦桧表勋、宋高后香泉、宋德隆月波、安定郡王洞庭春色、东坡罗浮春、范至能万里春。

按，汉武兰生酒和汉武百味旨酒其实是一种酒，百味旨酒名为兰生，故上述酒实为37种，约有一半都是宋代名酒。王世贞对其中三种做了点评：

谢侍郎章丘酒，章丘距离济南不足百里，此酒"清味隽永，自是名胜"，谢少溪侍郎家所酿最佳。王世贞说自己不明白为何济南秋露白的名声比此酒更大。

华氏荡口酒，为无锡荡口名酒，华氏用鹅肫荡水酿造，色如绿竹，"清旨爽冽，醮之凉风生齿咽间，美而不醒"，王世贞夸赞是南酒第一名，也是他评价最高的酒。

顾氏三白酒，出自苏州，酿法与荡口酒相近。三白即米白、水白、曲白。"味清而冽"，比荡口酒"稍有力"，王世贞也称赞是"佳酒"。

名人和美酒的结合，犹如锦上添花，可以互相成全，相得益彰。人和酒之间常常有一段耐人寻味的故事。

刘白堕擒奸，刘白堕是西晋河东（今山西）人，善酿，六月盛暑，

---

① 《酒小史》写作"魏贾将"，误。

将瓮酒曝晒于太阳底下十余日，酒质不但不坏，反而愈加香美，饮之醉不能醒，成为远近闻名的畅销酒，甚至有朝士千里相馈，号为"骑驴酒"。这酒还有个高大上的名字，叫"鹤觞"。南青州刺史毛鸿宾带着此酒去上任，路遇强盗抢劫，强盗们顺带把酒也给喝了，结果皆大醉不醒，不费吹灰之力就被擒获，于是改名"擒奸酒"。当时的游侠们编顺口溜说："不畏张弓拔刀，惟畏白堕春醪。"

晋阮籍步兵厨，"竹林七贤"之一的阮籍好酒，他听说步兵厨的营人善酿，贮有美酒三百斛，就求为步兵校尉。阮籍常与刘伶共大醉，纵酒昏酣，不问世事。此后，步兵厨被泛指贮存美酒的地方，也指能纵情畅饮的场所。

魏贾琳昆仑觞。魏贾琳多才又多金，他有个家奴善于识别水，曾乘舟到黄河中流，用匏瓠接河源水，一日不过七八升。一宿后，器中之水色赤如绛，用来酿酒，芳味绝妙，遂名"昆仑觞"。魏贾琳曾向魏庄帝献上此美酒三十斛。

其四，域外酒，计18种：

高丽国林虑酱、西域葡萄酒、乌孙国青田酒、北胡消肠酒、扶南石榴酒、苏禄国蔗酒、诃陵国椰花酒①、南蛮槟榔酒。

彭坑酿浆为酒，东西竺以椰子为酒，答剌国酿菱樟为酒，暹罗国酿秫为酒，假马里丁酿蔗为酒。

真蜡国有酒五：一曰蜜糖酒、一曰朋牙四、一曰包棱角、一曰糖鉴酒、一曰菱浆酒。

暹罗的酿酒技术非常高，烧酒就是暹罗人发明的，后来由海路传

---

① 《酒小史》写作"柳花酒"，误。

入中国，已见前说。此外，据《南史》载，顿逊国（在今马来半岛北部，扶南国属国）有酒树似安石榴，采其花汁停瓮中，数日成酒。这就是扶南石榴酒。

乌孙国青田酒有个典故，说是乌孙国有青田核，果实如五六升匏瓜那么大，剜空后盛水，即变成酒，可供二十人同饮，但久置则味苦。

北胡消肠酒更为离奇，说北胡之地生长一种麦，四月火星出的时候，麦子成熟，故名指星麦。用水渍此麦，三个夜晚就会萌芽，清晨鸡鸣的时候用来酿酒，味道醇美至极。不过，如果长时间把酒含在口中，牙齿就会松动；如果喝醉了一动不动，肝肠就会消烂，所以呼为"消肠酒"。也有说是此美酒可为"长宵之乐"，"长宵"与"肠消"谐音，故名。

上述这些国家和地区分布在传统华夏之地以外的东西南北四个方位，尤以东南亚和南亚国家最多，如今之越南、菲律宾、马来西亚、印尼、柬埔寨、泰国、缅甸、印度等国，皆在上述之列，表明宋元以来海上丝绸之路之发达，以及中原王朝与东南亚国家联系之紧密。

■ 两都酒业

相传，忽必烈登上汗位后，曾询问太保刘秉忠："今之定都，惟上都、大都耳，两处何为最佳？"刘秉忠回答："上都国祚短，民风淳；大都国祚长，民风淫。"于是定下"都燕"之计，元朝正式拥有两都。诗人杨载吟咏当时两都胜景时说：

> 禁城晓色清如水，高下楼台锦绣中。
>
> 千树好花连上苑，百壶美酒出深宫。
>
> 珍禽竞集高林雾，宝马争嘶横岸风。
>
> 人物此时俱盛极，两都绝胜汉西东。

人与物皆盛，汉代的长安和洛阳根本没法比，大都和上都的奢丽繁华可以想见。再加上当时以宫廷为主导，社会尚饮风气酷烈，两都尤其是大都酿酒业规模之大、品种之多、技术之高，皆为他处所望尘莫及。故而元代大都地区的酒业状况，很大程度上代表了当时全国酿酒业的最高水平。

大都酒业

京师大都，突厥语作"汗八里"（意为"大汗之城"），号称"人烟百万"，不过实际人口约在五十万，有十余万家。

大都的城门最有特色，按照"天地之数，阳奇阴偶"的原则，建有十一门，而非取偶数十二建对称之数。

东面三座是光熙门、崇仁门、齐化门；西面三座是平则门、和义门、肃清门；南面的三座是文明门、丽正门、顺承门；北面只有两座：建德门和安贞门，不开正北之门。

为什么是十一门呢？据

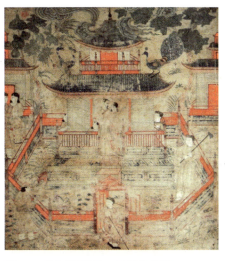

图4-3 《史集》插图　元朝宫殿图
印度兰普尔拉扎图书馆藏

说是大都设计师刘秉忠附会传说中哪吒的形象，特意将大都城构建成三头六臂两足状：南面的三门象征三头，东、西六门象征六臂，北面的两门就是两足。寓意是借助哪吒的法力，护卫都城，降伏龙王，解除缺水之患。所以，元大都又称哪吒城。

大都四方辐辏，风物繁富，"东至于海，西逾于昆仑，南极交广，北抵穷发，舟车所通，货宝毕来"。文明门（今崇文门）外是汇集南方百货的"舳舻之津"，丽正门（今正阳门）外是勋贵聚居的"衣冠之海"，顺承门（今宣武门）外为"南商之薮"，平则门（今阜成门）外是"西贾之派"。不论什么"天生地产、鬼宝神爱、人造物化、山奇海怪"，皆"不求而自至，不集而自萃"。

大都不仅和上都并列为全国政治中心，同时也是经济和文化中心，还是国际交往颇多的大都市，"华区锦市，聚四海之珍异；歌棚舞榭，选九州之秾芬"，汇聚了来自世界各地的使团及商人与物品。

马可·波罗也在其游记中极言大都户口繁盛、贸易发达之情状：

> 应知汗八里城内外人户繁多，有若干城门即有若干附郭。此十二大郭之中，人户较之城内更众。郭中所居者，有各地往来之外国人，或来入贡方物，或来售货宫中。所以城内外皆有华屋巨室，而数众之显贵邸舍，尚未计焉。
>
> ……
>
> 外国巨价异物及百物之输入此城者，世界诸城无能与比。盖各人自各地携物而至，或以献君主，或以献宫廷，或以供此广大之城市，或以献众多之男爵骑尉，或以供屯驻附近之大军。百物输入之众，有如川流之不息。仅丝一项，每日入城者计有千车。用此丝制作不少金锦绸绢，及其他数种物品。

城市经济贸易的繁荣自然带动了饮食业的兴盛，黄文仲《大都赋》云："屠千首以终朝，酿万石而一旬。"就是一天要杀上千头牲畜，十天要酿造一万石粮食的酒。

如此夸张的词句，绝非负才文人的信口开河。现实之中，翰林学士承旨姚枢就直接向忽必烈进言："京师列肆百数，日酿有多至三百石者，月已耗谷万石，百肆计之，不可胜算。"

一个大的槽坊，一天就耗谷300石，一月就是万石粮食。京城上百家槽坊，虽规模大小不一，但总计算起来，酿酒量也是相当惊人的。为忽必烈理财的财臣卢世荣也说："大都酒课，日用米千石。"明显是说少了。

这些都大体上反映了大都酿酒业的兴盛局面。

大都的酿酒作坊分为民营和官营两大类别，首先看街市上的民营槽坊。

槽坊，也写作槽房，是生产酒的作坊。大都的民营槽坊在世祖、成宗朝有上百家，不少集中在西宫后北街"皇后酒坊前"。这些槽房不仅造酒，也兼售酒。

大都的槽坊非常重视门面装饰，而且设计十分精美。槽坊门首多画春申君、孟尝君、平原君、信陵君战国四公子像，用红漆栏杆围护，上盖像宫室形状的巧细升斗。两旁大壁也画上车马、驺从、伞仗等物。也有在门额上绘"八仙"中汉钟离、吕洞宾人像的。正门前起立三层的金字牌楼，如山子样，云"黄公垆"。

图4-4　《食物本草》所绘　夏冰

各大槽坊还注意根据季节的变化，采用不同的水质酿酒。夏季高温，雨水较多，酿出的酒最容易酸败，一些槽坊就在盛夏季节将大冰块放置在长石枧中，"用此消冰之水酝酒"，保障酒质的稳定。

槽坊新酿出的酒大都盛放在大酒梢里，酒梢是木制长桶，用来盛放酒，也方便担送。

大都最有名的槽坊为芙蓉亭，内部皆拱斗构式，制作十分新奇，被誉为大都"槽坊之冠"。另有金代寿安酒楼，元时改为中和槽房，规模亦较大。

大都的民营槽坊，主要是由户部下辖的大都酒课提举司管理。

成宗大德八年（1304），大都酒课提举司曾设槽坊100所，因耗谷太多，次年大幅削减，裁并为30所，并规定每所一日所酤不许超过25石粮食。

如前所述，世祖朝，一个大的槽坊一天就要酿造300石的粮食，现在最多只有25石，可见前后差别之大。

全京城30所槽坊，显然不能满足市民生活的需要，于是在成宗大德十年（1306）又增加了3所，成为33所。武宗"惟曲糵是耽"，皇帝喜好饮酒，自然也带动了社会上的饮酒热情，至大三年（1310）一下子增加了21所，达到54所。

据《元史·文宗纪二》载：天历二年（1329），"在京酒坊五十四所，岁输课十余万锭"，可见武宗时的54所槽坊，后来基本固定了下来。虽然没有恢复到大德八年（1304）前的规模，但从输课的数额推算，酒的产量也是十分惊人的。

事实上，大都规模最大的酿酒作坊要数官营槽坊。直属宣徽院系统的光禄寺，下辖大都尚饮局和大都尚酝局，专供皇室和诸王、百官酒醴，其规模可以想象。

宣徽院是掌供玉食的中央官署，所辖分支众多，"凡稻粱、牲牢、酒醴、蔬果、庶品之物，燕享宗戚宾客之事，及诸王宿卫、怯怜口粮食、蒙古万户、千户合纳差发，系官抽分，牧养孳畜，岁支刍草粟菽，羊马价直，收受阑遗等事，与尚食、尚药、尚酝三局，皆隶焉"。

元宫中十分注重端午节，每逢端午，宣徽院都要向内廷进献宝扇、彩索、珠花、金罗、酒醴、凉糕、香粽

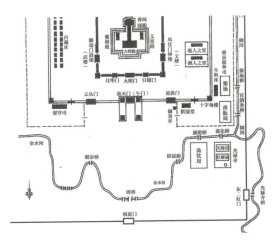

等物。杨允孚《滦京杂咏》写宫中端午云："蒲萄万斛压香醪，华屋神仙意气豪。酬节凉糕犹未品，内家先散小绒绦。"此时天气转热，宫里过端午节时，除了吃粽子、喝葡萄酒外，也吃凉糕，还有赏赐衣料的美事。

光禄寺直属宣徽院，是直接负责官府酒醴的中央机构，掌起运米曲诸事，领尚饮、尚酝局，沿路酒坊，各路布种事。至元十五年（1278）始置，秩正三品，人员设置屡有变更，延祐七年（1320）起，定置卿4员、少卿2员、丞2员、主事2员，并有令史、译史、知印、通事、奏差、典吏、蒙古书写等吏员。

图4-6　元故宫光禄寺神泉(今紫禁城传心殿大庖井)

光禄寺下辖大都官府酒业相关生产管理机构可参见下表：

名称	品秩	设员	始置时间	职掌
大都尚饮局	从六品	提点一员、大使一员、副使二员	中统四年	掌酝造上用细酒。
大都尚酝局	从六品	提点一员、大使一员、副使二员、直长一员	中统四年	掌酝造诸王百官酒醴。
大都醴源仓	从六品	提举一员、大使一员、副使一员	至元二十五年	掌受香莎苏门等酒材糯米，乡贡曲药，以供上酝及岁赐诸王百官者。
尚珍署	从五品	达鲁花赤一员、令一员、丞一员、吏目一员	至元十三年	掌收济宁等处田土子粒，以供酒材。
安丰怀远等处稻田提领所	从九品	提领二员	不详	掌稻田布种，岁收子粒，转输醴源仓。
大都太仓	正六品	提举一员、大使一员、副使一员	至元五年	掌内府支持米豆，及酒材米曲药物。

从上表可知，光禄寺所辖大都酒业相关机构，主要分管理、生产、运输和仓储等职能。其中主要负责生产的两大部门是尚饮局和尚酝局，尚饮局生产的酒供应皇室，尚酝局生产的酒供应诸王百官，按品秩高低免费定量供应，具有国家经营的"福利"色彩，非商业性，与市场行为无关。

除宣徽院系统外，隶属中宫（皇后）、太子、太后名下的中政院、储政院、徽政院等不同系统也都有负责酒品的生产管理机构，如中政院所辖的典饮局，秩正七品，"掌酝造酒醴，以供内府，及祭祀宴享宾客赐颁之给"。典饮局初名嘉酝局，隶太子位下的家令司。武宗时改今名，两都分置。仁宗即位后，又由拨隶中宫。但这些都不如宣徽院系统所辖酒业规模庞大。

元代任职宣徽院系统的官员，皆为勋旧世戚、亲密近臣，深受皇帝的信赖。正如苏天爵为邢珪所写的神道碑中所云："我国家自世祖皇帝肇建官制，命宣徽、光禄以司膳羞酒醴，凡郊祀宗庙、朝会燕享则供奉之，故必勋旧世戚、亲密近臣始得与焉。"因为与内廷联系密切，深所倚重，故而得到的好处多多，升迁自然也就极快。

邢珪之子光禄卿邢某，世家辽东，祖父邢鼎昌在成吉思汗攻金之初即归顺，授义州行军千户。邢某初事成宗皇帝，为宿卫怯薛。大德十一年（1307），擢礼部员外郎，历尚食局大使、尚饮局提点。仁宗即位后，超拜宣徽院判官、秘书卿，出为大宁路总管，终官光禄卿。邢某的长子山而和次子海住也都就任过光禄卿之职。

苏天爵受邢某所托，为邢珪撰写神道碑时感慨说："邢氏父子兄弟遭时治平，皆愿谨自持，上结主知，选膺是选，非朝廷恩宠之隆，祖考积累之厚，何至是欤！"

邢某自己也不无炫耀地说："吾与二子承先世余泽，被遇仁宗皇帝，给事禁闼，命掌膳羞酒醴，日承宠光，曾无数年，致位列卿，推恩之隆，延及祖考，敕赐第宅，并居京师。"真可谓皇恩浩荡！

宣徽院系统所造之酒统称为官酒。官酒又称官法酒，既指按官府法定规格酿造的酒，又泛指宫廷宴饮时所饮的酒或者酒宴。《酒小史》所记的"燕京内法酒"即属于此类。

官垣北对大长秋①，官酝瑶瓶潋滟浮。

王府白头老中尉，兴来求酒不须谋。（马祖常《宿相府闲题》
其一）

由于宣徽院官酒的"福利"性质，加上管理制度不够完善，政府
官员公开索取官酒的现象非常普遍，无疑给宣徽酒业造成了巨大的消
耗和浪费。最早成书于元顺帝时期的高丽汉语教科书《朴通事》中就
记载了这样一件事情：春光明媚，30个官员要"去那有名的花园里，
做一个赏花筵席"，大家集资凑份子买了许多肉食果品，唯独还缺酒，
于是商议道：

酒京城槽房虽然多，街市酒打将来怎么吃？咱们问那光禄寺
里，讨南方来的蜜林檎烧酒一桶、长春酒一桶、苦酒一桶、豆酒
一桶，又内府管酒的官人们造的好酒讨十来瓶如何？

可知道好！着谁去讨？

光禄寺里着姓李的馆夫讨去，内府里着姓崔的外郎讨去。

讨酒的都回来了。勘合有了不曾？

讨将来了。我到那衙门里，堂上官说了，便叫将当该的外郎
来写勘合，就使印信与我来。

在那里？拿来我看。"官人们文书分付管酒的署官根底：支与竹
叶青酒十五瓶、脑儿酒五桶。"照依前例该与多少？如今怎么少了？

----

① 大长秋，指长秋寺，仁宗皇庆二年（1313）七月置，掌武宗五斡耳朵（宫
帐）户口、钱粮、营缮等事，秩三品。

都是官人们克减了。

罢，罢，减不多。

一边摆桌儿。

从上面索酒的过程可知，政府官员享受宣徽院官酒是有固定配额的，索酒时还要出具相关凭证，就是勘合。同时，光禄寺的贪污克扣现象十分严重。

除了公开向宣徽院索取官酒外，也有诈称赐酒的现象，特别是那些外派或者归国的使臣以及外省官员，钻起宣徽院管理疏忽的空子，往往诈称赐酒，私自携带葡萄酒和其他酒出京。针对这种现象，仁宗皇庆二年（1313）二月中书省奏议：

"差将各处去的使臣，并回去的使臣每，外路官人每根底，他每自己索的葡萄酒并酒将去呵，却谎说是上位赐将去的么道，说的人多有。听得来。也有咱每与将去的也者。似这般谎将蒲萄酒并酒去的，好生的计较者么道，亦烈赤（时任宣徽院使）俺根底传圣旨来。俺商量来，上位知识的外路官人每根底，若上位谁根底赐将蒲萄酒并酒去呵，教宣徽院与兵部印信文书呵，却教兵部官与印信别里哥文字，凭着那别里哥将去者。若无兵部别里哥文字的，沿路有的脱脱禾孙每盘问了，留下将去葡萄酒并酒，标着他每姓名，说将来呵。俺上位根底奏了，要罪过呵，怎生？"奏呵，"那般者"。么道，圣旨了也。钦此。

这段元白话的主要意思是，对于那些自称是朝廷赐酒的出外使臣、

图4-7 元"内府"
铭白瓷釉梅瓶
藏地不详

图4-8 元银玉壶春瓶
内蒙古博物院藏

回归使臣和外省官员所携带的葡萄酒和其他酒,需要他们出示宣徽院和兵部签署的凭证;无凭证者,驿站官员要将葡萄酒并其他酒扣留,并记下他们的姓名,以备责罚。

"宣徽所造酒,横索者众,岁费陶瓶甚多。"顺帝之初,别儿怯不花为宣徽使,下决心整治这一痼疾。但别儿怯不花深知宣徽院酒的"福利"性质是开国之初一直延续至今的国家传统,不能断然强制废止,以免触犯众怒,成为诸王百官的公敌,于是出台一计妙招,乃"奏制银瓶以贮",即废陶瓶而改用银瓶贮酒,因银瓶贵重,求酒者自然不好张口,"而索者遂止"。

然而实际情况可能并非完全如此,索酒者仍大有人在,翰林国史院编修官迺贤有《京城春日》诗为证:

新样双鬟束御罗,叠骑骄马粉墙过。
回头笑指银瓶内,官酒谁家索较多?

男人索不来,就换成女人去索酒,看来还是女人好办事,自古如此。

传统上,每个行业都有自己的行业崇拜,酿酒业的崇拜偶像为杜康。

杜康，也叫少康，是夏朝的国君，《说文解字》说他"始作秫酒"，被后世尊为酿酒业的祖师爷。据熊梦祥《析津志》所载，大都城内共有三处杜康庙：

一在北城光禄寺内，由礼部摽拨道士一人在庙内提点看经，专一焚修香火，每天在上位玉押槽内支酒一瓶，以供杜康。看来这个杜康庙是专为官营酒坊服务的。

二在南城南春台坊西大巷内，资胜寺西，有酒门。这个杜康庙存在的时间更久，可能辽金时代就有了。当时燕京的酒匠们为杜康"立祠塑像，春秋祭祀"，一直流传到元代，所以这个杜康庙主要服务民营酒坊。

三在北城崇仁门（今东直门）里，有碑。

"三月京华寒食近，东风十里酒旗新。""茶楼酒馆照晨光，京邑舟车会万方。"大都不仅槽坊多，酒馆、酒楼、酒肆也多。仅大护国仁王寺一家在都等处的酒馆就达141家。

大都酒肆多集中于以下地方：一是平则门（今阜成门）外京西镇国寺的两廊，这里是著名的商品集散地，市声喧嚣，买卖兴隆，且多江南富商，"开酒食肆与江南无异"。二是海子（今北京积水潭）一带，"燕山三月风和柔，海子酒船如画楼"，足见其繁盛。翰林学士赵孟頫游海子边酒楼，亦有留诗："小姬劝客倒金壶，家近荷花似镜湖。游骑等闲来洗马，舞靴轻妙迅飞凫。"紧临海子的西斜街，也多歌台酒馆。还有位于南城的崇义楼、县角楼、揽雾楼、遇仙楼等，金时皆是酒楼，元时虽多废，尚有存者。

大都人气旺盛，酒馆的生意自然红火，"小海银鱼吹白浪，层楼珠酒出红霞"，宾客纷纭的场面不难想见。每逢农历新春，"车马纷纭于街衢、茶坊、酒肆，杂沓交易从正月初一直至十三日"。到了农历九月，皇帝銮舆自上都还驾大都，"京都街坊市井买卖顿增"，自然带来了大都酒业市场的火爆旺季。

> 至今惆怅在东城，结伴看花取次行。辇道驻车招饮妓，宫墙回马听流莺。（张昱《惆怅六首·其六》）

图 4-9 〔元〕吴廷晖 龙舟夺标图 台北故宫博物院藏

大都酒业的消费群体十分庞大，宫廷自不必说，百官、商贾、医卜、士人、国子监学生、平民百姓，以及外来使臣人众都是酒业的消费者。

自古以来，官场的人际关系网就最为繁密复杂，想要得到升迁、庇护、提携，请客送礼是必不可少的，酒就成了最重要的媒介，所以百官对酒的消费量巨大。据《析津志·岁纪》：大都的官员们自正月初一日起，相尚往还迎送，首选的庆贺之礼就是酒醴，"如是者数日"。京朝官有获美除的，或升职，或补肥缺，同僚朋友都要到批云楼设酒宴为贺，名为"批云宴"。

　　京师大都是各处官员们跑官的重要场所，跑官就难免要请客送礼，贿赂请托。针对这一风气，至元二十年（1283）十一月，中书省出台条令明确限禁，违者责罚：“近闻求仕官员，或已受宣敕必须酬谢者，虽不显行赂遗，公然大设宴乐请托。今后省院六部诸衙门官吏，无故不得与求仕受命官员私同宴会，以通请谒。监察御史体察是实，约量责罚。都省议得：今后求仕官吏，已未授除其间，不得于省院台部等内外诸衙门当该官吏处私第谒托酬谢，及邀请宴会。如违，当该官吏并求仕人员一体究治。”

　　自古官商一体，一个为财，一个为权，互相勾结，元代京城的富豪也不例外。这些“服龙盘之绣文”的“富民”，每遇节假日，“必以酒食招致省宪僚吏翘杰出群者款之”，尤其是手中握有权力的官员，更是他们巴结的主要对象，美其名曰“撒和”，也就是“撒花”。

　　很多官员本身就非常喜欢饮酒，国子祭酒刘云震“以酒自晦”，其《东宫千秋节应教诗》云：“一年一度到青闱，每到青闱尽醉归。”“青闱”是皇太子东宫的别称，这个刘云震应该与太子真金关系较为近密，每年真金生日都会到场祝贺，大醉而归。翰林官员袁桷更有诗：“京师二十载，酒中有深欢。”

　　文人墨客也是大都酒业的主要消费者。陕西人橄举，性嗜酒，工于诗，客京师十余载，竟流落以死。有个叫郑云表的人，仰慕橄举为人，作诗挽之：“形如槁木因诗苦，眉锁苍山得酒开。”因为太过传神，众人都说是“写真”。

　　来自长沙的邓姓医生，七十多岁了还客游京师，每次出行时都需要两个小儿扶着小车。邓医“得酒即醉，类有道者”。翰林官员袁桷专门为他写了几首诗：

大儿椎髻小儿丫，拍手青天在小车。刚道人间易荣辱，醉归齐插碧桃花。

南极星明湘水边，七还犹是小行年。囊中紫粉谁传得，酒尽君归我亦眠。

在学的国子监生亦不能免俗，他们"千百为群，恣纵恬嬉，玩愒岁月"，进入茶楼酒肆"吃霸王餐"，不给钱，"掉臂而去，无敢谁何"。

"甬东贾客锦花袍，海上新收翡翠毛。买得吴船载吴女，都门日日醉春醪。"来大都消费的外地商人腰缠万贯，或为生意交往，或为追欢逐笑，更是挥金如土，一掷千金。

忽必烈采取农商并重的政策，所以商人在大都的生活简直如鱼得水，"至其货殖之家，如王如孔，张筵开宴，招亲会朋，夸耀都人，而几千万贯者，其视钟鼎岂不若土芥也哉"！这些从各地来京的暴发户们，根本不把钟鸣鼎食的高官显贵放在眼里，在大都的消费场所炫耀多金，"一笑金千，一食钱万"，乐不思蜀，流连忘返。这让素以"天子脚下"自居的大都本地人心理很不平衡，内心嫉妒不爽，面子上又要曲意奉承，于是出现了"面谀而背讪"的嘴脸，实在令人莞尔。

当然，数量庞大的平民百姓家庭更离不开酒，他们更是大都酒业消费的重要群体。

"重碧总夸燕市酒，小红谁记上林花。""剩买十千燕市酒，闲听二八越娘歌。"大都因人口众多，对酒的需求量大，所以酒价一直居高不下，酒质也不太好，一些槽房还不能按时纳税，卢世荣以此为借口，在至元二十一年（1284）十二月上书元世祖忽必烈："京师富豪户酿酒酤卖，价高味薄，且课不时输，宜一切禁罢，官自酤卖。"即是禁富豪酿酒，由政府垄断经营。

上都酒业

上都又称上京、滦京、滦都、滦阳，作为忽必烈营造的草原都城，既具汉地式都城的风貌，又带有蒙古草原"行国"的特色。它地处漠北蒙古与汉地的交通要冲，对加强蒙古宗王的向心力和元廷对大漠南北的控制，意义非凡。

元朝实行两都巡幸制度，自忽必烈承祚之初始行，已见前说。每年农历三四月间，大都春花开罢，天气转热，此时草原青草初生，则驾幸上都避暑；八九月间，草原草枯，天气转凉，则驾回大都避寒。忽必烈以后，列圣相承，年年如此，故称"岁时巡幸"。

天子巡幸上都，自然要有百官扈从。从宰执大臣到百司庶府，"各以其职，分官扈从"。但并非所有的官员都有机会进入扈从行列，很多人需要留守大都。尤其是对于汉人官僚来说，能够扈从上都是一种莫大的

图4-10　两都巡幸路线图

荣耀。

"驾起京官聚草棚，诸司谁敢不从公。官钱例与供堂食，马上风吹酒面红。"张昱这首《辇下曲》，讲的就是百官扈从出发的盛况。扈从人员上至中书省、枢密院、御史台三大中枢系统，再到翰林院属官和僧道首领，下至怯薛执事和大批军队，队伍十分浩大。

佳丽如云的后宫嫔妃，更是扈从队伍不可缺少的组成部分。柯九思《宫词》："黄金幄殿载前驱，象背驼峰尽宝珠。三十六宫齐上马，太平清暑幸滦都。"就是对这一场景的生动描述。

庞大的巡幸队伍，长达近半年的清暑时间，这是上都酒业兴盛的基础。

然而，不惯于朔风胡马的众多南来扈从官员，因抛妻别子、乡关万里而产生的绵绵不尽莼鲈之思，总是字字凝注笔端：

> 三月十九日，客行桑乾坂。
> 杜鹃啼一声，清泪凄以潸。
> 故园渺何处，万里隔云巘。
> 燕子三见归，我车犹未返。
> 杜鹃尔何来，吊我万里远。
> ……

翰林国史院编修官陈孚是浙江临海人，曾扈从元世祖忽必烈巡幸上都，这首《李老峪闻杜鹃呈应奉冯昂霄》就作于扈从巡幸途中的李老峪驿站，读来格外动人心弦。

"今日新秋节，年年客上京"，这样散发着淡淡乡愁的诗句，总是能唤起读者的强烈共鸣。而年年的乡愁、离愁，总是洒满两都巡幸的道路之间：

> 南国乡音渐渐稀，朔风吹雪上征衣。边鸿飞过桓州去，更向穷阴何处归？
>
> 百事关心有许忙，秋风掠削鬓边凉。晓来为忆西山雨，怕看行人归故乡。
>
> 滦京九月雪花飞，香压荑囊与梦违。雁字不来家万里，狐裘旋买换征衣。
>
> 我忆江南好梦稀，江山于我故多违。离愁万斛无人管，载得残诗马上归。（杨允孚《滦京杂咏》）

浓得化不开的乡愁、离愁，只能用一杯杯酒来消解。

"举杯一吸滦阳酒，消尽南来百感情。""长夏蚊蝇俱扫迹，葡萄马湩醉南人。"在滦阳美酒醉人的芳香中，乡愁、离愁可能顷刻间便烟消云散了。但这羁旅中的酒不是灵丹妙药，待到酒醒之后，心头挥之不去的，仍然是愈来愈重的离情别绪："急管繁弦别画楼，一杯还递一杯愁。洛中惆怅路千里，塞上凄凉月半钩。"借酒浇愁的结果，只能是愁上更愁。

而唯一能够治愈乡愁的，便是归乡，"归装知有日，南国稻粱香"。这种迫不及待的喜悦，任是千杯万盏也换不来。

"上京新酒玉津津"，上都美酒的香醇一直为人所称道，其中尤以马奶酒最具地域特色，令人百吸不厌，对此前文已有述及。上都因产粮稀少，故而缺乏粮食酒，粮食酒多从大都运来，有马祖常诗为证：

"翠华宴镐承恩多,羽林似飞尽沙陀。从臣乞赐官法酒,千石银瓮来滦河。"

"淋漓未了金钗宴,中使传宣御酒来。"元代宫廷盛宴诈马宴、马妳子宴等都在上都举行,场面之奢华远过于大都宫宴。巡幸期间自然还会有其他名目繁多的宴会,如红叶宴、紫菊宴、金莲宴等。"玉碗争呼传法酒,碧笺时进教坊诗""更分光禄瓶中酒,烂醉归时月上初",都是诗人对上都宫廷大宴热闹场景的写实描述。

上都街市的酒业亦相当兴盛,杨允孚《滦京杂咏》:"偶因试马小盘桓,明德门前御道宽。楼下绿杨楼上酒,年年万国会衣冠。"明德门为上都午门,明德门外就是上都南关厢,这里是进出上都的御道所在,又是驿路必经之地,酒肆、客栈众多。

"西关轮舆多似雨,东关帐房乱如云。复仁门边人寂寂,太平楼上客纷纷。"上都西关厢为商业闹市区,东关厢为前来觐见大汗的蒙古宗王和外交使团居住的帐房区。复仁门是上都北门,游人较少。太平楼应该是个酒楼,位置不详,从诗中已给出的西、东、北三个方位推测,可能是在南关厢。

上都酒馆的生意也很兴隆,官员马祖常《上京翰苑书怀三首》中有"酒市杯陈金错落,人家冠簇翠盘陀"之句,酒楼宾客纷纭的场面可以想见。

元政府对上都酒业市场实行政策倾斜,多次下诏减免上都酒课。如至元二年(1265)五月,"敕上都商税、酒醋诸课毋征,其榷盐仍旧;诸人自愿徙居永业者,复其家"。至元七年(1270)五月,尚书省臣言:"上都地里遥远,商旅往来不易,特免收税以优之。"得到忽必烈批准。

至元二十二年（1285）三月，上都酒课改为榷沽之制，"令酒户自具工本，官司拘卖，每石止输钞五两"。酒由酒户自行生产，再由官府征收，统一售卖。当时全国的酒课征收标准是每石官收钞十两，上都正好低了一半，不过这可能与酒户自备工本有关。成宗大德元年（1297）七月，又诏免上都酒课三年。

减免酒税等诏令的颁布，对上都酒业的生存发展起重要作用。张昱《塞上谣》："玉貌当垆坐酒坊，黄金饮器索人尝。胡奴叠骑唱歌去，不管柳花飞过墙。"杨允孚《滦京杂咏》："卖酒人家隔巷深，红桥正在绿杨阴，佳人停绣凭栏立，公子簪花倚马吟。"这些诗人笔下的上都酒肆，可谓风情万种，妙趣横生。

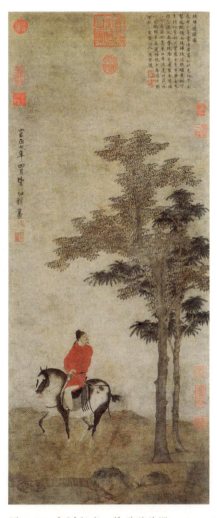

图4-11 〔元〕赵雍 携弹游骑图
故宫博物院藏

"玉京斗酒钱三百，醉倚鳌峰一曲歌。"上都酒价不菲，有不少一掷千金的少年酒客，在酒伎的歌声中，出手格外豪爽阔绰："滦河美酒斗十千，下马饮者不计钱。青旗遥遥出华表，满堂醉客俱年少。侑杯小女歌竹枝，衣上翠金光陆离。细肋沙羊成体荐，共诧高门食三县。"

上都少年喜纵酒豪饮，上都少女也不乏酒中豪客："胡姬二八貌如花，留宿不问东西家。醉来拍手趁人舞，口中合唱阿剌剌。"醉酒胡姬的娇憨之态，跃然纸上。

因上都地域寒凉，喜饮者众，酒徒很多："马上黄须恶酒徒，搭肩把手醉相扶。见人强作汉家语，哄着村童唱塞姑。"塞姑，又作"塞孤"，词牌名，调名本意是歌咏塞上孤独的戍边将士。张昱这首《塞上谣》中的"恶酒徒"应该是个蒙古人或色目人，因为上都是胡越交融之地，接触的汉人多了，也能说几句汉语，哼几句古调。

但也应看到，上都酒业受到季节时令的影响很大，每年五至八月的大汗巡幸期间是上都酒业兴盛的黄金期，大批扈从人员以及蜂拥而至的客商，构成了上都酒业的重要消费群体，形成"散入都城百万家"的盛况。然而，"官曹多合署，贾肆不常居"，随着大汗清暑的结束，銮驾返回大都，上都酒业也随之转入萧条，就像张昱《塞上谣》描述的那样："虽说滦京是帝乡，三时闲静一时忙。驾来满眼吹花柳，驾起连天降雪霜。"

元代许多中央机构实行两都分置制，掌饮膳酒醴的机构也多如此，如大都有尚饮局、尚酝局、醴源仓、典饮局、太仓等，上都亦置，其职能与大都机构基本一致，有的品秩甚至高出大都。但也有一些是上都独立设置的，如成宗元贞元年（1295）始置的上都利贞库，"掌饮膳好事金银诸物"，秩从七品，设提领一员，副使一员，大都就没有这个机构。

三　腹里诸路酒业

元代中书省直辖地称为腹里，意为"腹心之地"，主要辖今北京、天津两市，河北、山东、山西三省全部以及内蒙古、河南部分地区。

大都路乃幽燕故地，风土人情多与大都城相类，其声色犬马、花酒丝竹较腹里其他各路也更胜一筹。

> 蓟门南头卢水流，燕姬十五居酒楼。
> 弹筝唱歌折杨柳，落日车前劝郎酒。（陈旅《分题送方叔高江南得车遥遥》）

> 燕姬歌处啭莺喉，燕酒春来滑似油。
> 自有五陵年少在，平明骑马过卢沟。（杨奂《出郭作》）

诗中的"蓟门"并非如今的北京市蓟门桥附近，其准确位置应该在南城的牛街一带。明代以前，"蓟门"又常常泛指幽燕之地。"卢水"即永定河。永定河流经卢沟地段，"波涛汹涌，狂澜叠出"，金世宗大定二十九年（1189）始建卢沟桥，历时三年，于章宗明昌三年（1192）完工。那时候，卢沟桥的栏杆上就雕有狮子了。"蓟门飞雨"和"卢沟晓月"都是金、元"燕京八景"之一。

元初忽必烈的重要谋臣、太保刘秉忠就葬在卢沟桥北，明时，墓前石兽尚存。元仁宗时，在卢沟桥设巡检司。元顺帝时，又命御史大夫也先不花督工，修建了卢沟桥过街塔。西域商人经过卢沟桥时，还给此河起了个波斯名字"普里桑干"。在西方，卢沟桥又被称为"马可波罗桥"。

"卢沟石桥天下雄，正当京师往来冲。"金元时期，卢沟桥是西南方向进出大都（燕京）城的最重要通道，"车驾之所经行，使客商旅之要路"，每日行人车马往来，川流不息，"沓沓车驾集，交臂无宁躯"，"道上征车铎声急，霜花如钱马鬣湿"，故而卢沟桥畔酒馆、客栈极多。

其中最有名的一家酒馆为符氏人家所开，名"符氏雅集亭"。"茅屋疏烟报午鸡，金沙清浅水亭低"，因酒亭柴门临水，鸡鸣屋颠，极具郊野趣味，故又被称为"野亭"。

符氏酒亭酒质颇佳，服务热情周到，"浊醪得酿法，好客时与俱"，所以声名远播，许多名人路过卢沟桥时纷纷落脚驻足，慕名前往，如翰林官员蒲道源、贡奎、袁桷等都曾在此饮酒赋诗，对酒亭的佳酿赞不绝口。

大都路所辖通州作为元代漕运和海运的重要枢纽及转运站，不仅商旅众多，粮食来源亦相当充足，是开设酒肆槽坊的理想场所。据权衡《庚申外史》记载，元顺帝后至元六年（1340），脱脱之父马札儿台以诛兄长伯颜有功，拜太师、中书右丞相。马札儿台十分热衷于经商敛财，在相位不到半年，就在通州置榻房①，开酒馆、槽坊，每日耗谷多至万石，实在惊人，这规模在全国也算首屈一指。

本路怀来县东南一里许有一叫"酿泉"的沙井，曾扈从巡幸上都

---

① 寄存商旅货物的场所。

图4-12　〔明〕佚名　卢沟运筏图（局部）　中国国家博物馆藏

的翰林官员周伯琦路过此地，留诗"泉甘沙井洌，桥古川流长"。沙井的井水呈淡鹅黄色，当地人用此水酿酒，名"玉液"，"岁供御醴"，需要向朝廷进贡，由官府设置酒务进行生产和管理。

因为此地出产名酒，所以街市上酒肆很多，忽必烈谋臣郝经就曾在这里的酒肆饮过酒。这位饱学大儒被当垆的胡姬迷得神魂颠倒，下马入筵，大醉而归，写下长诗《怀来醉歌》：

> 胡姬蟠头脸如玉，一撒青金腰线绿。当门举酒唤客尝，俊入双眸耸秋鹘。白云乱卷宾铁文，腊香一喷红染唇。据鞍侧鞚半淋漓，春风满面不肯嗔。系马门前折残柳，玉液和林送官酒。二十五弦装百宝，一派冰泉落纤手。须臾高歌半酡颜，貂裘泼尽不觉寒。谁道雪花大如席，举鞭已过鸡鸣山。

当垆的胡姬容貌美艳，弹琴唱曲，才艺出众，服务热情周到，饮客们酒不醉人而人自醉。

元朝皇帝两都巡幸的主要路径，除大都路外，其余全部在上都路和兴和路内，这里属于塞上。张昱《塞上谣》即扈从巡幸经塞上而作："潆然路失龙沙西，挏酒中人软似泥。马上氁衣歌刺刺，往还都是射雕儿。""野蚕作茧丝玉玉，乳鸡浴沙声谷谷。骆驼奶子多醉人，毡帐雪寒留客宿。"当地人身穿皮裘，骑马射猎，制作并多饮用马、骆驼等动物奶酒为食，具有浓郁的塞上风情。

出于巡幸等的需要，两路沿途设有不少纳钵和驿站，居民也辐辏在这些纳钵和驿站周围，形成村落。有了村落，自然就少不了酒肆和邸店供行人食住。

李老峪（今河北赤城县境内）是巡幸"驿路"上的一处驿站。太史院判官杨瑀说他几次滦京之行，都住宿在李老峪的一家酒肆里，因为这家酒肆的客房要比别家的稍微宽敞一些。酒肆中有间房屋的横梁上，还长了一颗三尺多长的灵芝，"斜倚其上"，但人们都习以为常，并没有觉得是祥瑞之兆。

拉施特《史集》记载：蒙古人攻占并摧毁金控制的宣德州（今河北宣化）后，接着向德兴府（今河北新保安）进发，"该城所辖地区有许多瓜田、果园，酿酒极多"。这一带主要盛产葡萄酒。

位于上都路的察罕脑儿行宫（今河北沽源东北）有居民二百多家，此地有沙井，水质非常"甘洁"，酿酒极佳，用于进贡朝廷，由云需总管府负责管理。察罕脑儿行宫往西，有石顶河儿，当地人称鸳鸯泊。"两水之间，壤土隆阜，广袤百余里"，这里蒙古诸部与汉人杂处，居民三百多家，"因商而致富者甚多"。有人通过"市酒"发了横财，"家资至巨万"，甚至和蒙古贵戚联姻。

自成吉思汗时代以来，真定一直是其子拖雷的领地。窝阔台汗时，又下诏以真定为拖雷之妻唆鲁禾帖尼的汤沐邑，所以真定路在腹里地区"最为繁华富庶"，酿酒业也素称发达，王恽曾说："真定一路在城每日蒸汤二百余石，一月计该六千余石。"这每日的二百余石是酿酒数，并非耗谷数，可见酿酒规模之大。真定城南门名阳和门，是城中最繁华的地带，"瓦市、优肆、娼门、酒垆、茶灶、豪商大贾并集于此"。真定城内的奉恩寺香火旺盛不衰，善男信女布施甚多，经修缮后，在原有基础上又建居屋80间、浴室2区、酒肆1区，寺院"岁收其租，日取其直"，经济十分宽裕。

真定特产枣酒和椹子酒，声名远播，部分上贡朝廷。真定枣酒用

图4-13 《食物本草》所绘 桑椹酒

枣发酵，加入少量的曲蘖，制成烧酒，"微烟气，甚甘，能饱人"。真定椹子酒呈微黑色，饮后能令人腹内饱满，军队中"皆食之，以作糇粮"。

"中山枉诧松为醪"，松醪酒是一种配制酒，出自真定路的中山（今河北定州），乃历史名酒。相传汉长沙王傅贾谊喜饮此酒，故唐代诗人杜牧有"贾傅松醪酒，秋来美更香"之句。北宋哲宗时，苏东坡出为定州太守，以当地黑龙泉水自酿松醪酒，并作《中山松醪赋》，说此酒"味甘余之小苦，叹幽姿之独高，知甘酸之易坏，笑凉州之葡萄"。

元代河间路所辖区域甚广，境内有鱼盐之利，直沽（今天津市）是漕运粮食的中转站，每当运粮船抵达直沽，京城人就前去开酒肆沽卖酒食，由官府收税，获利很多。因屡生争斗，船上的人员不再登岸，"公私大失其利"。后经海道都漕运万户黄头公（唐兀氏）整顿，

图 4-14 〔宋〕苏轼 中山松醪赋（局部）吉林省博物院藏

"听民得饮食于市"，争斗者全部交给有司查办，市场秩序重新恢复。

冀宁路和晋宁路都是元代重要的葡萄酒产地，并一度进贡朝廷。前文已述，不再赘言。

史料中对彰德路酒官的记载尤多，可推测彰德路也是产酒大路。安阳人邢植，武宗至大三年（1310）任彰德路酒使，因当地水、旱、蝗灾不绝，岁终上缴酒课时，贫困户拿不出，邢植不得不自掏腰包"补输之"。其子邢德裕，后亦为官彰德路酒使。曾做过本路酒使的还有"以廉干授"的魏宪。彰德录事朱泉，素以"廉干称"，累兼提点本路仓库酒税，"岁加增羡，邦人喜公之惠政"，唯恐他会被调到别处当官。此外，浑源人刘从善也曾做过"彰德府酒监"。

窝阔台时期，大蒙古国曾在燕京、宣德、西京、太原、平阳、真定、东平、北京、平州、济南十地设十路征收课税所，其范围基本处于腹里境内，而当时的酒课是课税所征收的项目之一。入元以后，据《元史·食货志》，腹里每岁酒课收入之数为56243锭67两1钱。此处行

图4-15　河北保定市出土元青花狮球纹八棱玉壶春瓶、花卉纹八棱执壶　河北博物院藏

文可能有误。按，元制，钞五十两为一锭，六十七两则为一锭十七两，那么此数实指56244锭17两1钱。另外，这个数字应该没有将大都酒课提举司管理的大都在城每岁十余万锭酒课囊括在内。若果如此，则包括两都在内的腹里地区每岁酒课保守估计至少应在十六万锭以上。但这个数字还不能反映腹里酒业的真实状况，须知两都尚饮、尚酝二局所生产的酒是不进入市场的，当然无酒课之说。再考虑上都酒课一度停征的因素，则腹里酒业的兴盛不难想见。

元代腹里地区酿酒业得到长足发展的同时，我们也应看到，受自然条件和人为政策等因素的影响，这一地区的酒业发展也受到不同程度的制约。由于自然灾害的频繁和严重，元代朝廷下酒禁令70余次，其中有近40次与腹里地区相关。频繁的酒禁政策无疑成为腹里酒业进一步发展的瓶颈。

四　江浙行省酒业

元代的江浙行省，主要辖今上海、浙江、福建、台湾全部，江苏、安徽、江西部分地区。江浙行省地处东南沿海，富庶甲于天下，"民物殷盛，国家经费之所从出"，是元朝政府财赋倚仗之地。《元史》言："江浙财赋，居天下十七。"江浙行省在大元帝国经济中的重要性不言自明。

江浙行省之富庶，首推两浙。两浙即浙东和浙西（今浙江和江苏南部），"惟两浙，东南上游，襟江带湖，控扼海外。诸番贸迁有市舶之饶，岁入有苏湖之熟，榷货有酒盐之利，节制凡百余城，出纳以亿万计，实江南根本之地。盖两浙安则江南安，江南安则朝廷无南顾之忧"。

> 江南四月春已无，黄酒白酪红樱珠。
>
> 吴姬小醉弄弦索，十指春雪如凝酥。（萨都剌《江南春次前韵》）

与江浙行省举足轻重的经济地位相呼应，酒业在江浙行省也堪称发达，呈遍地开花之势，蔚为兴盛，酒课收入自是遥居全国各行省榜首，他处鲜难比盛。据《元史·食货志》，江浙行省每岁酒课所入为196654锭21两3钱，竟然占全国酒课总收入约三分之一。

江浙行省酒业最盛在省府治所杭州。杭州就是南宋都城临安，又名钱塘，为东南一大都会。元杂剧名家关汉卿作有散曲《南吕·一枝花·杭州景》：

> 普天下锦绣乡，寰海内风流地。大元朝新附国，亡宋家旧华夷。水秀山奇，一到处堪游戏。这答儿忒富贵，满城中绣幕风帘，一哄地人烟凑集。

图4-16　《食物本草》所绘　红曲酒

杭州的秀丽风景和繁华富庶，为酒业市场创造了得天独厚的外部环境，而这种外部环境又滋生了当地居民以奢靡相尚的风气。元人陶宗仪曾讥讽说："杭民尚淫奢，男子诚厚者十不二三，妇人则多以口腹为事，不习女工。至如日用饮膳，惟尚新出而价贵者，稍贱便鄙之，纵欲买又恐贻笑邻里。"杭州人对吃喝的讲究，用一句流行的话说就是："只买贵的，不买对的。"

有了这样一众在日用饮食上求新求贵的消费群体，加上络绎不绝的外地游客，杭州酒业想不兴盛都难。

杭州美酒以颜色浓酽、绿如春江而大受诗人们称道。萨都剌："柳花吹香扑酒缸，酒波潋潋如春江。"陈基："钱塘官酒秋仍绿，更与灵胥酹一瓢。"

杭州还有红酒，书画家郭畀《客杭日记》就记载武宗至大元年（1308）十月廿一日客杭期间，朋友汤秋岩"邀饮红酒"。红酒用红曲酿成，江南最为常见。

杭州一城有两大历史名酒：杭州梨花酒和杭城秋露白。梨花酒又名梨花春，是梨花开时酿熟的酒。白居易《杭州春望》诗云"青旗沽酒趁梨花"，即是梨花酒得名的来历。

图4-17　〔元〕王振鹏　梨花
台北故宫博物院藏

贾铭《饮食须知》认为，露水味甘性凉，百花草上露皆可用来酿酒，杭城秋露白就是采集秋露酿造的酒，"香冽最佳"。

元世祖时期来华的马可·波罗也到过杭州，他说杭州本地不产葡萄，也不生产葡萄酒，葡萄酒皆由他国输入。但是当地人习惯饮米酒，不喜饮葡萄酒，"有若干商店仅售香味米酒，不断酿造，其价甚贱"。可见杭州本地市场产销的主要是米酒，所用技术归于黄酒之列。

泰定帝时期来华的意大利传教士鄂多立克也记载杭州："有大量的面食和猪肉，米和酒，酒又称为米酿（bigni），享有盛名。"

"何处被花恼不彻，嬉春最好是湖边。……段家桥头猩色酒，重典春衣沽十千。"杭州最热闹的饮酒去处自然是西湖，历代这里都是"网红"打卡地，岸边酒楼、酒馆林立。南宋时，杭州西湖就有了"销金锅儿"的谑称，临安之人凡缔姻、赛社、会亲、送葬、经会、献神等

图4-18 〔宋末元初〕钱选 西湖吟趣图 故宫博物院藏

等，都要在西湖举行。大贾豪民们，买笑千金，呼卢百万，"日糜金钱，靡有纪极"。

西湖风景如画，春夏秋冬皆有景可赏，每逢盛夏时节，荷香四溢，游人如织。"外湖里湖花正开，风情满意看花来。白银大瓮贮名酒，翠羽小姬歌落梅。"

西湖胜景，又有美酒佳人歌舞相伴，怡情悦性，常令游人们流连忘返，陶醉不已。西湖游乐项目多，酒价也高，是富人们追欢逐笑的天堂，囊中羞涩的普通人则望而却步。"对酒看花笑，无钱当剑沽，醉倒在西湖"，为了买醉，许多人即使典当随身衣服和物品也在所不惜。

杭州诸处酒坊皆取西湖之水造酒。北宋中后期，西湖淤塞浅狭，大文豪苏轼知杭州时，奏乞开挖西湖，以保障酒坊酿酒用水。可见杭州酒美与西湖水佳有直接关系，二者可谓相得益彰。

宋代，杭州酒业就相当发达，苏轼曾言："天下酒官之盛，未有如杭者也，岁课二十余万缗。"元代杭州酒业的发达更是有过之而无不及。成宗大德十一年（1307）九月，中书省臣言："杭州一郡，岁以酒糜米麦二十八万石。"可见杭州产酒量之巨大，酒课的收入自然也就相当可观了。卢世荣理财时期，酿酒耗粮每石米官收十两钞，后行散办，改为五两，后来又有增课之举。大体推算，杭州一郡每岁酒课收入也在五万锭左右，而江浙行省的岁入酒课总数通常为十九万多锭，则杭州一郡约占总额的四分之一。

礼部官员吴师道对此洞若观火："问江浙财赋之渊，经费所仰，曰盐课、曰官田、曰酒税，其数至不轻也。以三者而论，盐课两浙均之，官田浙西为甚，酒税止于杭城而已。"可见杭州酒课在江浙行省财政收入中所占的分量之重。

相传，至元十三年（1276）元军占领杭州后，忽必烈认为此地是宋朝故都之地，"生聚浩繁，资力殷盛"，于是命精于皇极之数的江西德兴人傅立占卜此城"将来如何"。卦成后，傅立悲观地回答道："其地六七十年后，会看到城市生满荆棘，比现在差远了。"

结果不幸言中。整个元代，杭州城火灾不断，大的火灾就有二十余次，其中成宗元贞二年（1296）的大火，一次就烧了770家。比火灾更可怕的是战乱，自顺帝至正十二年（1352）开始，红巾四起，杭州屡罹兵燹，"昔时歌舞之地，悉为草莽之墟，军旅填门，畜豕载道"。至正十九年（1359），杭州被乱军包围三月，城中乏粮，"一城之人，饿死者十六七"。曾官江浙行省左右司郎中的刘仁本有《杭州》诗叹曰："却怜旧日笙歌地，野水清寒满髑髅。"繁华如梦一场空，实在令人叹息。

"金陵美酒人共夸，千金百金多酒家。"与钱塘美酒同领风骚的还有金陵美酒。金陵（今江苏南京）为元集庆路治所，又名白门，得六朝金粉之流风遗韵，历史上乃江南第一等花柳繁华之地。"白门酒美香满城，吴姬唤客客不行。楼中子弟尽年少，玉奴送酒吹鸾笙。"金陵美酒不知醉倒了多少名卿显宦、公子王孙、贾客骚人。金陵美酒酒香醉人，梁寅《金陵美酒行》夸赞说："银铛苾苾松脂香，玉舟滟滟鹅黄色。"酒的色香味都出来了，令人仿佛置身其中。

金陵酒美，最美还数金陵春酒。长期寓居元朝的高丽官员李齐贤有诗："百钱径买金陵春，酒酣豪气薄云空。"事实上，金陵春酒在唐代就名盛一时，李白名句"堂上三千珠履客，瓮中百斛金陵春"，脍炙人口。

唐人多以春名酒，如老春、松醪春、曲米春、剑南烧春等，后世承袭这一传统，"春"也就成了酒的代名。至宋代，金陵又有绣春堂、留都春等名酒，入元后仍存，并推销到金陵以外，大受欢迎。张铉《至正金陵新志》载："至今市酤皆通贩他郡，罕及其美，或谓水味然也。"看来金陵美酒酒香醉人的重要原因就在于金陵水质甜美，适于酿酒。

金陵美酒不仅历史悠久，而且产量大，酒库亦多。酒库就是酿酒兼卖酒的场所，多为官设，据《至正金陵新志·古迹志》载，宋代金陵计有凤台酒库、镇淮酒库、嘉会酒库、丰裕酒库、龙湾酒库、防江酒库、东酒库、北酒库等。

金陵酒家十分重视门面装饰，通常都是"粉书彩帜"，服务也相当到位，有来自南北各地的美人歌舞助兴侑酒，使得生意十分红火，"北来南去多豪客，吴歌赵舞当绮席"。可见萨都剌"秦淮酒楼高十层"之句，实非虚夸。

难能可贵的是，太平时日，金陵酒市价格亲民，广大低收入者也能痛饮淋漓，一醉方休。戴表元《金陵赠友》诗云："水水鱼肥供白鲊，家家蚕熟衣红丝。太平尚属穷诗客，酒贱如泥醉不知。"可以为证。

"北府市楼开旧酒，南朝官柳识归桡。"北府酒、京口酒皆为镇江酒的通称，得众多名人喜爱，如东晋权臣桓温就夸赞过"北府酒可饮"。南朝梁中书鸿胪谢玄度在给亲朋的书信中也说："京口酒美可饮。"

宋时，镇江名酒甚多，锦波、清心、坐啸、介寿、燕凯、百礼、共军、爱山，这些是以"堂"得名的；京口、还京、秦潭、浮玉、第一江山，是以"地"得名的；真珠、中泠、不老，是以"泉"得名的。

这些名酒在元代多存，特别是"第一江山"，质高量少，"不酤于市"，只充馈送之用。还有"京清"，可与曲阿美酒相埒。曲阿即今江苏丹阳的古称，由镇江市代管。曲阿美酒皆用后湖（今练湖）水所酿，"淳烈"异常。传说，昔日有高骊女来此，东海神乘船致酒礼聘之，高骊女不肯，东海神怒，遂拨船覆酒流入曲阿，所以曲阿酒美名扬天下。

镇江北固山素有"天下第一江山"的美称，镇江有一酒楼，就名"天下第一江山楼"，"繁丽特甚"。袁桷有诗题咏："碧瓦参差第一楼，风旗猎猎唤行舟。兵厨有酒真堪饮，不学弓刀也白头。"

酒美，必得曲好，镇江酒曲也非常有名，《至顺镇江志》载："土人成造，精粗不一，货于他郡，多有达京师者。"可见镇江酒曲销路极广。

镇江还出产一种名"舍儿别"的饮料，是夏季的解暑佳品，由曾任本路副达鲁花赤的马薛里吉思备葡萄、木瓜、香橙等水果煎造而成，由官给船马每年入贡皇宫40瓶。

镇江路的酒坊很多，所辖丹阳县有酒坊55处，金坛县20处，丹徒县34处。这些酒坊大多是承袭原南宋旧有的酒坊，如丹徒县34处酒坊，由南宋咸淳间存留的就有31处，其中有两处是酒库：丹徒、谏壁，其余29处酒坊分别是：刘村、圌山、马店、信义、高资、姚里市、七里、上塘、薛村、炭渚、汤墅、曲阳、芦墅、白露、开义、禄城、埤城、金桥、苦竹、坞源潭、柳港、彪社、东武、马墅、合间、彭桥南北、大港东西。

因酒坊众多，酒业兴隆，政府在本路所设的酒务亦多。酒务是管理酒业的生产、销售并征收酒课的官方机构，元代设置的这些酒务也大多是承袭南宋旧有的。据《至顺镇江志》载，宋时，镇江各地酒库、酒务、酒楼、酒店星罗棋布，"皆彩旗红斾"。地方官府为了卖酒获利，张乐作宴，还招徕数十名妓女，以吸引小民前来喝酒消费，"笙歌之声彻乎昼夜"，这叫"设法卖酒"。

元代镇江路有节日尤重饮酒的风俗，元日饮屠苏，端午饮蒲酒，春秋二社日以社糕、社酒相馈送，重九日登高饮菊酒，带茱囊。十月一日又有暖炉会，家人及亲朋好友沃酒炙脔肉，围坐饮啖。

> 江南最好说苏州，傍得闲官也自由。
> 市舍酒香春四坐，湖田租熟雪千舟。（戴表元《张景忠学正之平江》）

苏州与杭州并有人间天堂的美誉。元时苏州、常熟、昆山等皆隶平江路。平江路与湖州路以太湖相接，是著名的鱼米之乡，土壤膏沃，无水旱之虞，两宋以来即流传有"苏湖熟，天下足"的谚语。迄元，苏州、湖州两地依然是重要的产粮区，谢应芳"江南租税赖苏湖"之

句，实不虚言。元代海运漕粮都是从平江路的太仓刘家港出发沿海北
上大都的。

由于本地粮食丰足，大部分时间里酒价相当低廉，常熟："街头米
贱酒亦贱，一百青蚨满双斗。"湖州："清溪绕屋浑如画，白酒盈尊不
论钱。"

苏州名酒"顾氏三白酒"前文已有提及，这里重点介绍一下此地
被纳入《酒小史》的另一名酒"安定郡王洞庭春色"。

安定郡王洞庭春色，是宋宗室安定郡王赵世准以太湖洞庭山所产
优质黄柑酿成。北宋庞元英《文昌杂录》载："洞庭四面皆水也，水气
上腾，尤能辟霜，所以洞庭柑橘最佳。"又，元佚名氏《群书通要》：

"立春日，以黄柑酿酒，谓之洞庭春
色。"可见"洞庭春色"是在立春之时
用洞庭山黄柑酿制的一款果实酒。

安定郡王赵世准有侄子名赵德麟，
他将此酒馈赠给大文豪苏东坡。苏东
坡尝后，酩酊大醉，醒后喜作《洞庭
春色赋》："我洗盏而起尝，散腰足之
痹顽。尽三江于一吸，吞鱼龙之神奸，
醉梦纷纭，始如髦蛮。"这篇书法与
《中山松醪赋》合为一长卷，真迹至今
尚存，珍藏于吉林省博物院。

昆山州地方岁节祭祀祖先，除夕
焚烧苍术辟瘟丹，家人酌酒分岁。夜
分时祭瘟鬼，换桃符。天明时打灰堆，

图 4-19 〔宋〕苏轼 洞庭春色
赋（局部） 吉林省博物院藏

饮屠苏酒。苏州一带风俗，每逢寒食、清明时节，酒家要在店堂内遍插红白两色花，"寒食清明卖酒家，酒瓶乱插红白花"，目的是吸引顾客，以求生意兴隆，财源广进。

"一枕清风闻格磔，半瓶香雪浸苁蓉。"香雪酒为浙江绍兴特产，元时有绍兴路。元人韩奕所著《易牙遗意》载有香雪酒的酿法：

> 用糯米一石，先取九斗，淘淋极清，无浑脚为度，以桶量米准作数，米与水对充，水宜多一斗，以补米脚。浸于缸内后，用一斗米如前淘淋，炊饭埋米上。草盖覆缸口，二十余日，候浮，先沥饭壳，次沥起米，控干炊饭。乘热，用原浸米水澄去水脚。白曲作小块，二十斤拌匀，米壳蒸熟放缸底。如天气热，略出火气，打拌匀后盖缸口。一周时打头扒，打后不用盖，半周时打第二扒。如天气热，须再打出热气。三扒打绝。仍盖缸口，候熟。如要用常法，大抵米要精白，淘淋要清净，扒要打得热气透，则不致败耳。

这是采用淋饭法进行酿造黄酒的方法。其中"米壳蒸熟放缸底"的做法能够起到两层作用：一是增加透气性，促进发酵；二是作为原料加入，可以提高原料利用率和出酒率。需要说明的是，现在绍兴香雪酒工艺在此基础上已经有较大改进，采用酒药落缸，用麦曲搭窝发酵，然后加入陈年糟烧酒酿成，是酒精度和含糖量都很高的甜黄酒，与元明时有所不同。

元末，孔子后裔孔齐曾避兵于四明（今浙江宁波），四明在元代属庆元路，路治鄞县地方风俗好饮酒作乐，孔齐非常看不惯，对此多有贬抑之词:"细民多不务实,好饮啖酒肉,无一日不买鱼腥酒食。"甚至有人家为了饮啖酒肉到了"贫无衣食"的境地。

由于民风尚饮,庆元路酒坊开设很多。顺帝至正年间,汪汝懋出任庆元路定海县尹,当地有一民人在佃客家中开设酒坊酿酒,有一晚,佃客从外面喝醉酒回家,用木杖击打墙壁,结果墙壁损坏,屋中盛酒的"瓮缶尽倾"。民人急忙起来保护这些酒瓮,不料竟被杖击而死。佃客被抓后,以故意杀人罪论处。汪汝懋探得实情,为佃客申辩,最后没有被判处死刑。

"古歙大州也,婺源大县也。"徽州路风俗淳古,人多朴厚质直,无哗竞浮薄之态,推崇耕读传家,"酾绿醑兮劳农耕野,剔青灯兮听子读书"。劳作之余,有美酒可饮,有书声可闻,妻子团圆,衣食丰足,是小农社会最理想的生活状态。

"沙溪春酒甜如蜜。"歙县(今属安徽)所产沙溪酒,白酒无灰,绵软香甜,大受欢迎。由宋入元的歙县人方回自诩说:"天下酒无不用灰,吾州白酒无灰,城沙溪酒最佳。"位于歙县西面的黟县(今属安徽),号为"小桃源","腊酿浏而无灰",所产腊酒也无灰。

按,酿酒时加入适量石灰,可降低醪液的酸度,从而起到防止酒压榨后酸败的作用,并能加速酒液的澄清。宋人就已经掌握这项技术,当时浙东、浙西造酒皆用石灰,故而方回有诗嘲讽"悬知官酒太灰多"。

歙县和黟县的白酒无灰,至少可以说明,一是掌握了较高的酿造技术,二是水质较佳,适宜酿酒。

元代江浙行省其他各路酒业也都普遍繁盛,婺州路有金华府金华酒(即东阳酒)、处州路有处州金盘露,池州路有池州池阳酒,都为宋伯仁《酒小史》收录。常州路所辖宜兴"深山处处茶烟暖，小市家家酒旆斜"。官员马祖常过建德路的桐庐留诗："天寒沽酒桐庐县，醉拟严光绝汉书。"桐庐美酒唤起了诗人的退隐之心，希望像严光一样，谢绝征召，甘于隐居生活。山城汀洲（今福建长汀）为汀洲路治所，"山城酒美倾鹦鹉"，所产"汀洲谢家红"名闻远近。诗人吕诚写福州路治所福州："酿来南酒甜于蜜，爱浴山泉热胜汤。退食自公微醉后，小姬和叶进槟榔。"闽中风情尽展笔端，令人如临其境。

元初彭湖（今澎湖列岛）隶泉州路晋江县，世祖至元间立彭湖巡检司，管理彭湖及琉球（今台湾），汪大渊《岛夷志略》载彭湖"酿秫为酒"，琉球"酿蔗浆为酒"，皆真实可信。

综上所述，元代江浙行省酒业在继承前代的基础上，获得了较为全面的发展和普遍的繁荣。虽然与腹里相比，江浙行省酒类品种略显单一，基本以粮食酒为主，但江浙酒业生产不仅覆盖区域广，而且名酒多，酒质高，课利丰厚。

那么，是哪些方面的因素促成了江浙酒业如此兴盛的局面呢？

首先是唐宋以来中国经济重心南移的完成，使江南地区得到长足开发，并逐步成为各朝统治的经济中心，这是江浙酒业繁荣的前提和基础。

其次，宋代江南地区的酿酒技术既已达到较高水平，如前面提到的红曲酒以及酿酒加入石灰法皆在江南地区得到熟练掌握与应用，宋人庄绰在《鸡肋编》中记载："江南、闽中公私酝酿皆红曲酒"，"二浙造酒，皆用石灰，云无之则不清"。元人在宋代技术基础上又进一步发展（如烧酒技术），这也为江浙酒业的发展提供了技术经验的积累和支持。

其三，江浙行省拥有十分庞大的酒业消费群体和广阔的市场资源。元代的江浙行省共领路三十、府一、州二及属州、属县若干。其中户口在百万以上的路就达十一个，甚至多有三四百万人口的大路。人口众多，城市群比较密集，以及社会上炽烈的尚饮风气，就为酒业的兴盛提供了巨大商机。

其四，也是最重要的一点，江浙行省拥有相对较好的农业生产环境和条件，粮食产量较高，成为整个元朝的米粮仓。酿酒需要消耗大量的粮食，在当时农业生产力水平还相对低下的情况下，酒业的繁荣程度自然要受制于粮食产量。可以说，支撑江浙酒业繁荣的基石就是粮食的大量生产。据《元史·食货志》，文宗天历元年（1328），天下岁入粮数总计12114708石，而江浙一省为4494783石，约占三分之一强。

其五，江浙行省较少受到酒禁政策的干扰。元代是实行酒禁政策最为频繁的朝代，前后达七十多次，几乎贯穿元朝的统治，但《元史·本纪》中有明确记载直接涉及江浙行省地区的禁酒令却仅有一次。先是，成宗大德十一年（1307）九月，江浙饥，中书省臣奏言："'杭州一郡，岁以酒糜米麦二十八万石，禁之便。河南、益都诸郡亦宜禁之。'制可。"但这一诏令直至三个月后才付诸施行，也就是在这一年的十二月，政府下诏"山东、河南、江浙饥，禁民酿酒"。可以肯定，此次酒禁的原因是江浙被灾，粮食歉收，而酿酒糜谷太多。相比腹里、甘肃、辽阳等其他自然灾害相对频仍地区经常性的禁酒措施，江浙行省在酒禁政策方面没有受到过多困扰，这在一定程度上保障了其酒业在产量、规模、技术和课额等方面的持续发展和提升。

元朝政府对江浙行省酒业的政策倾斜和对酒课的重利盘剥，体现了国家财政对身处腹心地位的江浙经济倚赖之重。

第五章

禁弛之间的博弈

杯中日月

酒禁是政府行为，和酒课一样，皆属于酒政范畴。

中国酒禁的历史，可追溯至周代。《周礼》载，周官司虣掌市饮之禁，萍氏掌"几酒、谨酒"。东汉郑玄注云："几酒，苛察沽买过多及非时者；谨酒，使民节用酒也。"

西汉文帝时，再行酒酤之禁。法律规定，三人以上无故群饮酒，罚金四两。以后中原历代政权多施行过酒禁政策，而以元代酒禁次数为多，居历代之最，仅据《元史·本纪》所载，政府前后颁布的禁酒令就达七十多次，几乎贯穿元朝统治的历史。

元代酒禁政策的施行，主要有两大方面的原因：一是灾荒引起粮食短缺，而酿酒耗粮巨大，政府为了救荒，不得不施行酒禁；二是维护国家酒课收入，这主要是针对私酒的。与此同时，酗酒带来的社会危害，可以说是施行酒禁的客观推动因素。

一　靡谷之多，无逾醪醴曲蘖

因灾荒而导致的粮食短缺，是政府施行酒禁的最主要原因。

在农业社会里，自然灾害在某一区域内频繁发生，必然会造成该区域内粮食减产或绝产，由此导致粮食供应紧张，致使米价踊贵。而酿酒需要消耗大量的粮食，统治者害怕由于民饥，人心不稳，引起社会秩序混乱，因此下令施行酒禁，以缓解粮食紧缺问题。

这种情况下施行的酒禁政策，主要作为政府救荒措施的一种手段出台。如大德六年（1302）十二月，御史台臣建言：自大德元年以来，数有星变及风水之灾，民间乏食，而今春霜杀麦，秋雨伤稼，"复请禁诸路酿酒，减免差税，赈济饥民"。成宗嘉纳，命中书即议施行。

有元一代，是各种自然灾害发生相当频繁的时期。其次数之多，波及之广，在中国历史上极为罕见。陈高华、张国旺《元代灾荒史》指出：在各种自然灾害中，旱、蝗居多，破坏最烈，其次是水灾和大疫，地震、海潮又其次。从地区来说，遍及全国，而以"汉地"最为严重，江南次之。边疆地区亦时有发生，北方草原灾情尤为突出。

据邓拓《中国救荒史》统计,元代近百年间,仅重大灾情就达513次。计水灾92次、旱灾86次、雹灾69次、蝗灾61次、歉饥59次、地震56次、风灾42次、霜雪28次、疫灾20次。

层出不穷的自然灾害成为元代社会生活和经济发展的一大瓶颈。抗灾救灾需要动用巨额粮食和钱钞,给国家财政带来沉重的负担。随着脱离土地的流民不断流散到全国各地,又给社会治安带来动荡不安的隐患。这些因素不断加剧社会矛盾,致其日益尖锐。元朝末期,直接导致元朝在中原统治瓦解的大规模农民战争爆发,自然灾害可以说是直接的导火索。

图5-1 《太平风会图》中衣衫褴褛的乞丐

我们知道，自然灾害的直接后果就是粮食减产或绝收，人民生活困苦不堪。而酿酒所要耗费的粮食数额是相当巨大的，以都城大都为例，翰林学士承旨姚枢曾奏言元世祖忽必烈："京师列肆百数，日酿有多至三百石者，月已耗谷万石，百肆计之，不可胜算。"财臣卢世荣也说："大都酒课，日用米千石。"元代每年从江南海运到大都的漕粮数额，从最初的几十万石到后来的300多万石，据学者统计，百分之十几都被用于酿酒消费了，这一数字是非常惊人的。

在这种情况下，如果继续听任造酒，势必使原本混乱的社会生活秩序遭受更大的影响和冲击，所以，朝廷往往下令施行酒禁。

从至元十三年（1276）九月到次年三月，一直没有有效降水，冬无雨雪，春泽未继。忽必烈十分焦虑，遣使向翰林国史院问便民之事，大臣耶律铸、姚枢、王磐、窦默等对曰："足食之道，唯节浮费，靡谷之多，无逾醪醴曲蘖。况自周、汉以来，尝有明禁。"世祖纳之，即命翰林待制王恽拟《禁酒诏》，诏曰：

> 汉赐大酺，岁有常数；周申文诰，饮戒无彝。况靡粟者莫甚于斯，崇饮者刑则无赦。近缘春旱，朝议上陈宜禁市酤，以丰民食。朕详思来奏，实为腴民。可自今年某月日，民间毋得酝造酒醴，俾天物暴殄，重伤时和。其或违者，国有严典，悔其可追。故兹诏示，想宜知悉。

这一诏令很快付诸实施，当年五月，申严大都酒禁，"犯者籍其家资，散之贫民"。

此次大都酒禁，许多士人纷纷属文，品评时政，或褒或贬，不一而足。由宋入元的遗民词人罗志仁作《禁酿》词云："汉家糜粟诏，将不醉，饱生灵。便收拾银瓶，当垆人去，春歇旗亭。"从词中所反映出人去垆空的情景来看，姑且不论所起效果如何，至少政府对酒禁政策的执行力度还是相当大的，这说明了禁酒诏令得到绝大多数朝野官员的鼎力支持。王恽甚至在当年忽必烈六十三岁寿诞时，代中书省所作的《圣寿节贺表》中，将此次酒禁列为一大惠政而大献谀辞，什么"禁酒酤而重民食，悯兵余而肆赦恩。动顺舆情，咸跻寿域，繄尔至元之盛"云云，并以此教导太子真金，作为崇俭治国的榜样。

终元之世，见于《元史·本纪》所载的七十余次禁酒令中，大多是因为灾荒导致的粮食短缺而由当朝政府主动或者被动颁布的，这种国家强制性的禁酒令虽然有一定的滞后性，但是它与各级政府的赈济措施相结合，较大程度上保证了救荒行动的完善性、功效性和可持续性。

其次为维护国家酒课收入而实行的酒禁，这是影响酒禁政策实施的次要因素。

这一点主要针对的是私酒，因为私酒"侵衬官课"，与国家争利。需要说明的是，私酒禁令通常是与当时政府推行的榷酤政策相伴而行的，榷酤就是政府对酒业实行国家垄断的专卖政策，即由官府统一酿酒和销售以获课利，而不允许民间私自造酒和售酒。

据《元史·本纪》，元朝政府颁行的私酒、酒曲禁令共四次，全部集中在世祖一朝，除一次区域性禁令之外，其余三次均面向全国。其情况如下：至元四年（1267）八月，申严平滦路私盐酒醋之禁；至元二十年（1283）四月，申禁私酒，有私造者，财产、子女没官，犯人配役；至元二十二年（1285）一月"诏禁私酒"，二月"申禁私造酒曲"。

　　另外，从某种形式上来说，寺院酒也属于私酒，虽然很多寺院有免税特权，但也偶在被禁之列，甚至在不禁的时候也要纳税。如至元四年（1267）九月，就曾申严"西夏中兴等路僧尼、道士商税酒醋之禁"。至元三十年（1293）十月，朝廷旨令："属寺家的酒店、做买卖的店里，出办的课程……尽数都交收拾者。"

■ 酗酒风气的酷烈

宋人陶谷在《清异录》中说：瓶中之酒，酌于杯，注于肠，"善恶喜怒交矣，祸福得失岐矣"。倘或性昏志乱，胆胀身狂，那么，平日不敢做的、不许做的，都敢做了。所以他说酒就是"祸泉"。

酗酒带来的社会危害，可以说是助推元朝政府施行酒禁政策的客观因素。

元代酒业的繁荣以及尚饮风气的炽烈，使得社会上存在着为数极多的滥饮人群。酗酒不仅严重危害着身心健康，还干扰了人们的社会生活，给元代社会政治、经济、文化等诸多方面都带来消极影响。国子博士吴师道就一针见血地指出："今列肆饮坊，十室而九，糜谷作醪，不知其几倍于粒食也。斗争凌犯之讼，失业荡产之民，皆由于此。"

酗酒已成为元代社会的一大受人诟病之处，上至皇帝百官，下至平民百姓，酗酒风习酷烈异常。

宫廷尚饮已见前说。所谓上有所好，下必甚之，宫廷嗜酒之风的酷烈带动了元代社会各阶层酗酒风气的盛行。元朝的高级文武百官从中央到地方也多纵饮成癖，甚至耽误公事者亦屡见不鲜。元朝惯例，如遇天气寒冷，掌管祭祀的太官执事在斋宫时，光禄寺皆给酒御寒，结果有的官员喝多了，"致醉失礼"。工部尚书李守中，"每一饮酒，辄半月醉不解"，公务自然无法及时处理。文宗天历之初，四川行省平章政事囊加台自称镇西王，雄霸一方，"负气使酒，陵轹官府，人积不堪"。

战场上的武官也多有酗酒者。大蒙古国时期，历太宗、定宗、宪宗三朝，战功卓绝的老将忙哥撒儿，于宪宗三年（1253）"病酒而卒"。至元三年（1266）十一月，在四川与宋军对峙前线，千户散竹带因酗酒，竟丧失元军所守的大良平（今四川广安县大良乡），后以前功卓著，才免于一死。

自统一南宋后，太平日久，元朝的军官于武事"略不之讲，但以飞觞为飞炮，酒令为军令，肉阵为军阵，讴歌为凯歌"，兵政久已不修。顺帝至正十二年（1352）三月，元军大败红巾军，夺汝宁（治今河南汝南）。朝廷命知行枢密院事巩卜班率侍卫亲军、汉军、爱马及鞑靼军共数万兵士屯驻汝宁沙河岸。结果，巩卜班"日夜沉溺酒色，醉卧不醒"。红巾军趁机偷营，巩卜班死于乱军中，汝宁失陷，元军不得不后退数百里。

元朝高级官员酗酒在顺帝一朝更为司空见惯，甚至不乏秉持钧衡的宰执大员，政治统治的腐败和政权的病入膏肓可见一斑。

至正十年（1350），庆童擢江浙行省平章政事，正是承平岁月，官府无事，庆童"颇沉湎于宴乐"，但这并没有影响他的仕途，十年后还朝，召拜中书平章政事，进入宰执行列。然而，人有旦夕祸福，不久他的儿子刚僧被人诬陷私通宫女，顺帝大怒杀之。庆童怏怏不快，移疾家居，"日饮酒以自遣"。至正二十八年（1368）八月二日，大都城破，庆童与明军力战于齐化门（今朝阳门），以身殉国。

至正十四年（1354），哈麻排挤掉脱脱，次年进为中书左丞相，与弟御史大夫雪雪把持朝政，使先后任中书右丞相的汪家奴、定住无所作为。不过只一年余，哈麻兄弟旋被罢诛。有好事者以诗粘国门曰："虾蟆水上浮，雪雪见日消。定住不开口，汪家奴只一朝。"虾蟆即哈麻，前两句说其兄弟根基不稳，昙花一现；后两句说定住缄默不语，汪家奴终日酣饮，尸位素餐。

顺帝朝后期，宫廷党争激烈。权臣孛罗帖木儿和扩廓帖木儿（王保保）分别拥戴顺帝和皇太子爱猷识理答腊，各为其主，攻打无宁日，内讧不止，成为元朝败亡的重要原因。孛罗帖木儿骄横跋扈，不仅称兵犯阙，还杀中书右丞相搠思监，辱皇后奇氏，几个月内连娶四十名皇族宗室妇女。每次上朝，都要四十名美女手托黄金酒盏盛妆饯行，全部痛饮完毕后，才纵马入宫。至正二十五年（1365），孛罗帖木儿在抵御皇太子和扩廓帖木儿的进攻接连失利后，郁闷不乐，每日与顺帝母舅老的沙饮宴，"荒淫无度，酗酒杀人，喜怒不测，人皆畏忌"。后被顺帝密诏处死。

皇室和高级文武大臣尚且如此，下级官吏更是有恃无恐。益津县尹张英，"性荒嗜酒，昧于事体，又乘酒纵暴，不居官廨"。平棘县尹郑亨，到任以来，"酗酒狂为，连结朋比，游行私家，无日不饮"。吏治之败坏令人侧目。

元朝法律对职官因酒衍事行为都有相应处罚，《元史·刑法志》规定：诸方镇僚属幕官使酒骂长官者，笞四十七，并解职别叙，记过；诸军官纵酒，因戏而怒，故殴伤有司官者，笞三十七，记过；诸职官乘醉，当街殴伤平人者，笞四十七，记过。但违犯者依然大有人在。

平民百姓亦酗酒成风，"朋游群饮称曰事情，酿酒屠牲指为口愿，田务方集，耽乐城市"。上都路兴州民王得禄，带酒用刀子扎死无罪男牛儿。曲阳有小民善持官吏短长，"醉则入县詈吏，人莫敢何"。顺帝

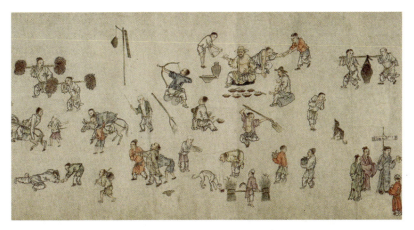

图 5-2 《太平风会图》中的饮酒、醉酒、送酒场面

至正间，保定路庆都县境盗窃屡发，初始皆因赌博饮酒游荡无检，久则遂至为盗，最终陷于刑辟。据《元史·刑法志》记载，醉酒后殴其父母者有之；盗贼得财，用于酒肆倡优之家有之；蒙古人因争及乘醉殴死汉人者有之。总之，因醉酒而触犯刑律者，可谓形形色色，不胜枚举。甚至还有不少僧尼道士酗酒乱情，为非作歹的。

"贤愚中酒得愆尤，论法从轻归过误。居官嗜酒日醺酣，田亩衔杯废农务。"元代酗酒风气的盛行，不仅给元代社会政治、经济、文化等诸方面都带来极坏的影响，同时也严重危害着人们的身心健康，因酗酒而导致的各种疾病不断发生。

和《老乞大》一样，高丽汉语教科书《朴通事》也最早成书于元末，里面有一段医患之间的人物对话：

我今日脑疼头旋，身颤的当不的。请将范太医来看。

太医来这里。

请的屋里来。

好相公，坐的。小人虚汗只是流水一般，夺脑疼的，一宿不得半点睡。与我把脉息看一看。

咳，相公脉息，尺脉较沉，伤着冷物的样子，感冒风寒。

是，小人昨日张少卿的庆贺筵席里到来，好哥哥弟兄们央及我，烧酒和黄酒多吃了，生果子也多吃了，来到家里害热时，把一身衣服都脱了，着这小丫头们打扇子。

那般不小心收拾身己，可知得这证候。我如今先与你香苏饮子，熬两服吃，热炕上炕着出些汗。我旋合与你藿香正气散，吃了时便无事了。贴儿上写与你引子，每服三钱，水一盏半、生姜三片、枣一枚，煎至七分，去滓温服。然后吃进食丸，每服三十丸，温酒送下。我去也。

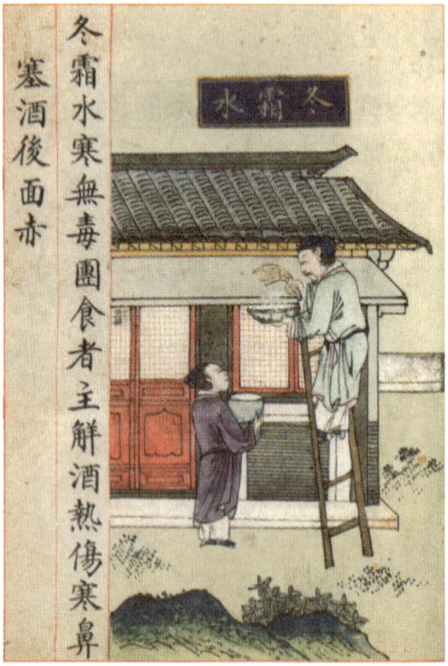

图5-3 《食物本草》所绘 冬霜水

文中的患者因为在朋友宴席上喝多了烧酒和黄酒，又多吃了生果子，再加上冷热相激，于是得了感冒风寒，只好请来范太医看病。

儒学提举官、诗人戴良写过一篇介绍鄞县（今浙江宁波）名医吕复治疗疑难杂症事迹的《沧洲翁传》，中有两则医案也与嗜酒有关：

郡人苏伯友病衄，旬浃不

止。时天暑脉弱，众医以气虚不统血，日进者归茸附，弥甚，则告术穷，家人皆容貌变更。苏亦流涕长潸，泣命其子强翁诊。翁至，未食，顷其所衄血，已三覆器矣。及切其脉，两手皆虚芤，右上部滑浮数而躁，且其鼻赤，查而色泽，即告之曰："此得之涵酒。酒毒暴悍，而风暑乘之，热蓄于上焦，故血妄行而淖溢。"苏曰："某尝饥走赤日，已而醉酒向风卧，公诊当是。"翁为制地黄汁三升许，兼用防风汤半剂，饮之立验。

童芳仲幼女华病嗜卧，颊赤而身不热，命小儿医四三人疗之，皆以为慢惊风，屡进攻风之剂，兼旬不愈。翁切其脉，右关独滑而数，他部大小等而和，因告童曰："女无病，关滑为有宿食意，乳母致之。乳母必嗜酒，酒后辄乳，故令女醉，非风也。"及诘其内子李，李曰："乳母近掌酒库钥，苟窃饮必任意。"潜使人视卧内，有数空罂榻下。翼日，拘其钥。饮以枳椇、葛花，日二三服，

图5-4　《太平风会图》中病人买药的场面

女起如常。

方回《酒戒》诗云："一夕饮逾量，终日不能起。虽非必死病，亦有可死理。"酗酒对身体的危害是相当大的，由元入明的百岁寿星贾铭，洪武初向朱元璋进《饮食须知》，书中就指出："酒类甚多，其味有甘苦酸淡辛涩不一，其性皆热有毒，多饮助火生痰，昏神软体，损筋骨、伤脾胃、耗肺气、夭人寿。"间接劝谏朱元璋节饮。

元代著名医生罗天益也认为："故近年中风、虚劳、消狂、疮疡、癖积、衄蔑、藏毒、下血者多有之，大概由朝醉夕醒、耽乐为常而得之也。"蒙古百户昔良海，因食酒肉饮湩乳，得霍乱吐泻，"从朝至午，精神昏愦"。忽必烈侍卫纽邻，久病疝气，又因饥饱劳役，过饮湩乳而复发，"甚如初，面色青黄不泽，脐腹阵痛，搐撮不可忍，腰曲不能伸"。

三 只今酒禁严如许

为了救荒和维护酒课收入，元朝政府不得不屡次下令实施酒禁。需要指明的是，元代酒禁主要是针对粮食酒和以粮食酒为基酒的配制酒，葡萄酒也见有禁私酿的规定，因为售卖葡萄酒也须纳税。而马奶酒是不禁的，因为饮用马奶酒的人群局限于草原地区，而且马奶酒不耗粮，也没有酒课。

酒禁内容和违禁处罚

酒禁政策的内容，从狭义上来说，包括禁酿、禁饮、禁市等取缔社会酒类消费的行动；从广义上来说，还包括国家实施榷酒政策垄断酒业经营，禁止民间私酿、私酤的酒政限制。

禁酿指禁止酿造酒，但一般允许销售和饮用。禁饮，指禁止饮用酒，期间一般不允许酿酒和市酒。禁市指禁止酒的销售，但通常意义上的酒禁，是指既禁酿，也禁饮、禁市。

元代酒禁有禁"官酒"和"私酒"的分别。官酒又称官法酒，主要指政府酿造或经营的酒业，供皇室贵族和官僚享用，也投入市场以增加财政收入。元人诗歌就有："官酒浓于仙掌露，斑衣带得御炉烟。""黄帕越罗天水色，玉瓶官酒郁金香。"私酒是指个体生产制造和出售的酒。揭傒斯有诗："青裙老妪诧鲜鱼，白发残兵卖私酒。"即此之谓。

酒禁的对象也包括酒曲，酒曲虽非成品酒，却是酿酒不可或缺的重要物质，它的主要原料也是粮食。禁私酒是在政府榷酤期间推行的，主要目的是维护国家酒课的收入，已见前说。

"又况禁酒严，罄室覆老瓦。"在禁酒期间和禁酒区域内，严禁官酿或家庭酿造私酒，销售酒（包括犯界售酒）以及饮用酒，触犯者要受到相关的法律制裁。

据《元史·刑法志》：诸私造唆鲁麻酒者，同私酒法，杖七十，徒二年，财产一半没官；诸蒙古、汉军辄酝造私酒醋曲者，依常法；诸犯禁饮私酒者，笞三十七；诸犯界酒，十瓶以下，罚中统钞一十两，笞二十七。十瓶以上，罚钞四十两，笞四十七，酒给原主；酒虽多，罚止五十两，罪止六十，并勒令出境。另外对逃税、漏税、匿税者也要作出相应处罚。政府还鼓励对私酒的举报，对举报者予以奖励。"有首告者，于没官物内一半给赏。"

事实上，对酒禁政策的执行情况因时间、地域的不同亦有所差别。虽然也有如成宗时郑介夫上书所言"京都为四方取则之地，法且不行，况四方之外乎？如往年禁酒，而私酝者比屋有之，酒益薄，价益高，而民益困"的个别情况，但总体来说，对违禁者呈从严从重处罚的态势。

如至元十四年（1277）五月大都酒禁时规定："犯者籍其家资，散之平民。"但一些人仍然敢于顶风作案，致使威令难行，于是对犯禁者的处罚有明显加重的趋势。至元十五年（1278）二月，朝廷旨令："做私酒来的为头的人，杀者，家篴抄上了呵，官司收拾者。"至元二十年（1283）四月申严酒禁时，又规定：有私造者，财产、子女没官，犯人配役。至元二十七年（1290）七月，禁平地、忙安仓酿酒，"犯者死"。

再如酒禁的重点地区和林，因禁酒法轻，不能止，"中书更奏重法，罪至死"。南宋遗民郑思肖《大义略叙》也有记载说："遇岁歉，河北禁人造酒，饮者断臂，贩之者斩。"[1]

禁酒期间的从重处罚，不仅针对犯禁的普通百姓，官员也概莫能外。西台御史高坦弹劾同僚"时禁酤酒而面有醉容"，怀疑对方背地里偷偷饮酒了。御史中丞马祖常却以"纠劾务有其实"为由，指责高坦小题大做："今以酒容罪人，苟细不持大体。"反而上奏要黜罢高坦，真是人人自危。又有一些任内官员因对酒禁政策执行不力，而坐致免官。监察御史阿剌浑就因"不纠私酿"等罪罢官。

但也有一些官员能够顶住重重压力，秉公执法，甚至为民请命，广恤刑美意。苏志道任岭北行省左右司郎中，适值朝廷酒禁法严，"令下三日，索得民家酒一缶"，赵仲良等五人当死罪。苏志道以为不可，说："酒非三日成者，犯在格前，发在格后，当用后法论，当坐。"并书其事上中书省刑部，最后赵仲良等五人皆得不死。程思廉出佥河东山西道提刑按察司事，大同杨剌真等犯酒禁，"有旨诛之"。程以其罪不至死，放宽了处罚。

酒禁政策的特点

元代酒禁政策呈现出救荒性、区域性、时段性、特权性和灵活性等特点。

救荒性。"频年旱饥酒禁重"，已见前说。救荒性主要是针对自然

---

[1] 陈福康校点《郑思肖集》（上海古籍出版社1991年版，第187页），"贩"作"饮"，误。

灾害和人为破坏（如被兵、盗贼、掠虏）等因素导致的粮食短缺，米价踊贵而采取的救急性酒禁措施，旨在缓解饥荒。用监察御史徐毅的话说，就是"申明酒禁以修荒政"。

至元六年（1269）六月，河南、河北、山东诸郡蝗灾，"赤地千里"。监察御史王恽上书御史台《为蝗旱救治事状》，其中建言："在都酒务开沽者，应有见在稻糯，官司亦宜见数，权令停止酝造。此系前世屡常施行。"至元十九年（1282）秋旱，米涌贵，人绝食，十月，"禁大都及山北州郡酒"。胡祗遹喜为之赋诗云："今年秋旱人绝粮，酒禁申明严律度。外方郡县内京畿，不见青帘蔽街路。"再看王恽进呈御史台的《便民三十五事》之《禁酝酒》条：

> 一目今自真定路以南直至大河，地方数千里，自春至秋，雨泽愆期，旱暵成灾，致米麦踊贵，无处籴买，例皆阙食，百姓往往逃窜，莫能禁戢。有司诚宜多方计置救灾恤民。窃见民间酝造杯酒，所用米麦，日费极多。略举真定一路在城每日蒸汤二百余石，一月计该六千余石，其他处所费比较可知。若依至元十五年例，将民间酝造杯酒权行禁止，庶几省减物斛，以滋百姓食用，诚救灾恤民之大事也。

从酒禁政策的救荒性特点，还可以窥见元代各朝政治统治的清明程度。抛开统治时间长短和自然灾害频稀的年度差异，世祖、成宗、仁宗和英宗四朝所颁行的酒禁令最为频繁，而四朝政治在元代近百年的统治中亦是相对清明的。

区域性。"河南禁酒河阳饮，醉醒相看总有情。"元代酒禁政策的区域性特征十分明显，酒禁的重点，首先是以大都和上都为中心的腹里地区（即中书省辖地）。腹里地区因坐拥两都，人口众多，地理位置的重要性自不待言，为保障粮食供应经常成为朝廷酒禁的重点地区。据《元史》记载，直接针对该地区的禁酒令前后高达35次之多，约占全部禁酒令的一半，遥居各行省榜首。

其次是农业生产条件恶劣，粮食产量较低或者粮食匮乏地区。如陕西、岭北、甘肃诸行省及腹里地区北部、辽阳行省南部诸路，多次实行酒禁。与此相反，针对粮食主产区同时也是酒课大省的江浙行省，禁酒令却仅有一次。

先是，大德十一年（1307）九月，江浙饥。御史台一件咨文中说："江南诸处连年水旱相仍，米粮涌贵，见建康路米价腾涌，奈何官仓无粮，及无客旅贩到米粮，是致贫民夺借米谷，致伤人命，若不救济，利害非轻。"

因抢夺粮食引起民乱，无疑兹事体大，所以中书省臣赶紧上奏："杭州一郡，岁以酒糜米麦二十八万石，禁之便。河南、益都诸郡亦宜禁之。"朝令批准。

但这一诏令直至三个月后才付诸施行，也就是在这一年的十二月，朝廷下诏："山东、河南、江浙饥，禁民酿酒。"而其他如江西、湖广行省仅仅于某一局部区域禁酒，边远地区的云南行省甚至未有禁令，可见酒禁政策的区域倾斜性非常明显。

三是受灾严重地区。如河南行省和腹里地区中南部，农业环境和气候条件相对比较适合粮食生产，但因受灾频繁，自然也就常常受到酒禁政策的制约。

时段性。酒是人们日常生活不可缺少的消费品，饮酒又是历代风俗所积，酒课还是国家税收的重要来源，所有这些都决定了酒禁政策实施的时段性。一般情况下，只要年景好转，呈现丰收景象，政府通常就会放开酒禁。如至元二十年（1283）九月，"以岁登，开诸路酒禁"。再如后至元三年（1337）五月，"以兴州、松州民饥，禁上都、兴和造酒"。时隔两年，即后至元五年（1339）七月，诏"开上都、兴和等处酒禁"。吴师道《野中暮归有怀》诗云："年丰稍变饥人色，秋老谁怜倦客心。酒禁未开诗侣散，菊花时节自登临。"描述的就是年景好转，人们盼开酒禁的心情。

特权性。酒禁面前并非人人平等，"禁"不上宫廷是理所当然的，一些宗室贵族也享有"不禁"特权，这就是酒禁政策的特权性。如大德五年（1301）四月，和林禁酿，但"其诸王驸马许自酿饮，不得酤卖"。大德六年（1302）十一月，禁和林军酿酒，"惟安西王阿难答、诸王忽剌出、脱脱、八不沙、也只里、驸马蛮子台、弘吉列带、燕里干许酿"。酒禁的特权性主要是为了维护统治阶级上层的利益。

灵活性。考虑到一些特殊情况，元代酒禁政策的推行也有相对灵活的一面。至元十五年（1278）二月，以川蜀地多岚瘴，"弛酒禁"。同年四月，以时雨沾足，稍弛酒禁。"民之衰疾饮药者，官为酝酿量给"。至元二十七年（1290）九月，武平（今辽宁敖汉旗东）地震，盗贼乘隙剽劫，中书平章政事铁木儿"蠲租赋，罢商税，弛酒禁，斩为盗者"。又发钞赈济，使民心稍稳。成宗大德五年（1301）十一月，朝廷又诏谕中书："近因禁酒，闻年老需酒之人有预市而储者，其无酿具者勿问。"武宗至大二年（1309），工部尚书拜降母徐氏卒，拜降奔丧杭州。适值朝廷酒禁方严，武宗"特命以酒十罍，官给传致墓所，以备奠礼"。

应该指出，酒禁政策的灵活性，多是在酒禁期间考虑了某些实际情况而做出的临时性调整，含有一些人性化考量，以体现政府宽大恤民的恩德，借此收揽人心。总体上，它与酒禁政策的全面执行并行不悖。

四　酒禁开，闾阎笑

酒禁带来的社会影响

　　春风一架烂金沙，忆昨同醉遗乌纱。山东禁酒不得饮，方信中年始忆家。（袁桷《旧春花下与东嘉周子敬联诗有人到中年始忆家之句余坐舟中五十日因忆此诗作俳谐体奉寄》）

　　窗外青山啼子规，吟魂正被酒禁持。小楼一夜雨声恶，落尽碧桃人未知。（成廷珪《武林客舍》）

　　又与黄花负凤期，天南霜露满人衣。酒尊有禁逢佳节，纱帽无情对落晖。（吴当《九日燕南禁酒简赵子威佥宪》）

　　石鼎烹茶风绕林，小亭面水足清吟。只今酒禁严如许，谁信香醪更可斟。（刘涓《寄王可宗》）

　　这些来自不同时间、不同地点和不同作者的诗作涉及了一个共同的话题，那就是酒禁。细品全部诗歌，在得出元代酒禁施行具有频繁性和广泛性这一结论的同时，我们不难体会出，酒禁政策的施行，给人们的社会生活确实带来了极大影响，小到日常生活，大到社会风俗。

图5-5　山西兴县牛家川元代石板壁画　山西博物院藏

金元之际的元好问说："比得酒中趣，日与杯杓俱。一日不自浇，肝肺如欲枯。……吾贫盖有命，此酒不可无。"由宋入元的方回也说："老身偶不饮，终夜不能眠。……惟酒足忘忧，无之固不可。"

可见在元代，酒早已成为人们社会生活中不可或缺的日用消费品，有着庞大的消费群体和广阔的市场需求，而历代积淀相因的饮用酒风俗，也绝非仅仅出台一项禁酒政策所能立竿见影地予以禁断的。诚如学者梁寅所言："历代相因，榷货加重，则固不能节制民饮，而间以歉岁禁民酿酒，则立法虽严而终莫之遏，甚哉，人心之流而检制之难也。"

关于酒的弛、禁及对社会生活的影响，许多文人学者从不同角度阐发各自见解。一些学者基于酒在祭祀、宴客、成礼、养生伐病和日用饮食等方面的重要作用，主张适度用酒。

早在南宋，权臣史浩阐述《酒诰》的创作缘由时说："先王设酒醴，本为祭祀、养老、合欢，皆欲成礼。若夫流连荒亡，至于败国丧家亡人，岂先王之意哉！纣之不善，惟此为甚，此《酒诰》之所以作也。"

元人梁寅《榷酤》一文言："古之圣人制为燕享之礼，以极欢忻之情，燕于朝廷则上下以和，燕于乡党则长幼以序，燕于家则冠昏之礼成，燕于学则养老之礼尽。其一献之礼，宾主百拜，非徒在于醉饱也，以成礼而已。"

谢应芳《酒赋》也说："往古来今，酒不可无，祭祀、宾客、日用之需。但用之者，丰不可纵，俭不可拘。纵失之湎，拘失之愚。愚乃人所鄙，湎乃酒之辜。酒以成礼威仪秩如，酒以合欢怡怡愉愉。夫如是，又安得丧于而德，害于而躯，亡于而国，败于而家乎？"

但要真正做到丰不可纵，俭不可拘，谨其过用，才不会因酒而丧德、损躯，甚至于败家、亡国，这个度并不好把握。至元二十年（1283）新春元旦，监察官员胡祗遹为自家写的门帖子（门联）是："酒禁渐来无败德，奸人戮尽少残民；更教吏政清如水，从此升平万万春。"这当然只是一个良吏在新的一年的祈盼和祝福而已，反映的是文人们的理想用酒境界。

在现实生活中，因风俗日奢，用度无节，酒必内法、食必珍味者大有人在，虽酒课加重、立法严苛依然不能遏制。梁寅就发出过这样的疑问："且风俗日奢，用度无节，司马公所谓饮馔之盛，酒必内法，食必珍味，往往有之，有位者欲移风易俗，可又为之倡导乎？"他认为正确的做法是："必如周官之讥酒、谨酒，如汉法之群饮有罚，而毋以严令为嫌，毋以亏课为病，是亦防乱之一端乎。"也即是应该像前代周、汉那样，令行禁止，大家都能够认真遵守饮用酒规定，官府也不以限制用酒导致的酒课亏空为行政失误，这才是防乱的一大重点。

酒禁政策的施行带来的第二大影响就是对政府财政收入的影响。榷酤始行于汉武帝，酒为国家所专卖，以后历代相因，并不断加重，酒课之利成为国家税收的重要来源。然而，酒禁政策的实行无疑截断

（的关系。因此，从某种意义上说，酒禁政策是一把双刃剑，一方面起

了这一财路，造成梁寅所说的"亏课"问题。据不完全统计，元代全国酒课岁入总额在世祖朝至元末期曾达到约70万锭，以至元二十九年（1292）为例，"一岁天下所入，凡二百九十七万八千三百五锭"，这是元廷财政收入中实物以外的钱钞数，两相比较，酒课岁额占全国钱钞收入的四分之一弱。世祖朝以降，酒课收入虽略呈下降趋势，但总体来说，在国家税收中仍然占据重要地位。元中后期酒课收入的减少，自然与因灾害频繁导致的粮食短缺和酒禁政策的施行有着直接且密切的关系。因此，从某种意义上说，酒禁政策是一把双刃剑，一方面起到救荒作用，缓解了粮食危机；另一方面，也给社会生活及政府税收带来诸多不利。

弛禁

至元十五年（1278）正月，"弛女直、水达达酒禁"。这是《元史·本纪》中有明确记载的首次开禁。女直即女真，他们和水达达都生活在辽阳行省东北部地区，居民以渔猎、捕貂为业。因气候寒冷，对酒的需求格外迫切。

紧接着在至元十五年的二月、四月和十一月又三次开禁。据《元史·本纪》，世祖至顺帝十朝共发布弛禁令34条，大致相当于此间所发布禁酒令的一半。

弛禁令的发布有着多种方面的原因，其中，因寒冷、潮湿、岚瘴等气候因素三次；出于增加税收目的三次；恩赦两次：一次是武宗至大二年（1309）二月，中都行宫建成；一次是天历元年（1328）十二月，文宗夺位成功；安抚民心、稳定秩序一次。至元二十七年（1290）九月，武平地震，盗贼乘隙剽劫，民愈忧恐。平章政事铁木儿以便宜

图 5-6 《太平风会图》中摆摊售卖酒食饮料的商贩

蠲租赋，罢商税，弛酒禁，斩为盗者。这次弛禁属于官员的自主行为，
具有较强的应急政策色彩；粮食丰收一次。至元二十年（1283）九月，
"以岁登，开诸路酒禁"。其他24次虽未明确说明，但可以推测很多是
在当地年景正常、粮食稳产或丰产的情况下发布的，这也是政府开弛
酒禁的首要考虑因素和重要前提条件。通过这点还可以间接反映出有
元一代自然灾害的频繁程度及对区域农业生产造成的影响。可以断定，
至少在成宗大德后期的连续几年里，腹里的部分地区应该是风调雨顺
的好年景。

"间阎笑相语，酒禁又须开。""想见山行处，开窗新酒香。"①对于
政府的弛禁令，绝大多数人拍手称快，欢欣鼓舞。"向来酒禁今已释，
莫遣顷刻无罍尊。""中秋适逢酒禁开，椰瓢酌生新泼醅。"喜悦之情，
跃然纸上。

与其说这是人们对开禁的喜悦，毋宁说是对丰年的喜悦，因为绝

----

① 戴表元：《剡源集》卷二十九《顿寒怀单祥卿教谕时新开酒禁》。

大多数情况下，每次开禁令的颁布，都是以有一个五谷丰登的好年景为前提的。以往紧扼人们脖颈的饥荒终于松开了它邪恶的手，酿酒饮酒便是人们表达喜悦的最好方式。

泰定帝二年（1325），"真定吴侯来守庐陵，议行万户酒，申请垂定，郡民预喜"。诗人刘诜欣然作《万户酒歌》，描述了原来由官府榷酤专卖、禁止民间私酿，变为百姓可自由酿酒的"万户酒"政策，也即实行"散办"之后的巨大变化：

> 城中禁酿五十年，目断炊秫江东烟。官封始运桑落瓮，官隶方载稽山船。务中税增沽愈贵，举盏可尽官缗千。先生嗜饮终无钱，指点青旗但流涎。今年忽纵万户酿，处处争说邦侯贤。富家绕郭买秫田，小家盆盎争濯泉。开城晓避曲车道，筑室夜甃糟丘砖。便将相如旧渴吻，一吸拟尽长鲸川。老翁童稚喜欲颠，秋醉月下春花前。丰年五谷贱如土，市上游人歌复舞。歌复舞，邦侯堂有八秩母，共饮蟠桃几千度，春风吹醉九九州，公但饮醇丞相府。

万户酒滥觞于宋，宋代全国普遍实行官榷酒制度，唯岭南等地"以烟瘴之地许民间自造，服药酒以御烟瘴，谓之万户酒"。这里，诗人借万户酒的典故来表达庐陵城（今江西吉安）五十年专卖禁私酿一旦开弛后无比的喜悦心情。

首先需要明确的是，诗中反映的酒禁情况只为禁酿，而非禁饮和禁市。官府从其他地方贩运酒品，"官封始运桑落瓮，官隶方载稽山船"，所以人们仍然可以买酒饮酒。庐陵城中禁酿的时间长达五十年，因酒课增加而导致官酒价格高涨，令许多好饮者望而却步，只好作望洋兴叹状。由于吴姓官员的上任和丰收年景的到来，酒禁开弛，城中立刻出现了一派"富家绕郭买秫田，小家盆盎争濯泉。开城晓避曲车道，筑室夜甃糟丘砖"这种买田酿酒、举城欢庆的繁忙快乐景象。

从另一个侧面看，这首诗还可以看作酒禁与酒课征收两者之间矛盾的突出反映。"民以食为天"，在粮食歉收的情况下，一方面政府要最大限度维持当地人民最基本的生存状况，维护统治秩序，因此必须实行酒禁。酒禁实行的地区，酒课征收就会减少，甚至需要免除酒课。如前揭至元十九年（1282）大都等地因秋旱，粮价上涨，百姓乏食而触发的酒禁，就规定免除酒课。

另一方面，酒课是国家财政收入的重要组成部分，是维持政府庞大开支的重要经济来源，酒课的征收是关系国计民生的大关键，因此部分禁酒区域只好在有限的空间内，最大限度地抬高酒税，其结果又必然导致酒价上涨。酒价超出人们的购买力，酒的销售量就会减低，这就间接地减少了粮食消耗。相应地，酒课的征收也会受到影响，所以又在适当时机及时放开酒禁，以增加税收，这也正是决定酒禁政策时段性特点的根本原因所在。如此反复的屡禁屡弛，实质上反映的是政府对国计民生的利弊权衡，是牵涉国家根本利益的博弈之举。

总之，作为政府的一种救荒手段，元代酒禁政策的实施是非常及时而且必要的，对于缓解粮食危机，改善社会风气，稳定统治秩序都起到了一定的积极作用。但与此同时，酒禁政策也给人们的日常生活带来了不便，影响到政府的赋税收入，元代一度蓬勃兴盛的酒业市场也因此受到了某种程度的冲击，制约了元代酿酒业的进一步发展。

杯中日月

第六章

利入丰厚的酒课财政

汉武帝天汉三年(前98),由桑弘羊倡导,首行榷酤。这一为敛财而行的酒专卖政策对后世影响极大,历代王朝纷纷效仿。元朝官员胡袛遹有诗:"汉武穷兵榷酒酤,糜谷渐多非法古。后王躚习以为常,藉酒丰财成典故。"说的就是这件事。

至此,酒课不仅成为历代王朝财政收入必不可少的固定来源,而且是重要的支柱之一,对国计民生产生了巨大作用。

元代,酒课作为政府税收的重要项目之一,在国家财政收入中所占的地位十分突出。世祖朝晚期,经过几代理财官员的努力,国家赋税中来自酒课的钱钞收入一度高于商税和茶课,仅次于盐课,居第二位。元朝中后期,酒课在财赋中的比重有所下降,被商税超越,降至第三位。政府把酒课收入用于赈灾、军事、赐赉等多个方面,对国计民生助益非小。

利之所在,元朝政府为了有效管理酒课,从中央到地方,设立了一系列较为完备的征收管理体制,并不断调整征榷方式,反复采用榷酤和散办以保证酒课的全面征收。元代酒的征榷制度,为我们打开了一扇透视元代社会经济结构运行和发展的重要窗口。

耶律楚材首定酒课

《元史·食货志》云："元之有酒醋课，自太宗始。"

太宗就是窝阔台。元代酒课的征收管理，自窝阔台时期开始订立了较为完备的体制，元官修政书《经世大典》云："国初有征收课税所，而州县酒醋悉隶。后大都则立酒课提举司，外而路府州县皆著课额，为国赋之一，其利亦云厚矣。"

起初，蒙古军队在对外征伐中，占领一地之后，便将此地财富、人口抄掠一空，"不复守其土地"。后来学习金、宋的做法，留下官员驻守，但却不知如何治理城邑。耶律楚材是最早建议窝阔台治理"汉地"，并在"汉地"征收赋税的人物。

耶律楚材本契丹皇族之胤，辽太祖耶律阿保机九世孙，父亲耶律履官至金朝尚书右丞。耶律履花甲之年晚来得子，视若珍宝，精通术数的他高兴地对家人说："我年六十得此子，这是我家的千里驹啊，将来必成伟器，只是会被异国大用。"于是用《春秋左氏传》"虽楚有材，晋实用之"的典故，给儿子起名"楚材"。

图6-1 〔清〕罗聘（临摹） 耶律楚材像

1215年，蒙古军攻破金中都（今北京）后，在城内不断寻访各种人才，同时不忘延揽辽国遗族。成吉思汗得知耶律楚材通晓占卜和术数，又是辽国皇族贵胄，于是下诏征聘。

1218年，耶律楚材北上觐见成吉思汗。成吉思汗对耶律楚材十分重视，对儿子窝阔台说："此人天赐我家，尔后军国庶政，当悉委之。"但是直到成吉思汗去世的近十年时间里，耶律楚材一直充当着两种身份：一是星相占卜的术士；二是掌管大汗宫廷汉文文书的"必阇赤"。

窝阔台继位后，耶律楚材迎来了人生的高光时刻。特别是被任命为中书令后，治国才干得到了充分施展。他积极恢复文治，逐步实施"以儒治国"的方案，用汉法治理汉地，开启了窝阔台时期的"治平"之政。

由于连年用兵，无暇经理中原，加之官吏多私自聚敛，导致国库空虚，官府无任何积储。大汗的近臣别迭等人竟荒谬地向窝阔台提出建议："汉人无补于国，可悉空其人以为牧地。"

耶律楚材在窝阔台御前反驳道："陛下将南伐，军需宜有所资，诚均定中原地税、商税、盐、酒、铁冶、山泽之利，岁可得银五十万两、帛八万匹、粟四十余万石，足以供给，何谓无补哉？"

元代定制，银、钞50两为一锭（定），50万两正好为一万锭。

窝阔台闻听此言，就说："卿试为朕行之。"同意在中原各路试行征税。

于是在窝阔台即位的第二年（1230）正月，开始确定诸路课税，酒税也是征收项目之一，征税对象是粮食酒和葡萄酒。当时确立的征收标准是：粮食酒"验实息十取一"，即在卖酒所得利润中，政府十抽一；葡萄酒课是"三十分取一"。

葡萄酒课为何比粮食酒课轻？这是因为"葡萄酒浆虽以酒为名，其实不用米曲"，即不消耗粮食，所以征税较轻。

当年十一月，正式成立燕京、宣德、西京、太原、平阳、真定、东平、北京、平州、济南十路征收课税所，各路课税所的正副长官都是口碑风评颇佳的中原士人，可谓"极天下之选"。

窝阔台汗三年（1231），酒课正式开征，"立酒醋务坊场官，榷沽办课，仍以各州府司县长官充提点官，隶征收课税所，其课额验民户多寡定之"。

即是在各州、府、司、县广泛设立酒务、酒坊、酒场官员负责办课，实行榷酒法，酒由国家专卖。各地方长官负责管理酒课的起解等事项，这些地方长官隶属于征收课税所。各地酒课的总额根据当地民户的多少来确定。

当年秋八月，窝阔台巡幸至云中（今内蒙古托克托东北），十路课税使将各路"所贡课额银币及仓廪米谷簿籍"，一分不差地陈列于大汗面前。窝阔台见状，大为开心，笑着对耶律楚材说："卿不离朕左右，却能使国用充足，南国旧臣，还有像你这样能干的吗？"当即赐酒，拜为中书令。

图6-2 耶律楚材

窝阔台汗六年（1234），蒙古灭金，河南、山东、山西等中原汉地大片领土被大蒙古国占领。随着户口的大量滋息，中原税课的钱币部分也由原来的一万锭增至二万二千锭。为了加强官府对酒的专卖权，特意颁布了《酒曲醋货条禁》，严厉打击民间私酿行为。

岁课的增加，引起了汗廷权贵和商人们的贪欲，随后大兴"扑买"之法。燕京的刘忽笃马，以银五十万两扑买天下差发；涉猎发丁，以银二十五万两扑买天下系官廊房、地基、水利、猪鸡；一回鹘人，以银一百万两扑买天下盐课；还有扑买天下河泊、桥梁、渡口的。燕京的酒课，则被一个叫刘庭玉的人，用银五万两扑买。

真是一切皆可扑买。那么，何谓扑买？

扑买，也叫买扑，即包税，由扑买者以资产做抵押，与官府签订承包契约，有固定期限。扑买者获得某一地区某类课税的征收垄断权，任何他人不得进入该地区从事同类业务，同时要按期向官府交纳承诺的课税，如若不能如期交纳，将受到相应处罚。扑买者自负盈亏，因管理不善出现亏本或破产，则将其抵押的资产没收充公。元代扑买者多为财力较为雄厚的回回商人或豪民富户。

窝阔台汗十一年（1239）十二月，商人奥都剌合蛮又以银四万四千锭扑买中原税课，比原来的二万二千锭正好增加了一倍。奥都剌合蛮因此受到大汗的赏识，不久被提拔为提领诸路课税所官，并成为窝阔台的宠臣。

银四万四千锭等于二百二十万两，是太宗三年（1231）的四倍多，当然，随着蒙古灭金战争的节节胜利，金朝的大片国土也一点点地被蒙古蚕食，此时的中原征税地域范围也比窝阔台三年时扩大了很多。

那么这二百二十万两岁课银额中，有多少是来自酒课的收入呢？记录下来的只有之前刘庭玉扑买的燕京酒课银额五万两，仅占全部岁课银额的2%出头。

燕京作为当时燕京行尚书省的统治中心，酒课收入在中原汉地无出其右，这点是毋庸置疑的。随着奥都剌合蛮扑买数额的提高，燕京酒课的银额肯定也会高出五万两。但因为我们对其他各地的酒课数额不得而知，所以也就无法精确知道太宗朝中原全部岁课银额中酒课的数额。

蒙哥汗时，刘秉忠在都城哈喇和林的忽必烈藩邸上书言事，直指耶律楚材和奥都剌合蛮两人征办税课的流弊："耶律楚材拘榷盐铁诸产、商贾酒醋货殖诸事，以定宣课，虽然诸路课税使从实恢办，但不足部分亦是索取于民。奥都剌合蛮奏请在旧额之上加倍征榷，往往科取民间。征科与官榷并行，令百姓手足无措。"

刘秉忠认为，窝阔台汗时赋税比较繁重，百姓生活艰难，不利于统治的稳定。他给忽必烈的建议是："宜从旧例办榷，更或减轻，罢繁碎，止科征，无从献利之徒削民害国。"也即是将中原税额的钱钞部分，恢复到原来五十万两的水平。

刘秉忠最为后世熟知的身份是元大都和上都的设计者，天文、历法、数术无不精通。他是邢州邢台人，出身于金朝官宦世家。1220年，邢州降蒙，太师国王木华黎承制设立都元帅府，刘秉忠之父刘润先为副都统，后升都统，署邢州录事。

刘秉忠自幼聪颖，8岁入学，"日诵数百言"。13岁以质子身份入居都元帅府，17岁出任邢台节度使府令史。然而志存高远的他终日郁闷不乐，投笔叹道："吾家奕世衣冠，乃汩没为刀笔吏乎！丈夫不遇于世，当隐居以求志耳！"

说到做到，他立即辞职隐居武安山中，与全真道士为伍。后因燕京天宁寺虚照禅师的邀请，又易道袍，改穿僧服，法号"子聪"，担任天宁寺掌书记。

1242年，燕京大庆寿寺的海云法师应召前往和林，为蒙古汗廷做法事，途中与27岁的子聪和尚刘秉忠相遇。刘秉忠将新作的一首诗拿给海云看，海云读罢，对他说："我看你的心思不在佛门而在尘世，志在功业，今蒙古大汗召我前往，你不妨跟随我前去，也许有因缘巧合。"子聪遂跟随海云北赴蒙古汗廷哈剌和林。

时忽必烈作为亲王，负责接待四方来访的僧人，于是趁机将海云师徒接到自己在漠北的藩王府邸，并向海云询问"佛法之要"。

忽必烈发现，跟随在海云大师身边、只比自己小一岁的子聪和尚刘秉忠，风骨秀异，志气英爽不羁，是一个难得人才。他希望将子聪留在身边，协助自己干一番事业。海云答应了忽必烈的请求，子聪于是被任命为王府掌书记，人称"聪书记"。

后来海云大师只身南返燕京。临行前，语带玄机地对弟子子聪说道："瓜熟而蒂落，因缘而天成。"又对随行的人说，从此佛门将少一位有为的弟子，天下却多了个治世的能臣，因有这么一个人在，中原或许会有不少生灵免于涂炭。

刘秉忠虽名为佛门弟子，但实际上却主张三教合流，儒佛道并用。他与忽必烈纵论古今治乱之道，建议忽必烈治天下应以民为国本，要与民休息，轻徭薄赋，澄清吏治。

忽必烈登基前后，刘秉忠在臣僚中地位之尊，鲜出其右。他的建言，忽必烈自然要采纳。在这种思想指导下，世祖朝统治前期的酒课收入应该是相当低的。

图6-3 刘秉忠像

二　世祖朝酒课的峰值

忽必烈临御之初,王文统以中书平章政事一职理财,他只是加强了食盐专卖,并且还将榷盐价格由原来的每引白银十两减至七两,并未涉及酒课的调整。三年后,王文统因女婿李璮变乱受到株连被杀,便由阿合马接力理财。

阿合马对酒课征收管理机构的改革

阿合马原是出生于中亚花剌子模(今属乌兹别克斯坦)的回回商人,成吉思汗西征后被掳掠东来,成为忽必烈皇后察必娘家的家奴,后随察必陪嫁到忽必烈藩邸。阿合马为人处事头脑灵活,能言善辩,办事能力强,深得忽必烈宠信。

忽必烈即位后,急于富国,尝试让阿合马理事,"颇有成绩"。于是委任他为开平府同知兼太仓使,相当于首都副长官兼财政部长,替忽必烈掌管宫廷仓廪钱谷。阿合马由此完成了从媵从到官僚的人生逆袭。

王文统被杀后,阿合马领中书左右部兼诸路都转运使,被专门委以财赋之任。至元元年(1264),超拜中书省平章政事,进阶荣禄大夫,正式进入宰执行列。而且宰相的位置一坐就是十八年,是有元一代宰相当得最久的一位。直到至元十九年(1282)在大都被王著、高和尚所杀。

阿合马理财措施之一，就是将窝阔台时始设的诸路征收课税所改为转运司，酒课的管理也自在其中。但是，各地转运司在运行的过程中，官吏贪污、赋税不实等腐败问题日益暴露，翰林学士王磐批评说："方今害民之吏，转运司为甚，至税人白骨，宜罢去之，以苏民力。"忽必烈也意识到问题的严重性，于是开始逐渐限制、削减转运司的权力，最终在至元八年（1271）"罢诸路转运司入总管府"。

诸路转运司并入随路总管府，带来的直接问题就是总管府原设吏员不足，需要补充部分官吏。原来的随路总管府"止是管领民讼、差税而已"，现在将转运司所管的"酒税、醋税、仓库、院务、工匠造作、鹰房打捕、金银铜铁、丹粉、锡碌、茶场、窑冶、盐、竹等课，并奥鲁诸军"，全部并入各路总管府，由各路总管府通行节制管领，这就使得各路总管府的职掌事务比在先"繁冗增剧岂止数倍之上"。为此，御史台官员王恽进呈《为运司并入总管府选添官吏事状》，请求于各级衙门精选一批材望素重、强干有闻、清慎明著的官吏进入总管府，"如此庶望上下分职，各率其属，以治其政，则民安事办，不致内外事务有所旷阙"。

至元十二年（1275），元军南下平宋，财臣阿合马伺机进言："比因军兴之后，减免编民征税，又罢转运司官，令各路总管府兼领课程，以致国用不足。臣以为莫若验户数多寡，远以就近，立都转运司，量增旧额，选廉干官分理其事。"当时阿合马风头正盛，忽必烈自然言听计从，于是立诸路转运司十一所。

此次转运司的设立，与中统四年（1263）所立转运司在职能上并无大的不同，但是有相对较大的自主性，很多事项可以不必关白中书省，而是直申户部，简省了不少手续。

图6-4 《太平风会图》中货物、牲畜运输的场面

阿合马请立都转运司的理由，就是加征课程（即赋税），解决因平宋战争而导致的国用不足问题。所以在至元十三年（1276）南宋投降后，各路转运司也就相应完成了自己的使命，次年四月"省各路转运司，事入总管府"，恢复到平宋战争以前的状态，仍然由各路总管府兼领各项课程，当然包括酒课。

而原来南宋占领的广大江南地区，从归附伊始，即由地方管理课程。早在至元十三年（1276）十月元廷颁布的《江南诸色课程》条画中就规定："各处在城管下县镇各立院务去处，除宣慰司、总管府照依已行差设务官管办外，省府合拟差提领都监前去。仰本司行下各路已

委官提调，用心拘钤，榷办到课程。"

具体到酒醋课，是依照这样的程序征收的：

酒醋课程，须酌量居民多寡，然后厘勒各官置赤历，开写每月炊荡浆米石斗、可用曲货斤重、造到清酒味醇薄、发卖价直、除工本外每月实办息钱钞、每石可留息若干。当日晚具单状，于已委官提调官处呈照。十日一次呈押赤历，每月一次打勘办到课程，不过次月初五日呈省。据办到课程数目，每月解赴宣慰司，每季差官起运赴省交纳施行。

也即是，根据本处居民多寡，由酒务官编造赤历①，赤历上标注的内容包括：每月酿酒消耗的粮食和曲货数量、酒质的厚薄、酒的价格、利润及个体截留等，每天登记。酒务官每十天向提调官呈送一次赤历，提调官再依据赤历结算当月酒课。完结的酒课先解赴宣慰司，宣慰司再按季度将课程起运到行省交纳。

由地方管理酒课等课程的格局到至元十六年（1279）为之一大变。这年二月，诏大都、河间、山东管盐运司并兼管酒、醋、商税等课程。即大都、河间、山东酒醋商税等课程，脱离原来的总管府而归入盐运司管理。又诏河南、西京、北京等路课程令各道宣慰司领之。此后，由各道宣慰司兼都转运司身份征收税课，成为大的趋势走向，特别在卢世荣理财时达到高潮。

卢世荣改革酒课

卢世荣，本河北大名商人，阿合马权势熏天、呼风唤雨之时，卢世荣积极奔竞门下，用重金贿赂阿合马，捞得江西榷茶转运使这个肥差。

像所有的贪官一样，花血本买来的官，当然要成百上千倍地捞回来。卢世荣"于其任，专务贪饕，所犯赃私，动以万计"。法网恢恢，疏而不漏，卢世荣最终以贪污腐败罪被免官，赃物也被追缴充公。

按照正常的逻辑，"腐败分子"卢世荣的政治生命也就到此为止了。但是这位"落马官员"遇到了"方见隆宠"的总制院使桑哥。

桑哥对卢世荣的"才术"十分欣赏，在忽必烈面前把他夸成了一

---

①上级财政机关稽核各州县官府钱粮的册籍。

朵花："能救钞法，增课额，上可裕国，下不损民。"短短几句话，正好说到了古稀老人忽必烈的心坎上。

当是时，忽必烈为一雪两次征日惨败之耻，急于筹备第三次跨海征日本，对安南和缅国的用兵规模也越来越大。国内，西道诸王海都为首的叛乱一直持续不休。战争就是一台无形的烧钱机器，再多的库存也填不满这个大窟窿。朝廷财政入不敷出，根本无法满足忽必烈黩武海外的政治军事需要。卢世荣就是在这种"艰难"的财政环境背景下，被忽必烈召见的。

卢世荣当然不是等闲之辈，第一次见面，就拍着胸脯向忽必烈打包票："能使天下赋入倍其旧十。"

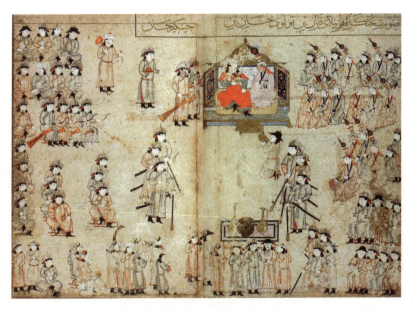

图6-5　忽必烈的宫廷生活　《史集》插图　印度兰普尔拉扎图书馆藏

能让国家税收比过去增加十倍！这句话无疑给忽必烈打了一剂强心针。就这样，“落马官员”卢世荣被起复，以中书右丞的身份重新步入仕途，并且迅速登上政治舞台中央。

才上任月余，卢世荣就在忽必烈御前夸下海口，立下了年入四百万锭的“小目标”：“臣言天下岁课钞九十三万二千六百锭之外，臣更经画，不取于民，裁抑权势所侵，可增三百万锭。”

为了完成这个近四百万锭的“小目标”，至元二十二年（1285）二月，经卢世荣奏请，立真定、济南、太原、甘肃、江西、江淮、湖广等处宣慰司兼都转运使，“以治课程”，“仍立条制，禁诸司不得擅追管课官吏，有敢沮扰者，具姓名以闻”。管课官吏的权力得到充分保障，有利于课程的顺利征收。

世祖朝前期，粮食酒课的征收，在全国绝大部分地区是以酿酒的粮食消耗数额为计算单位的。至元十年（1273）的一件公文说：“众酒户见纳课程，正糯夹糯米衮二石卖钞八两，每石钞四两内纳官课钞一两。”也就是，粮食酒课是每石粮食取一两。唯独广东地区例外，是以成品酒的坛数征税，“归附后，酒一坛税钞一钱”。但在其他地方“酒户验酝石斗收要课程”是被严格执行的。

这个“一石取一两”的征课标准，一直持续到至元二十一年（1284）十一月卢世荣受命理财才彻底结束。卢世荣理财的一个重磅举措，就是采取“官营”或官商合办的方式，通过垄断专卖获利，盐、铁、酒、醋、竹等，都成了他专卖的“香饽饽”。

至于酒课，就是改散办为榷酤，借此大幅度提升酒课额。那么，何为榷酤和散办呢？

榷酤，又写作榷沽，也叫榷酒，是国家对酒类的生产、销售和分配等环节进行干预的一种政策，其实质是由国家控制或垄断酒的生产和流通，禁止一切非官府允许的酿酤行为（特许的酒户除外），以便国家独享专卖之利。

散办就是散入民间恢办，"诸人皆得造酒"，造酒食用者要纳门摊、酒课，发卖者要验酿酒耗粮数额赴酒务纳税。散办时，私营者按税额比例与官府分成酒利，只要按章纳税，营业不必经过特许，官府也无缉私稽查章程，这就是典型的税酒。

自汉代以来，中国酒政基本是在榷酒和税酒两种政策的交替中演进的，但税酒的时间长于榷酒。期间虽偶行禁酒，但不是主体。

元代，酒课的征收政策，经历了从榷酤到散办，再从散办改行榷酤的反复变化。终元之世，大抵行散办的时间长于榷酤的时间。

卢世荣身在京师，首先从身边熟悉的环境入手，把目光瞄准了大都的酒课，改原先的散办政策为榷酤。

刚刚上任一个月，卢世荣就向忽必烈进奏："京师富豪户酿酒，价高而味薄，以致课不时输，宜一切禁罢，官自酤卖。向之岁课，一月可办。"紧接着在明年正月又奏："古有榷酤之法，今宜立四品提举司，以领天下之课，岁可得钞千四百四十锭。"

在得到元世祖准可的情况下，卢世荣开始自大都向全国逐步推行榷酤之制，在一些地方则是城乡有别，如至元二十二年（1285）二月的一件文书说："钦奉圣旨：江南府州县乡村镇店一体榷酤，腹里除州城外，乡村镇店权具依旧行来。"也就是，腹里地区只是在州城实行榷酤，乡村镇店仍行散办。

这就带来了一个新问题，也就是私酒和犯界酒的问题。"如今讲究课程来的官人每与部家商量，若村里的不以江南一般榷办呵，恐怕私酒生发，侵衬省城里，课程难办有。"

因为榷酤是由官府垄断酒的生产和销售，百姓不得私自沽酿，但是总有一些人铤而走险，偷偷造酒发售，这就是私酒。犯界酒就是超越圈定的售卖区域范围的酒。

怎么解决这个问题？有人提议："除大都、河西务、杨村所管州城依例官司榷酤外，有腹里、大都、上都、江南、福建、两广乡村地面里，交百姓自行造酒办课呵，怎生？"交百姓自行造酒办课，就是散办。这个问题显然比较棘手，世祖皇帝又把皮球踢了回去："课程底勾当你理会得，那般行者。钦此。"意思是让卢世荣等人自己看着办。

卢世荣采取的办法还是一体榷酤。有上都行榷酤为证，至元二十二年（1285）三月，"用右丞卢世荣等言，罢上都醋课，其酒课亦改榷沽之制，令酒户自具工本，官司拘卖，每石止输钞五两"。

卢世荣改革酒课征收政策之前，"民间酒听自造，米一石官取钞一贯"。卢世荣改革后，"以官钞五万锭立榷酤法，米一石取钞十贯，增旧十倍"。也即是，当时行榷酤的地方是每石收钞十两，上都酒课每石收钞五两，比别处低了一半。这是因为上都酒户需自备工本，而非官府提供工本。此外，上都非产粮之地，粮食需从内地输入，这都使得酒户的酿酒成本提高很多，而酒价又不能超出居民的购买能力，酿酒的利润也就偏低，酒课征收当然要考虑这些因素。

由于榷酤是由官府控制酒业的生产和征榷，卢世荣很快发现之前各地酒坊隐瞒少报了酿酒耗粮的真实数额，于是在至元二十二年（1285）二月又向忽必烈奏言：

> 大都酒课，日用米千石，以天下之众比京师，当居三分之二，

> 酒课亦当日用米二千石。今各路但总计日用米三百六十石而已，其奸欺盗隐如此，安可不禁。臣等已责各官增旧课二十倍，后有不如数者，重其罪。

卢世荣下令："随路酒课依京师例，每石取一十两。"广东地区也相应由每坛税钞一钱陡增为一贯。也就是说，各地增课标准相同，都是以十倍计。

按卢世荣提供的数据计算，全国每日酿酒用米3千石，以每石课钞10两，每日酒课3万两，合600锭，月计1.8万锭，周岁酒课20余万锭。这个数额比照文宗天历年间全国的酒课额，简直是小巫见大巫了。而这个数额还是卢世荣在"增旧课二十倍"的情况下推算出来的，可以想见卢世荣改革酒税行榷酤之前，全国的酒课总额收入之低。

酒课以一增十，由此产生的蝴蝶效应相当大，各地酒价纷纷上涨，翰林官员程钜夫批评说："自前日有司陡增酒课，每米一石收息钞十两，而江南糯米及所用曲蘖等工本通仅七两，以七两工本而官先收十两和息，宁有此理！所以杭州、建康城里酒价不半月间每瓶骤增起二伯文。"

酒价的高涨虽然带来了酒课征收数额的大幅度提升，但它又是一把双刃剑，另一个直接后果就是居民购买力降低，酒业市场交易疲软。诗人刘诜《万户酒歌》真实反映了当时的现状："务中税增沽愈贵，举盏可尽官缗千。先生嗜饮终无钱，指点青旗但流涎。"

与此同时，征课官员的徇私舞弊现象也十分突出，程钜夫指出："江南茶盐酒醋等税，近来节次增添，比初归附时十倍以上。今又逐季增添，正缘一等管课程官虚添课额以谄上司，其实利则大概入己，虚额则长挂欠籍。"他建议对江南的诸色课程予以蠲减。

卢世荣理财不过半年光景,就因在朝中专横跋扈,得罪了御史台等一众官员,至元二十二年(1285)夏,在监察御史陈天祥的弹劾下,被逮捕入狱,并于当年十一月被杀,忽必烈竟然下令"割其肉以食禽獭",足见对此人厌恶之深。就这样,卢世荣匆匆退出了大元的政治舞台。

所谓人亡政息,卢世荣的改革措施也随之被全部废除,忽必烈派近侍传旨中书省,命中书右丞相安童与诸老臣讨论卢世荣以往所行,"当罢者罢之,更者更之,所用人实无罪者,朕自裁决"。

因此,在榷酤法仅推行了几个月之后,至元二十二年(1285)八月,"罢榷酤,听民自造,增课钞一贯为五贯"。也就是改回原先榷酤变散办的方法,榷酤时期实行的"一取十"的增课数额也随之降低为"一取五",广东地区则是"三分减一",但"有司失于奉行"。征课标准降低,主要原因还是散办时期无须官府提供工本。

世祖末期酒课

卢世荣被诛杀后一年有余,"豪横宰相"桑哥上台主持财政。

桑哥出身于畏兀儿化的吐蕃家庭,外语极好,"能通诸国言语",包括蒙古、汉、畏吾儿、吐蕃等多种语言。所以桑哥最早的职业是西蕃译史,后来被帝师八思巴带在身边,给他做专职译史兼侍从。

在元代,少数民族汉化,尤其是色目人汉化,是非常普遍的现象,很多人不但取汉名,而且还改汉姓。桑哥就给自己起了个汉姓——"王"氏,所以我们偶尔会在元代典籍中看到"王桑哥"或"王相哥"的名字,就是桑哥取汉姓"王"的结果。

桑哥，也写作相哥，这是怎么回事呢？

据说，桑哥非常迷信。拜相后，有一次招江湖术士为自己测前途，就写了个"桑"字，问术士："今已作相，但欲知相位日月久近。"就是问他在宰相位上能坐多久。

术士答："'木'字，'十、八'字也，上有三个十字（古体"桑"作"桒"），在相位当有四十八个月。"

四十八个月就是四年，桑哥嫌时间太短，不满意，于是给自己改名为"相哥"。又请术士来测，这次写了个"相"字，术士看了一下，说："'目'字横看，又是'四'字，若是，则横直只四十八个月。"和上次的说法一样。可以想象当时的场面，桑哥有多尴尬沮丧。

剧透一下，桑哥是至元二十四年（1287）闰二月拜尚书省平章政事，至元二十八年（1291）正月罢相，其间正好四年整，四十八个月，其言果验。

桑哥因见识广博，为帝师八思巴所喜爱，被多次遣往忽必烈御前奏事。忽必烈也因为桑哥的"学识和功德"，将他从八思巴处调入宫中，桑哥由此成为大元政坛上冉冉升起的一颗新星。

约至元十一年（1274）前后，在八思巴的推荐下，桑哥担任总制院使，负责管理佛教，兼治吐蕃事务。桑哥为人狡黠豪横，办事干练，尤其好言财利，这一点，为忽必烈所深爱。

桑哥理财和主持朝政，是从再次设立尚书省开始的。

至元二十四年（1287）闰二月，忽必烈颁诏，在中书省之外，另设尚书省。尚书省以桑哥、铁木儿为平章政事。又诏告天下，以六部改属尚书省，称尚书六部，改行中书省为行尚书省。次年，又进桑哥开府仪同三司、尚书省右丞相，兼宣政院使，领功德使司事。至此，桑哥的品秩为正一品第一，位在中书右丞相安童之上。

和阿合马、卢世荣一样，成立专门的都转运司管理酒课，是桑哥理财的重要手段。至元二十三年（1286），河间等路都转运盐使司改立河间都转运司，通办盐酒税课。同时，陕西四川转运司改立陕西都转运司，兼办盐、酒、醋、竹等课。至元二十五年（1288）二月，改江西茶运司为都转运使司，并榷酒醋税。三月，改山东转运使司为都转运使司，兼济南路酒税醋课。

由都转运司管理酒课一直推行至桑哥倒台。桑哥"颛擅国政，急于财利，毒及生民"，理财四年，同样没能逃脱元代财臣悲情结局的宿命，至元二十八年（1291）七月被诛，九月，朝廷下令，"酒醋课不兼隶茶盐运司，仍隶各府县"，并诏"江西酒醋之课不隶茶运司，福建酒醋之课不隶盐运司，皆依旧令有司办之"。即《元典章》所载九月十八日一道圣旨："茶运司只管茶，盐运司只管盐，其余酒醋税课的勾当，新年为始，依在先体例里交路官人每管者。"即从至元二十九年（1292）开始，酒醋税课脱离茶盐运司管理，交由地方政府直接管理。

二十九年（1292）正月，江西行省左丞高兴奏言："福建盐课既设运司，又设四盐使司，今若设提举司专领盐课，其酒税课悉归有司为便。"诏皆从之。当年五月，"以陕西盐运司酒税等课已入州县，罢诸子盐司"。可见这一政策的推行还是相当迅速的。但大都盐运司管理酒税课的职能直到大德七年（1303）才被废止，当年二月，"并大都盐运司入河间运司，其所掌京师酒税课，令户部领之"。最后归于户部直辖的大都酒课提举司管理。

桑哥理财和卢世荣如出一辙，其中心措施就是增加盐、茶、酒等各种专卖税，至元二十六年（1289）十月，他向忽必烈建议："酒醋税

图6-6　《太平风会图》中官员出行、随从捧酒坛跟随的场景

课，江南宜增额十万锭，内地五万锭。"按照桑哥的增课计划，全国的酒课额比卢世荣时代增加十五万锭，但总量也不过是接近四十万锭。事实上，这个推算的数字应该是不准确的。

史料表明，至元二十九年（1292），可能在全国又推行了一次酒税增课计划，至少在广东地区是"令酒税三分增一"。但桑哥被诛短短八个月之后，即至元二十九年三月，丞相完泽等言："杭州省酒课岁办二十七万余锭，湖广、龙兴岁办止九万锭，轻重不均。"于是减江浙行省酒课总额的十分之二，令湖广、龙兴、南京三省分办。依据《元典章》的相关记录，当时减下来的数额是四万一千四百余锭，不足十分之二，交给了湖广、江西、河南三省分办。

这段史料实在是令人为之一惊，按照上面提供的数据粗略推算，仅仅江浙、湖广、江西三省的岁办酒课额已达四十五万余锭。显见这是元代酒课收入的一个高峰期，而腹里地区及河南行省都是酒课大省。据《元史·文宗本纪》，天历二年（1329）十二月，中书省臣言："在京酒坊五十四所，岁输课十余万锭。"又据《析津志·额办钱粮》："大都酒课提举司课程九万六千三百八十锭。"虽无确切时间，但大都酒课提举司每岁课程总体上大致应该保持在十万锭左右。再参照后文天历年间全国各地岁办酒课总表，腹里地区的全部酒课岁额相加至少应该有十六七万锭。河南行省的酒课按照增幅比例，也应该有十万锭左右，加上其他各行省课额，至元后期，全国的酒课额保守估计至少应有七十五万余锭。

至元二十九年（1292），"一岁天下所入，凡二百九十七万八千三百五锭"。也就是说，在桑哥理财之后，已经距离实现卢世荣承诺的近四百万锭理财目标不太远了。此间，酒课的收入约占政府全部钱钞收入的四分之一，远高于商税（至元二十六年约为45万锭）和茶课（元贞元年为8.3万锭），但远次于盐课（至元末年约170万锭）。

至元后期酒课陡增的原因，应该与卢世荣、桑哥理财时期，对征课官员的奖励机制有直接关系，增羡者迁赏，亏兑者赔偿黜降。朝廷诏令："各路点差权办人员，如有权出增余与众特异者，许差去官体探得实，保明呈省，拟于本等之上量加升迁。如无前资之人，亦行定夺委用。"

至元二十九年（1292），中书省明确规定以所办课额增亏分数升降人员的奖惩标准："增六分升二等，增三分升一等。其增不及分数，比全无增者，到选量与从优。亏兑一分，降一等。"

图6-7 《太平风会图》中骑马出行的官员及随从人等

所谓"重赏之下，必有勇夫"，地方官自然皆以多增为功，否则酒课等课额不可能在短时间内得到如此高的实效。这也是前面推算酒课岁课约四十万锭并不准确的原因所在了。

三 元中后期酒课暨酒课对国计民生的作用

世祖朝以降，酒课数额的征收没有明显的大变化。至元三十一年（1294）四月，成宗即位后颁布的一款诏书云：诸处酒税等课已有定额，商税三十分取一，毋得多取。若于额上办出增余，额自作额，增自作增，仍禁诸人扑买。也即是说，成宗朝的酒课征收，一遵世祖成宪。顺帝朝，朱德润作《平江路问弭盗策》，其中说："至于酒课盐课税课，比之国初增至十倍。"这个"国初"，应该指的是世祖至元初期及以前。可见元后期的酒课额与至元后期卢世荣、桑哥理财时期的酒课大抵持平。考虑物价上涨、纸币贬值等因素，则酒课额反不及至元后期多矣。

文宗天历年间，岁办酒课额近47万锭，但这个数字应该没有包括大都酒课提举司的10万余锭，如果囊括在内，应该大致为60万锭，比世祖至元末期有所下降，这可能与元代自然灾害较多，粮食供应紧张，政府频繁施行酒禁有关。也可能因为原来的酒课额增长过快，超出了全社会的购买力和消费水平，而不得不进行调适。

天历年间（1328—1329）诸行省酒课收入表

地区	酒课额	地区	酒课额
腹里	56243 锭 67 两 1 钱	甘肃行省	2078 锭 35 两 9 钱
辽阳行省	2250 锭 11 两 2 钱	云南行省	贝八201117 索
河南行省	75077 锭 11 两 5 钱	江浙行省	196654 锭 21 两 3 钱
陕西行省	11774 锭 34 两 4 钱	江西行省	58640 锭 16 两 8 钱
四川行省	7590 锭 20 两	湖广行省	58848 锭 49 两 8 钱
总计	469159 锭 18 两, 贝八201117 索		

　　与酒课岁入数额的稳中有降成反比，元代中后期各种税收都呈显著增长趋势。天历二年（1329）全国财政收入的钱钞部分为929万余锭。同时期，天历元年盐课为766万余锭，商税约为94万锭，茶课延祐七年（1320）约为29万锭。原来次于盐课占据第二位置的酒课已经让位于商税，屈居第三，但远高于茶课。而此时的酒课额在国家岁入全部钱钞中的比例仅占到5%强，与至元后期占25%相比，简直不可同日而语。

　　这是元中后期全国财政收入钱钞部分酒课所占的比重，那么具体到某一路，酒课所占的比重又是如何？现在我们将视点转移，以江浙行省庆元路为例进行具体考察。

庆元路岁入酒醋课、商税、茶课表①

辖地	酒醋课	盐课	商税	茶课
录事司	1522锭1两4钱8厘	1516引192斤11两4钱8分	庆元路治鄞县，在城务钞4438锭23两4钱4分7厘	
鄞　县	1432锭46两9钱6分	3764引246斤4两9钱		11锭20两6钱8分
奉化州	701锭24两5钱6分	5297引186斤12两5钱5分6厘	545锭8两	9锭1两3分2厘
慈溪县	537锭11两8钱8分	4492引298斤15两1钱	216锭7钱5分	10锭18两8钱8厘
定海县	460锭1两	2713引7斤5两1钱5分	785锭26两2钱5分	3锭5两7钱1分
昌国州	101锭49两8钱8分	2112引138斤11两8钱6分4厘	103锭37两1钱4分6厘	3锭5两6钱4分
象山县	96锭1两2钱	1369引294斤1两2钱	112锭24两5钱	3锭5两6钱4分
总计	4851锭36两8钱8分8厘。其中酒课4485锭48两8钱8分8厘，醋课365锭38两	21266引164斤14两2钱5分。时每引中统钞3锭，折合钱钞约为63800锭	6201锭20两9分3厘	40锭7两5钱1分

我们知道，盐、酒、商、茶四项税课一直是元代财政收入中钱钞

---

① 参见马泽修：《延祐四明志》卷十二《赋役考》；王元恭：《（至正）四明续志》卷六《土产赋役》。依据《元史》卷九十七《食货志五·盐法》，延祐元年以后，福建、江浙行省等地盐价增为每引中统钞3锭。

部分的支柱，庆元路四项税课总额74500多锭，其他部分包括夏税，以及洞冶课和录事司的系官地租钱和房屋租钱，计约4300锭。几项相加，庆元路一岁收入的钱钞部分大约中统钞79000锭，酒课4485锭48两8钱8分8厘，约占5.7%。这个比重与全国财政收入钱钞部分酒课比重相差不大。

再观察一下其他三项税课，除了茶课受地理、气候等条件制约较大之外，盐课和商税的比重也与全国财政收入钱钞部分大致相符。这正好可以再次说明，盐、酒、商、茶四项税课在元中后期你追我赶的潮流中，酒课滞后于商税、增长低缓的变化趋势。

我们还可以追溯至宋代，考察酒课在两宋政府货币总收入中所占的比重，从而把握在宋元这两个前后踵至的断代历史中，酒业发展的大体脉络。据李华瑞《宋代酒的生产和征榷》统计，北宋初期太宗至道年间（995—997），酒课只占货币总收入的8.3%，仅过了25年，到真宗天禧末（1021），酒课的比重一下剧增到33.7%。然后从庆历间（1041—1048）的最高点38.9%开始逐年下降，到熙宁时期（1068—1077）仍占25%，这个数据大致保持到北宋末。南宋时期酒课占货币总收入的比重在前中期亦不低于20%。

李华瑞先生又依据统计数字总结说：酒课在宋初，其财政地位远不如商税、盐钱、茶利，但从天禧末便超过盐、茶而仅次于商税，仁宗庆历以后酒课一直稳定在一千二百万贯以上，熙宁以后盐钱上升为第一位，酒课高于商税和茶利。南宋时期缺少商税统计数，酒课在前中期仍保持在一千三百万贯以上，次于盐钱，而高于茶利。其后至南宋亡，这种格局估计不会有大的变化。

再回头看元代酒课在全国财政收入钱钞部分所占的比重，两相比

图6-8 〔元〕王振鹏(传) 货郎图
美国印第安纳波利斯艺术博物馆藏

较,则元代酒课只有在世祖至元后期一段时间内,与北宋中后期大体持平,其余时期则远低于宋代的比重。那么,是否可以得出这样的结论:元代的酒业与宋代相比大大衰落了呢?

我们认为贸然肯定这个结论是不科学的,也是不负责任的,因为其中包含着诸多极其复杂的因素。首先,宋代以铜钱为流通货币,而元代发行纸钞,两者无换算关系,所以难以比较两朝财政收入中货币总额和酒课总额的高低。其次,作为四大支柱的盐、酒、商、茶四项课额,除茶课比重在两朝财政收入中货币部分的比重均较低外,其余三项比重在宋代相对均衡,差别不大。而在元代三者则相差悬殊,盐课独大。从前面的统计可以看出,世祖后期,盐课约占货币总收入的60%,至天历中,竟占到83%左右,所以时人有"国家经费,盐利居十之八"的感叹。在相同的条件下,盐课在总额中的比重过大,肯定会造成商、酒课额比重的减少。再次,宋朝为了增加财政收入，自始至终实行专利榷酒政策，鼓励多酿多销，"惟恐人不饮酒"，酒课收入自然就高。而元代灾荒频仍，政府屡颁酒禁，并多次减免酒课，自然影响到酒课的收入总额。最后，衡量酒业的发展水平并非只以酒课为准绳，还包括酒品种类和质量，酿酒区域以及技术等等要素，而元代酒业在这些方面较之宋代都有过之而无不及。

一言以蔽之，酒课在政府财政收入的货币部分所占比重，不能真实、全面地反映酒业的发展状况，因此，也就不能得出元代酒业较宋代衰落的结论。

酒课收入作为元朝政府财政收入的一部分，对国计民生的意义是十分重大的。见于史料记载的酒课收入主要用于赏赐、充军费、赈灾等几个方面。

首先看赏赐情况。元朝的赐赉规模非常大，主要包括岁赐、朝会赏赐、军功之赐以及例外赏赐。这一制度源自于草原游牧政治传统。按照蒙古旧俗，黄金家族成员都具有与大汗共享帝国政治和经济权力的资格，"太祖皇帝初起北方时节，哥哥、弟兄每商量定，取天下了呵，各分地土，共享富贵"。成吉思汗这种"共享富贵"的财产分配观念，被他的后世子孙们加以继承和贯彻，列入"祖宗法度"。但是，频繁的滥赐给国家财政带来了巨大负担。

部分酒课收入被元廷拨赐给诸王、公主及诸寺院，这属于例外赏赐。已见前说，大都酒课提举司在京所设槽房，从成宗大德八年（1304）的100所，中间经历两次增减，到武宗至大三年（1310）最终固定为54所，其中9所槽房酒课收入被拨赐给诸王、公主及各寺庙，这种局面一直持续到文宗天历二年（1329）。期间，泰定帝即位后，还另外将金泉馆酒课赏赐给寿宁公主。

天历二年（1329）十二月，中书省臣对此提出异议："在京酒坊五十四所，岁输课十余万锭，比者间以赐诸王、公主及诸官寺。诸王、公主自有封邑岁赐，官寺亦各有常产，其酒课悉令仍旧输官为宜。"文宗采纳了这个建议。也就是说，从天历二年（1329）开始，取消了原来拨赐诸王公主及各寺的9所槽房课程，大都酒课提举司所辖54所槽房酒课收入又全部归入国库。

再看充为军费和赈灾的情况。《元史》载，至元元年（1264）四月，以四川茶、盐、商、酒、竹课充军粮。至元七年（1270）九月，因山东大饥，"敕益都、济南酒税以十之二收粮"。

由于史料阙如，除了上述行为外，我们无法更加详细地了解元代酒课收入的其他用途，以及酒课在国家财政中的分配途径。但这并不妨碍我们认识酒课在国家财政收入中的突出地位，可以说，它是维持政府庞大经费开支的重要来源，保障国家机器正常运转的经济能量，关乎国计、系乎民生的大关键。

参考文献

文献典籍

〔战国〕韩非：《韩非子》，陈秉才译注，中华书局，2007年。

〔战国〕屈原：《楚辞》，孔一标点，上海古籍出版社，1998年。

〔汉〕王逸撰注、〔宋〕洪兴祖补注：《楚辞章句》，中华书局，1983年。

〔汉〕司马迁：《史记》，中华书局，1974年。

〔汉〕班固：《汉书》，中华书局，1976年。

〔汉〕刘安等：《淮南子》，陈广忠译注，中华书局，2022年。

〔汉〕刘歆增补、〔晋〕郭璞注：《山海经》，袁珂校注，上海古籍出版社，1980年。

〔汉〕许慎撰、段玉裁注：《说文解字段注》，成都古籍书社，1981年。

〔汉〕毛亨传、郑玄笺、陆德明音义：《毛诗》，《四部丛刊》初编本。

〔汉〕郑玄注：《周礼》，《四部丛刊》初编本。

〔晋〕陈寿：《三国志》，中华书局，1975年。

〔唐〕房玄龄等：《晋书》，中华书局，1974年。

〔唐〕李延寿：《南史》，中华书局，1975年。

〔北魏〕贾思勰著，缪启愉校释：《齐民要术》，农业出版社，1982年。

〔西晋〕嵇含著，高日升校：《南方草木状》，载朱晓光主编《岭南本草古籍三种》，中国医药科技出版社，1999年。

〔晋〕崔豹撰、〔后唐〕马缟附撰：《古今注》，（台湾）中华书局，2016年。

〔晋〕王嘉撰，〔梁〕萧绮录，齐治平校注：《拾遗记校注》，中华书局，2017年。

〔南朝宋〕刘义庆撰、〔南朝梁〕刘孝标注、杨勇校笺：《世说新语校笺》，中华书局，2019年。

〔魏〕吴普等述：《神农本草经》，〔清〕孙星衍、孙冯翼辑，人民卫生出版社，1963年。

〔唐〕李肇：《唐国史补》，古典文学出版社，1957年。

〔唐〕白居易：《白氏长庆集》，上海古籍出版社，1994年。

〔唐〕孙思邈：《备急千金要方》，清文渊阁《四库全书》本。

〔唐〕韩鄂原编：《四时纂要校释》，农业出版社，1981年。

〔清〕彭定求等：《全唐诗》，中华书局，1960年。

〔南唐〕李璟、〔南唐〕李煜：《南唐二主词》，刘立志等注评，南京出版社，2019年。

〔宋〕王溥：《五代会要》，上海古籍出版社，2012年。

〔宋〕李昉等：《太平御览》，上海古籍出版社，2008年。

〔宋〕朱肱等著，仝仁仁整理点校：《北山酒经》（外十种），上海书店出版社，2022年。

〔宋〕史浩：《尚书讲义》，清文渊阁《四库全书》本。

〔宋〕苏辙：《栾城集》，曾枣庄，马德富校点，上海古籍出版社，2009年。

〔宋〕计有功：《唐诗纪事》，上海古籍出版社，2013年。

〔宋〕谢深甫：《庆元条法事类》，国家图书馆出版社，2014年。

〔宋〕吕祖谦：《历代制度详说》，江苏广陵古籍刻印社，1983年。

〔宋〕洪迈撰，凌郁之笺证：《容斋随笔笺证》，中华书局，2021年。

〔宋〕周守中：《养生类纂》，中医古籍出版社，2019年。

〔宋〕陆游：《老学庵笔记》，中华书局，1979年。

〔宋〕周密：《武林旧事》，浙江人民出版社，1984年。

〔宋〕周密：《癸辛杂识》，中华书局，1997年。

〔宋〕汪元量：《增订湖山类稿》，孔凡礼辑校，中华书局，1984年。

〔宋〕庄绰：《鸡肋编》，中华书局，1983年。

〔宋〕庞元英：《文昌杂录》，中华书局，1985年。

〔宋〕何梦桂著，赵敏、崔霞点校：《何梦桂集》，浙江古籍出版社，2011年。

〔宋〕宇文懋昭撰、崔文印校证：《大金国志校证》，中华书局，1986年。

〔宋〕赵珙：《蒙鞑备录》，王国维笺证，王国维遗书本。

〔宋〕彭大雅、徐霆：《黑鞑事略》，王国维笺证，王国维遗书本。

脱脱等：《金史》，中华书局，1975年。

〔明〕宋濂等：《元史》，中华书局，1976年。

《蒙古秘史》，余大均译注，河北人民出版社，2001年。

乌兰校勘：《元朝秘史》（校勘本），中华书局，2012年。

《元典章》,陈高华、张帆、刘晓、党宝海点校,天津古籍出版社、中华书局,2011年。

佚名:《大元圣政典章新集至治条例》,北京图书馆清影元抄本。

方龄贵校注:《通制条格校注》,中华书局,2001年。

刘孟琛等:《南台备要》,载王晓欣点校《宪台通纪》(外三种),浙江古籍出版社,2002年。

郑思肖著,陈福康校点:《郑思肖集》,上海古籍出版社,1991年。

李志常:《长春真人西游记》,河北人民出版社,2001年。

元好问:《元好问全集》,山西人民出版社,1990年。

方回:《桐江集》,台湾商务印书馆,1981年。

方回:《桐江续集》,台湾商务印书馆,1983年。

李俊民:《庄靖集》,山西古籍出版社,2006年。

耶律楚材:《湛然居士文集》,谢方点校,中华书局,1986年。

刘秉忠撰,李昕太等点注:《藏春集点注》,花山文艺出版社,1993年。

郝经:《郝文忠公陵川文集》,秦雪清点校,山西人民出版社,2006年。

刘辰翁:《刘辰翁集》,段大林校点,江西人民出版社,1987年。

耶律铸:《双溪醉隐集》,台湾商务印书馆,1983年。

王恽著,杨亮、钟彦飞点校:《王恽全集汇校》,中华书局,2013年。

戴表元著,陆晓冬、黄天美点校:《戴表元集》,浙江古籍出版社,2014年。

胡祗遹著,魏崇武、周思成校点:《胡祗遹集》,吉林文史出版社,2008年。

赵文:《青山集》,清文渊阁《四库全书》本。

卢挚著,李修生辑笺:《卢疏斋集辑存》,北京师范大学出版社,1984年。

程钜夫著，王齐洲、温庆新点校：《程钜夫集》，湖北人民出版社，2018年。

赵孟頫著，钱伟强点校：《赵孟頫集》，浙江古籍出版社，2016年。

刘因：《静修先生文集》，北京图书馆出版社，2006年。

吴澄著，方旭东、光洁点校：《吴澄集》，中国社会科学出版社，2021年。

鲜于枢：《困学斋杂录》，上海古籍出版社，1993年。

刘敏中著，邓瑞全、谢辉校点：《刘敏中集》，吉林文史出版社，2008年。

袁桷著，杨亮校注：《袁桷集校注》，中华书局，2012年。

姚燧著，查洪德、叶爱欣编辑点校：《姚燧集》，人民文学出版社，2011年。

张养浩著，李鸣、马振奎校点：《张养浩集》，吉林文史出版社，2008年。

虞集：《虞集全集》，王頲点校，天津古籍出版社，2007年。

揭傒斯：《揭傒斯全集》，李梦生标校，上海古籍出版社，1985年。

黄溍著，王頲点校：《黄溍集》，浙江古籍出版社，2013年。

欧阳玄撰，汤锐校点整理：《欧阳玄全集》，四川大学出版社，2010年。

柳贯著，魏崇武、钟彦飞点校：《柳贯集》，浙江古籍出版社，2014年。

萨都拉：《雁门集》，上海古籍出版社，1982年。

张雨：《句曲外史贞居先生诗集》，《四部丛刊》初编本。

梁寅：《新喻梁石门先生集》，海豚出版社，2018年。

谢宗可：《咏物诗》，清文渊阁《四库全书》本。

仇远：《山村遗稿》，北京大学图书馆藏清钞本。

舒頔：《贞素斋集》，台湾商务印书馆，1983年。

张之翰：《西岩集》，清文渊阁《四库全书》本。

李继本：《一山文集》，王斋洲，谷文彬点校，湖北人民出版社，2019年。

刘将孙著，李鸣、沈静校点：《刘将孙集》，吉林文史出版社，2009年。

程端礼：《畏斋集》，清文渊阁《四库全书》本。

邓文原：《邓文原集》，浙江人民美术出版社，2019年。

成廷珪：《居竹轩诗集》，清文渊阁《四库全书》本。

家铉翁：《则堂集》，清文渊阁《四库全书》本。

邵亨贞：《蚁术诗选》，《四部丛刊》三编本。

张宪：《玉笥集》，施贤明点校，北京师范大学出版社，2016年。

钱惟善：《江月松风集》，吴晶、周膺点校，当代中国出版社，2014年。

陈宜甫：《秋岩诗集》，清文渊阁《四库全书》本。

贡奎、贡师泰、贡性之：《贡氏三家集》，吉林文史出版社，2010年。

吴当：《学言稿》，清文渊阁《四库全书》补配文津阁《四库全书》本。

张昱：《张光弼诗集》，辛梦霞点校，北京师范大学出版社，2016年。

侯克中：《艮斋诗集》，清文渊阁《四库全书》本。

许有壬：《至正集》，台湾商务印书馆，1983年。

许有壬：《圭塘欸乃集》，清文渊阁《四库全书》本。

周伯琦：《近光集》，清文渊阁《四库全书》本。

周伯琦：《扈从集》，清文渊阁《四库全书》本。

杨允孚：《滦京杂咏》，中华书局，1985年。

柯九思等：《辽金元宫词》，陈高华点校，北京古籍出版社，1988年。

周权：《此山诗集》，清文渊阁《四库全书》本。

张蠙：《张蜕庵诗集》，《四部丛刊》续编本。

宋无：《翠寒集》，元人十种诗本。

白珽：《湛渊集》，清文渊阁《四库全书》本。

丁复：《桧亭集》，清文渊阁《四库全书》本。

李孝光：《五峰集》，清文渊阁《四库全书》本。

吾衍：《闲居录》，清文渊阁《四库全书》本。

方夔：《富山遗稿》，清文渊阁《四库全书》本补配文津阁《四库全书》本。

宋伯仁：《酒小史》，陶宗仪辑《说郛》，清顺治三年（1646）刻本。

戴良：《九灵山房集》，中华书局，1985年。

倪瓒：《倪云林诗集》，《四部丛刊》初编本。

张仲深：《子渊诗集》，清文渊阁《四库全书》本。

蒲道源：《顺斋闲居丛稿》，北京图书馆出版社，2005年。

华幼武：《黄杨集》，赵承中点校，苏州大学出版社，2012年。

费著：《岁华纪丽谱》，清文渊阁《四库全书》本。

谢应芳：《龟巢稿》，上海书店，1986年。

胡天游：《傲轩吟稿》，清文渊阁《四库全书》本。

杨公远：《野趣有声画》，清文渊阁《四库全书》本。

陆文圭：《墙东类稿》，清文渊阁《四库全书》本。

李齐贤：《益斋集》，粤雅堂丛书三编本。

杨载：《翰林杨仲弘诗集》，《四部丛刊》初编本。

周南瑞：《天下同文集》，清文渊阁《四库全书》本。

马祖常著，王媛校点：《马祖常集》，吉林文史出版社，2010年。

迺贤著，叶爱欣校注：《迺贤集校注》，河南大学出版社，2012年。

马臻：《霞外诗集》，台湾商务印书馆，1983年。

王冕著，寿勤泽点校：《王冕集》，浙江古籍出版社，2016年。

陈旅：《安雅堂集》，清文渊阁《四库全书》补配清文津阁《四库全书》本。

陈基：《夷白斋稿》，上海书店，1986年。

沈梦麟：《花溪集》，清文渊阁《四库全书》本。

杨奂：《还山遗稿》，台湾商务印书馆，1983年。

洪焱祖：《杏庭摘稿》，清文渊阁《四库全书》本。

吴会：《吴书山先生遗集》，浙江图书馆藏清乾隆刻本。

张观光：《屏岩小稿》，清文渊阁《四库全书》本。

任仁发：《水利集》，上海师范大学图书馆藏明抄本。

吴师道著，邱居里、邢新欣点校：《吴师道集》，浙江古籍出版社，2012年。

黄镇成：《秋声集》，国家图书馆出版社，2010年。

胡助：《纯白斋类稿》，中华书局，1985年。

王逢：《梧溪集》，李军点校，北京师范大学出版社，2016年。

释大欣：《蒲室集》，北京图书馆出版社，2005年。

释善住：《谷响集》，中国书店，2018年。

释英：《白云集》，清文渊阁《四库全书》本。

邓雅：《邓伯言玉笥集》，北京图书馆古籍珍本丛刊本。

黄庚：《月屋漫稿》，清文渊阁《四库全书》本。

刘涓：《青村遗稿》，刘金荣点校，中华书局，2020年。

同恕：《矩庵集》，李梦生校勘，山西古籍出版社，2003年。

刘诜：《桂隐诗集》，清文渊阁《四库全书》本。

郑玉：《师山集》，清文渊阁《四库全书》本。

陈高：《不系舟渔集》，郑立于点校，上海古籍出版社，2005年。

乌斯道：《春草斋集》，台湾商务印书馆，1983年。

熊禾：《勿轩集》，清文渊阁《四库全书》本。

朱德润：《存复斋文集》，《四部丛刊》续编本。

朱德润：《存复斋续集》，上海商务印书馆藏涵芬楼秘籍本。

杨维桢：《东维子文集》，台湾商务印书馆股份有限公司，2011年。

杨维桢：《铁崖先生古乐府》，台湾商务印书馆股份有限公司，2011年。

袁华：《玉山纪游》，清文渊阁《四库全书》本。

顾瑛辑：《草堂雅集》，杨镰、祁学明，张颐青整理，中华书局，2008年。

顾瑛：《玉山名胜集》，杨镰、叶爱欣整理，中华书局，2008年。

顾瑛：《玉山璞稿》，杨镰整理，中华书局，2010年。

苏天爵：《元文类》，张金铣校点，安徽大学出版社，2020年。

苏天爵：《元朝名臣事略》，中华书局，1996年。

苏天爵：《滋溪文稿》，陈高华、孟繁清点校，中华书局，1997年。

赵道一：《历代真仙体道通鉴》，明正统道藏本。

权衡著、任崇岳笺证：《庚申外史笺证》，中州古籍出版社，1991年。

陶宗仪：《元氏掖庭记》，香艳丛书本。

李材：《解醒语》，香艳丛书本。

萧洵：《故宫遗录》，载〔明〕曹昭撰、王佐增：《新增格古要论》，北京大学图书馆藏明刻本。

佚名：《群书通要》，江苏广陵古籍刻印社，1989年。

凤林书院辑：《名儒草堂诗余》，北京图书馆出版社，2006年。

叶子奇：《草木子》，中华书局，1959年。

忽思慧：《饮膳正要》，中国书店，2021年。

贾铭：《饮食须知》，中国商业出版社，2020年。

韩奕：《易牙遗意》，中国商业出版社，2021年。

大司农司编纂、缪启愉校释：《元刻农桑辑要校释》，农业出版社，

1988年。

王祯：《王祯农书》，王毓瑚校，农业出版社，1981年。

鲁明善：《农桑衣食撮要》，王毓瑚校诠，农业出版社，1962年。

胡古愚：《树艺篇》，明纯白斋钞本。

罗天益：《卫生宝鉴》，人民卫生出版社，1963年。

李杲编辑，〔明〕李时珍参订，姚可成补辑：《食物本草》，中国医药科技出版社，1990年。

〔明〕李时珍：《本草纲目》，中国书店出版社，1988年。

熊宗立：《居家必用事类全集》，中国文史出版社，1999年。

陈元靓：《事林广记》（至顺本），中华书局，1963年。

刘应李辑：《新编事文类聚翰墨全书》，北京图书馆藏明初刻本。

彭致中辑：《鸣鹤余音》，明正统道藏本。

杨朝英辑：《朝野新声太平乐府》，北京图书馆出版社，2005年。

杨朝英辑：《乐府新编阳春白雪》，北京图书馆出版社，2006年。

〔明〕毛晋辑：《六十种曲》，明末毛氏汲古阁刻本。

钟嗣成：《录鬼簿续编》，中国戏剧出版社，1959年。

夏庭芝著、孙崇涛注：《青楼集笺注》，中国戏剧出版社，1990年。

陶宗仪：《南村辍耕录》，中华书局，2004年。

孔齐：《至正直记》，中华书局，1991年。

郑元祐：《遂昌杂录》，郑春奎点校，浙江古籍出版社，2018年。

盛如梓：《庶斋老学丛谈》，载《笔记小说大观》，江苏广陵古籍刻印社，1995年。

杨瑀：《山居新话》，载《笔记小说大观》，江苏广陵古籍刻印社，1995年。

郭界:《客杭日记》,载《笔记小说大观》,江苏广陵古籍刻印社,1995年。

陆友仁:《砚北杂志》,载《笔记小说大观》,江苏广陵古籍刻印社,1995年。

陆友仁:《吴中旧事》,台湾商务印书馆,1983年。

蒋正子:《山房随笔》,中华书局,1991年。

郭界:《云山日记》,清宣统三年(1911)横山草堂刻本。

高德基:《平江记事》,台湾商务印书馆,1983年。

〔明〕徐应秋:《玉芝堂谈荟》,上海古籍出版社,1993年。

〔宋〕范成大:《吴郡志》,江苏古籍出版社,1999年。

赵万里校辑:《元一统志》,中华书局,1966年。

熊梦祥:《析津志辑佚》,北京古籍出版社,1983年。

单庆修,徐硕纂:《至元嘉禾志》,上海古籍出版社,2010年。

张铉:《至大金陵新志》,清文渊阁《四库全书》本。

张铉修纂:《至正金陵新志》,南京出版社,2017年。

袁桷:《延祐四明志》,(台北)成文出版社,1983年。

王元恭:《至正四明续志》,(台北)成文出版社,1983年。

俞希鲁纂:《至顺镇江志》,江苏古籍出版社,1999年。

杨谦:《至正昆山郡志》,(台北)成文出版社,1983年。

汪大渊著,苏继庼校释:《岛夷志略校释》,中华书局,1981年。

陈大震:《大德南海志残本(附辑佚)》,广东人民出版社,1991年。

〔明〕马欢著,冯承钧校注:《瀛涯胜览校注》,中华书局,1955年。

〔明〕罗日褧著,余思黎点校:《咸宾录》,中华书局,2000年。

〔明〕方鹏:《昆山人物志》,明嘉靖刻本。

〔明〕王鏊：《正德姑苏志》，明正德刻嘉靖续修本。

〔明〕江舜民主纂：《弘治徽州府志》，黄山书社，2021年。

〔清〕谢旻：《（康熙）江西通志》，清文渊阁《四库全书》本。

〔清〕屈大均：《广东新语》，中华书局，1985年。

〔清〕胡聘之：《山右石刻丛编》，山西人民出版社，1988年。

〔清〕顾嗣立：《元诗选》初集，中华书局，1985年。

〔清〕顾嗣立：《元诗选》二集，中华书局，1987年。

〔清〕顾嗣立：《元诗选》三集，中华书局，1987年。

〔明〕臧晋叔编：《元曲选》，中华书局，1958年。

隋树森编：《全元散曲》，中华书局，1964年。

王季思主编：《全元戏曲》，人民文学出版社，1999年。

唐圭璋编：《全金元词》，中华书局，1979年。

陈衍辑：《元诗纪事》，上海古籍出版社，1987年。

王文才编：《元曲纪事》，人民文学出版社，1985年。

〔清〕冯金伯辑：《词苑萃编》，清嘉庆刻本。

〔清〕张思岩等辑：《词林纪事》，成都古籍书店，1982年。

〔清〕清圣祖御定：《御选历代诗余》，（台北）世界书局，1988年。

〔明〕宋濂著，黄灵庚编辑校点：《宋濂全集》，人民文学出版社，2014年。

〔明〕《永乐大典》，中华书局，1986年。

〔明〕火源洁：《华夷译语》，国家图书馆出版社，2011年。

〔明〕黄淮、杨士奇编：《历代名臣奏议》，上海古籍出版社，1989年。

〔明〕曹学佺编：《石仓历代诗选》，清文渊阁《四库全书》补配文津阁《四库全书》本。

〔明〕冯从吾：《元儒考略》，清文渊阁《四库全书》本。

〔明〕冯时化：《酒史》，中华书局，1985年。

〔明〕彭大翼：《山堂肆考》，上海古籍出版社，1992年。

〔明〕王世贞：《弇州四部稿》，台湾商务印书馆，1983年。

〔明〕贝琼著，杨叶点校：《贝琼集》，浙江古籍出版社，2019年。

〔明〕沈德符：《万历野获编》，中华书局，1959年。

〔明〕萧大亨：《北房风俗》，明万历二十二年（1594）自刻本。

〔明〕曹安：《谰言长语》，中华书局，1991年。

〔明〕顾起元：《说略》，清文渊阁《四库全书》本。

〔明〕金实：《觉非斋文集》，明成化元年（1465）唐瑜刻本。

〔明〕夏尚朴：《东岩集》，台湾商务印书馆，1983年。

〔明〕王骥德著，陈多、叶长海注释：《曲律注释》，上海古籍出版社，2021年。

〔清〕沈自南：《艺林汇考》，中华书局，1988年。

〔清〕方以智：《通雅》，国家图书馆出版社，2009年。

〔清〕朱珪编：《名迹录》，中国书店，2018年。

〔清〕赵翼著，王树民校证：《廿二史札记校证》，中华书局，1984年。

〔英〕道森编，吕浦译：《出使蒙古记》，中国社会科学出版社，1983年。

《柏朗嘉宾蒙古行纪》，耿升译，中华书局，1985年。

《鄂多立克东游录》，何高济译，中华书局，1981年。

《鲁布鲁克东行纪》，何高济译，中华书局，1985年。

《马可波罗行纪》，冯承钧译，上海书店出版社，2001年。

〔伊朗〕志费尼：《世界征服者史》，何高济译，商务印书馆，2004年。

〔波斯〕拉施特著：《史集》，余大均译，商务印书馆，1997年。

《多桑蒙古史》，冯承钧译，上海书店出版社，2001年。

［高丽］郑麟趾：《高丽史》，孙晓主编，西南师范大学出版社、人民出版社，2014年。

汪维辉编纂点校：《朝鲜时代汉语教科书丛刊》第二册《原本老乞大》、第三册《朴通事谚解》，中华书局，2005年。

专　著

王国维：《宋元戏曲史》，百花文艺出版社，2002年。

邓拓：《中国救荒史》，北京出版社，1998年。

韩儒林：《穹庐集》，上海人民出版社，1982年。

贾敬颜、朱风合辑：《蒙古译语、女真译语汇编》，天津古籍出版社，1990年。

陈高华、史卫民：《中国经济通史·元代经济卷》，经济日报出版社，2000年。

陈高华、史卫民：《中国风俗通史·元代卷》，上海文艺出版社，2001年。

陈高华、张国旺：《元代灾荒史》，广东教育出版社，2020年。

史卫民：《元代社会生活史》，中国社会科学出版社，1996年。

刘迎胜：《察合台汗国史研究》，上海古籍出版社，2006年。

姚大力：《“天马”南牧——元代的社会与文化》，长春出版社，2005年。

高荣盛：《元代海外贸易研究》，四川人民出版社，1998年。

那木吉拉：《中国元代习俗史》，人民出版社，1994年。

李华瑞：《宋代酒的生产和征榷》，河北大学出版社，1995年。

洪光住：《中国酿酒科技发展史》，中国轻工业出版社，2001年。

么书仪：《元代文人心态》，文化艺术出版社，1993年。

杜金鹏等：《中国古代酒具》，上海文化出版社，1995年。

李逸友：《黑城出土文书（汉文文书卷）》，科学出版社，1991年。

袁翰青：《中国化学史论文集》，三联书店，1956年。

周嘉华：《中国古代化学史略》，湖北科技出版社，1992年。

党宝海：《蒙元驿站交通研究》，昆仑出版社，2006年。

论　文

陈高华：《旧本〈老乞大〉书后》，《中国史研究》2002年第1期。

陈高华：《元代的酒醋课》，《中国史研究》1997年第2期。

陈高华：《元代大都的饮食生活》，《中国史研究》1991年第4期。

陈高华：《元大都的酒和社会生活探究》，《中央民族学院学报》1990年第4期。

高荣盛：《换盏醉饮与"蒙古式"宴饮礼》，《元史及民族史研究集刊》第十五辑。

黄时鉴：《阿剌吉与中国烧酒的起始》，《文史》第31辑。

黄时鉴：《中国烧酒的起始与中国蒸馏器》，《文史》第41辑。

李华瑞：《中国烧酒起始探微》，《历史研究》1993年第5期。

王赛时：《中国烧酒名实考辨》，《历史研究》1994年第6期。

樊昌生等：《李渡（无形堂）烧酒作坊遗址考古取得重大突破》，《农业考古》2003年1期。

杨晓春：《蒙·元时期马奶酒考》，《西北民族研究》1999年第1期。

尚衍斌：《元代西域葡萄和葡萄酒的生产及其输入内地述论》，《农业考古》1996年第3期。载氏著《元代畏兀儿研究》，北京民族出版社，1999年。

芮传明：《葡萄与葡萄酒传入中国考》，《史林》1991年第3期。

纳古单夫：《蒙古诈马宴之新释——对韩儒林师"诈马"研究之补正》，《内蒙古社会科学》1989年第4期。

邢洁晨：《古代蒙古族诈马宴研究》，《内蒙古师范大学学报（哲社版）》1994年第1期。

李军：《"诈马"考》，《历史研究》2005年第5期。

姚伟钧：《乡饮酒礼探微》，《中国史研究》1999年第1期。

申万里：《宋元乡饮酒礼考》，《史学月刊》2005年2期。

温海清：《元代初期诸路转运司考述》，《中国史研究》2007年第3期。

高树林：《元朝茶户酒醋户研究》，《河北学刊》1996年第1期。

高树林：《元代茶盐酒醋课研究》，《河北大学学报》1995年第3期。

黄修明：《酒文化与中国古代社会政治》，《中华文化论坛》2002年第2期。

［加］保罗·D.布尔勒：《13—14世纪蒙古宫廷饮食方式的变化》，陈一鸣译，载《蒙古学信息》1995年第1期。

［日］岛尾永康：《中国化学史》，东京都朝仓社，1994年。

［韩］郑光：《朝鲜时代的汉语教育与教材——以〈老乞大〉为例》，《国外汉语教学动态》2004年第1期。

后　记

　　说来惭愧，我本人虽非滴酒不沾，但却不善饮、不能饮，喝两口就"上脸"。医学上说这可能是体内缺乏一种解酒的酶——乙醛脱氢酶导致的，应该尽量少喝酒。我又是个个性内敛、不长于社交的i人，所以从未真正体味过"酒中仙"的乐趣。

　　但这并没有妨碍我自读硕士开始就选择了元代酒业这个课题作为毕业论文。读博的时候本来打算另起炉灶，搞一个经济史方面的"大的"选题，但在思来想去很久之后，最终还是决定在硕士论文基础上对元代酒业进行"深加工"，题目就是《帝国尚饮——元代酒业与社会》。

　　之所以选择元代酒业这个专题，可能与我年轻时的"文学青年"气质有关，那时候对文学、对唐诗宋词极感兴趣，也在报刊上公开发表过几篇散文和诗歌。古往今来，对于文人来说，诗酒都是不分家的，苏东坡说：诗酒趁年华，又说人生十六件赏心乐事，其中一件就是"开瓮忽逢陶谢"，就是喝酒也要和陶渊明、谢灵运这样的诗人一起喝。至于诗仙李白"斗酒诗百篇"，就更不用说了。我虽不能饮，但是心慕古人，叶公好龙，对酒自然有兴趣。

2008年6月，我从南开大学历史学院博士毕业，毕业论文随之被纳入我的导师李治安先生主编的《基层社会与国家权力研究丛书》，到第二年五月《帝国尚饮——元代酒业与社会》就正式出版了。随着时间的沉淀和新史料的收集，我内心一直有个企盼，想把这本书改写成一本通俗读物，我想读者一定是会喜欢的。

这个愿望在内心里埋藏了多年，却没有勇气和机会推销出去，直到前年有一次我因为要出版一部有关忽必烈的书，而联系到山西人民出版社的崔人杰编辑。崔老师慧眼识珠，很快就将"酒"的选题纳入"溯源"的出版计划。作为山西人民出版社的资深编辑，崔老师年轻睿智，儒雅善谈，有着出版人的敏锐眼光，推出的"溯源"系列丛书佳作迭出，精品不断，前途不可限量。

东晋经学家范宁《谷梁传序》说："一字之褒，宠逾华衮之赠。"我特别感谢我的恩师南开大学讲席教授李治安先生，感谢同门师兄弟厦门大学刁培俊教授、南开大学马晓林教授，感谢清华大学周思成副教授、四川大学黄博副教授犹如锦上添花般的热情推荐，令本书活色生香、光彩顿生。

感谢梁晋华总编辑的大力支持，感谢责任编辑侯雪怡老师的精心编校。还要感谢装帧设计陈婷老师，本书近两百幅插图，都需要在合适位置精心排版，封面设计更是几易其稿，工作量之大可想而知，辛苦付出令人敬佩。

杨印民

2025年1月于北京

精彩书评

视野广阔，论述详瞻，文辞流丽，参以元人大量咏酒诗文佐史，呈现出文史相彰、文采飞扬的行文叙事格调，历史感和现场感极强，在生动有趣的"酒"文化中，再现了多民族杂糅的蒙元大一统时代风貌。

刁培俊（厦门大学历史系教授）

文采斐然，行云流水，带读者回到多元交融的元朝，展开广阔的社会生活画卷，遍饮天下酒，一览宫廷之奢、文士之雅、百姓之朴、方外之逸，纵观国计与民生，趣味性与学术性兼备。尤可褒赞的是全书配图精美，书画文物，中外藏品，洋洋大观。正可谓：杯中有日月，书里蕴乾坤。

马晓林（南开大学历史学院教授）

元代的酒远不只是世俗社会生活的一部分，更蕴涵了十分独特的时代风貌。本书综合文史记载和图像资料，生动细腻地展现了蒙元的酒文化画卷，不妨佐以壶觞，读至酣畅处，当浮一大白。

周思成（清华大学历史系副教授）

"何以解忧，唯有杜康"，精神内耗是每个大时代必然的副产品，暂时忘却烦恼则是我们每个人的必需品。麻醉人生有很多种方法，酒，无疑是最简单有效的一种；当然，读书可能也是！《杯中日月》以史家之笔将大元美酒尽收壶中，如饮醇酿，有滋有味。本书以酒为题，串起元代多姿多彩的社会生活，既有市井风流，又有家国豪情，从小民生计到制度设计，包罗万象，既见天地，又见众生，兼以叙事畅达，辞气豪迈，会饮三百杯，一读三百页。来，拿起这本书，干上一杯元朝的酒吧！

黄博（四川大学历史文化学院副教授）